覇権・暴力・保険
海上保険の形成と発展

新谷 哲之介
Tetsunosuke Shinya

Hegemony, Violence and Insurance
―― the development of Marine Insurance

保険毎日新聞社

はしがき

　保険の原点は、地中海貿易が栄えたイタリアの海上保険にあったとされ、現在においても海上保険の影響が各種の保険に様々な形で及んでいる。一方で、海上保険にのみ引き継がれている旧来からの特有の商慣習もあり、たとえば、戦争危険を対象としているという特徴がある。海上保険への関わりが少ない人からは、「海上保険では、なぜ戦争のような危険を対象としているのか」という質問がときに聞かれる。しかし、海上保険関係者にとっては、戦争危険を対象とすることは、国際的に普遍的な実務慣習であって、なぜ対象としているのかという根源的な疑問を持つ機会は少ない。

　たしかに戦争危険は、保険にはなじまないリスクである。なじまないという意味は、たとえば、事故の発生頻度または損害の程度に平均性がなく、そのため発生確率や予想損害額の計算が難しいというようなことである。加えて、戦争は、国家が政治的意思を貫徹するために行使する強制力であることから、損害の規模が非常に大きくなる可能性がある。さらにいえば、敵から出方が読まれている戦いに勝ち目はないので、国家間で互いに相手の意表を突く、つまり裏をかくことが企図されるので、いきおい保険事故の発生予測は難しくなる。また、国家の意思による害敵行為ともなると、その実力に対する予防手段などは乏しい。そして、このような保険には「なじまない」リスクであることを端的に示しているのが、戦争危険は法定の保険者免責事由であるという事実である（保険法17条1項および商法826条3項）。

　では、海上保険契約はなぜ戦争危険を担保するのか。これに対する回答として、船舶保険および貨物保険は、保険の目的がいずれも可動な動産であり、被保険者にも損害防止義務があるので、いざとなれば危険を回避することが可能であり、この点が不動産を客体とする火災保険などと異なるという理由がある。たしかに、戦争危険は原則として海上にある間しか担保されないので、陸上に比べ、広大な海洋に退避することが可能である。しかし、「動くもの」を客体としているという理由には難点もあり、なぜなら、同様に動くものを客体とする自動車保険なども戦争危険が担保できるという理屈に撞着してしまう可

i

はしがき

能性がある。そして、この「なぜ海上保険では戦争危険を担保するのか」という問いは、本書のテーマに大きく関係する。

海上保険の歴史をたどっていくことで見えてくる保険の原風景、それは「保険とは戦争保険だった」と言っても過言ではない。海上保険が現行実務の原型を確立した時代とは、ヨーロッパの絶対王政国家群が、貿易が国庫の富をもたらす最大の源泉であるとする思想のもと、世界中に植民地を建設しつつ、貿易の拡大を目指した時代である。その当時の貿易とは、武力で植民地を獲得し、植民地に奴隷を連行して労働力とし、その地の産物を輸出するという形式が多く、交易と暴力と略奪とが混然と共存していた。また、こうした植民地をめぐって、ヨーロッパの国家同士が対立と抗争を繰り返していた。植民地からの産品の海上運送中も略奪の機会であり、積荷は船もろともに略奪の対象となった。

このように、往時の「貿易」には、交易のみならず略奪や暴力などの両要素が付随しており、実際に、各国の海軍組織が未熟だった時代は、貿易に従事している私船が武器を備え、交易も行うが襲撃も行うといったことが多くの国家によって認められていた。また、戦時には、敵国の貿易を妨害するために行われる捕獲や海上封鎖などの行為が国際的な慣習として確立され、これらは戦時国際法を形成していく。

海上保険の揺籃期や成長期とは、貿易と海運をめぐって各国が戦い、血を流した時代であって、その時代の要請によって海上保険制度は発展した。

それでは、こうした海運や貿易に対する害敵行為や捕獲などの事象は、中世や近世の歴史的関心の対象に過ぎないのであろうか。それはむしろ反対であって、20世紀に入ると、戦争の総力戦化にともない、通商破壊の有効性は一層高まり、船舶および積荷は捕獲のみならず、直接的な攻撃にもさらされるようになった。そして、20世紀の両次大戦では、その損害規模は巨額に上り、民間の保険者が許容し得ない規模にまで危険は膨張した。

そして、現在においても海上保険実務においては、戦争危険が担保されることが国際的に普遍的な実務慣習である。たとえば、外航船の航海において求められる戦争保険の需要は、古今を問わず国際的に普遍性があり、それは外航船

の任務に潜在するリスクに照らせば至極当然の要求であるといえよう。外航船に積載される貨物も同じリスクにさらされることから、国際間で売買される貨物について戦争危険が担保されることも商慣習として確立している。銀行が発行する荷為替信用状には、貨物保険が戦争危険を対象としていることが要求されることは国際的な通例である。かくて、海運や貿易に関わる世界各国の関係者には戦争危険のリスクヘッジの必要性という一般認識が存在し、戦争保険はその要請に立脚している。

　かつてヨーロッパ諸国が、貿易こそが国富の源泉であるとして、これを国家政策としたことも、単なる歴史的関心事とはいえない。現在においても、貿易と国力との相関性は密接である。自国からエネルギー・鉱物・食糧などを輸出することによって外貨を稼ぐ、いわゆる資源国も多数あるし、反対にこうした資源を輸入し、加工して輸出することで経済力を増大させてきた国々もある。たとえば、第二次大戦の敗戦国であったドイツや日本は、戦後、資源の輸入と製品の輸出によって外貨を稼ぎ、貿易が国の経済的躍進の原動力となったことは周知の事実であり、近年では、中国が同様に製造と貿易が経済を牽引する形で台頭し、経済大国へと発展を遂げた。

　また、第二次大戦後の輸送技術の発展は、国際的に貿易の急拡大をもたらし、その結果として、近年は、企業が廉価な調達先を求めて、国際的に調達を拡大することが一般的になり、いわゆるサプライチェーンのグローバル化が進んだ。このようなグローバル・サプライチェーンは、完成品、部品、部材、原料と幾重にも重層化し、遡及をしていくと毛細血管のごとく地球上を延伸している。そして、米中の対立構造やロシア・ウクライナ間の紛争の勃発により、調達先の地政学的リスクの問題が注目されるようになった。とりわけ、ロシア・ウクライナ間の紛争によるサプライチェーン問題では、国際的にはウクライナからの穀物輸送、また日本においては、サハリンの天然ガス輸送などで海上保険に焦点が当たった。こうした問題は、結局のところ輸送や貿易の途絶という、歴史上に何度も繰り返された問題であり、そのような観点からも海上保険の歴史を知ることには意味がある。

はしがき

　本書を執筆する理由の一つに、歴史を知ることが将来を考えるうえで不可欠である反面、海上保険の歴史的形成過程を示した著作が少ないという点がある。保険実務者として先人たちの判断やその結果を知ることは、教訓として参考になることが多い。海上保険について歴史的観点から触れている既存の著作は、たとえばその保険証券様式の研究、あるいは経済史や産業史の観点からの研究などがあり、それらは学界関係者による著作であって学術的専門性が高い。本書は、こうした学術を目的とするものではなく、保険の実業に携わる者の視点から、海上保険の形成過程において重要と思われる歴史上の諸々の事象に焦点を当てた。そこには多くの史訓が散在している。したがって、本書は通史的に海上保険の歴史を網羅して扱うものではない。

　保険は契約であるので、約款や法についての言及は不可避であるが、約款や法を形成してきた数々の事件は、保険法理の形成という観点のみならず、海上保険の歴史という観点からも知るべき価値があるものが多い。

　なお、本書は保険関係者だけでなく、貿易関係者、さらには広く一般読者も念頭に執筆したので、約款や法律の説明においては、厳密さよりもわかり易さを優先した。歴史的記述については正確な記述を心掛けたつもりであるが、専門的見地からは到らない点もあるかもしれず、ご寛恕いただきたい。

　本書を通じて、保険の奥深さについて、一人でも多くの方に関心を持っていただければ望外の幸せである。

2024年9月

新谷　哲之介

目　次

はしがき

序　章 ………………………………………………………………… *1*

第1章　15〜18世紀頃のヨーロッパ諸国の貿易の概観 ……… *7*
 1　大航海時代の貿易 ……………………………………………… *7*
 2　オランダの隆盛 ………………………………………………… *10*
 3　イギリスの台頭と海上覇権の確立 …………………………… *13*

第2章　イギリスにおける海上保険の発達 …………………… *19*
 1　保険取引 ………………………………………………………… *19*
 2　保険証券に規定された危険 …………………………………… *20*
 3　保険証券・約款の改定 ………………………………………… *21*
 4　武力や暴力のリスクが並ぶ証券文言 ………………………… *24*

第3章　捕獲免許状および報復捕獲免許状 …………………… *35*
 1　概　要 …………………………………………………………… *35*
 2　沿　革 …………………………………………………………… *36*
 3　私掠に関する制度 ……………………………………………… *39*
 4　ロイズにおける捕獲リスク引受の是非 ……………………… *41*
 5　船団護送 ………………………………………………………… *42*
 6　アメリカ独立戦争とロイズの引受 …………………………… *43*
 7　アメリカ海上保険業の胎動 …………………………………… *46*
 8　私掠の終焉 ……………………………………………………… *49*

第4章　奴隷貿易 ………………………………………………… *53*
 1　人身売買と経済 ………………………………………………… *53*
 2　奴隷貿易の実態 ………………………………………………… *56*
 3　人間を対象とする貨物保険 …………………………………… *63*
 4　Gregson v. Gilbert －奴隷商人グレッグソン ……………… *67*

	5	Gregson v. Gilbert – 事件の経緯··· *69*
	6	Gregson v. Gilbert – 裁判··· *75*

第5章　最大善意·· *83*

	1	告知義務··· *83*
	2	最大善意··· *85*
	3	Carter v. Boehm 事件 – 襲撃の兆候··· *88*
	4	Carter v. Boehm – フォート・マールボロの襲撃······················· *91*
	5	保険契約··· *92*
	6	争　点··· *95*
	7	判例法理の承継·· *100*

第6章　ワランティー·· *103*

	1	ワランティーとは何か·· *103*
	2	DeHarn v. Hartley··· *105*
	3	ワランティー法理の見直し·· *108*

第7章　アメリカ合衆国創建後の海上保険··· *115*

	1	ニューヨーク保険業者協会の活躍·· *115*
	2	アラバマ号事件·· *121*

第8章　捕獲（Capture）··· *133*

	1	捕獲は起き得るか·· *133*
	2	捕獲の沿革·· *137*
	3	捕獲審検·· *142*
	4	Andersen v. Marten 事件 – 保険の内容····································· *144*
	5	Andersen v. Marten 事件 – 事件の背景および経緯···················· *145*
	6	Andersen v. Marten 事件 – 捕獲審検··· *149*
	7	Andersen v. Marten 事件 – 保険填補責任·································· *152*
	8	捕獲と便宜置籍·· *156*

第9章　アヘン貿易·· *165*

	1	アヘン貿易とアヘン戦争·· *165*

2　商社・銀行・船会社の活動……………………………………………… *173*
　　3　東洋貿易における保険の状況…………………………………………… *176*
　　4　アヘンサプライヤーの変化……………………………………………… *185*
　　5　日本の貨物保険の状況…………………………………………………… *194*

第 10 章　因果関係……………………………………………………… *203*
　　1　保険における因果関係…………………………………………………… *203*
　　2　近因原則…………………………………………………………………… *206*
　　3　因果関係の重要性………………………………………………………… *213*
　　4　保険理論について………………………………………………………… *214*

第 11 章　戦争とは何か………………………………………………… *217*
　　1　War（戦争）という語…………………………………………………… *217*
　　2　Kawasaki v. Bantham…………………………………………………… *221*
　　3　なぜ日中両国は戦争であると認めなかったのか…………………… *225*
　　4　戦争の名を避けたことの影響－サプライチェーンの遮断効果…… *231*
　　5　戦争保険約款の規定のあり方…………………………………………… *236*

■別　注………………………………………………………………………… *241*

　【付録】Lloyd's SG form 証券本文／*247*
　【参考文献】／*249*
　《あとがき》／*255*
　《著者紹介》／*259*

序　章

　海上保険契約は、日本の法律では、航海に関する事故によって生じる損害を填補する契約であるとされ[1]、また国際的な海上保険実務における主要な準拠法であるイギリスの法律では、航海事業（marine adventure）に伴う海上損害（marine losses）を填補する契約であるとされる[2]。

　しかし、実際の海上保険は、貨物保険であれば、海上輸送中もさることながら陸上輸送や陸上保管中に、巨額の損害が発生することも多く、とりわけ近年は陸上での保管リスクが契約上で重視されることも多い。貨物の陸上輸送や保管は、数百年前から海上保険で補償の対象としてきているし、海上保険といえども、航空機の出現以来、航空貨物もその客体としている。こうした実務実態を踏まえれば、海上保険は、日本法上の定義である「航海に関する」保険にとどまらず、広くロジスティクスやサプライチェーンに関する保険と観念することもできよう。

　また、今日は、海底エネルギー掘削や洋上風力発電などに関する保険も、海上保険の一分野として国際的に確立され、こうした実態を踏まえればイギリス法上の marine adventure とは「航海事業」というよりも広く「海洋事業」と解することが適切になっているとも考えられる。

　さらには、船主の責任利益も、海上保険の一角を占める領域と認識されて久しく、船舶の大型化や大量輸送に伴いその重要性は増す一方である。したがって物的損害のみならず損害賠償責任を負うことによって生じる損害が、法律上の海上損害（marine losses）の重要な一部を構成していることも留意されなくてはならない。

　一方で、国際的な海上保険のビジネス上において、大きなシェアを占める保険種類は、貨物保険と船舶保険であり、この二つの保険種類が海上保険の中核を形成している点は、地中海貿易の時代の保険黎明期以来変わっていない。

1

序　章

　この二つの保険は、いずれも現代の貿易に不可欠な機能を担っており、たとえば、船舶保険なくして船主は船を動かさないであろうし、貨物保険が手配できなければ、国際間の物品売買は実質的に成り立たない。そのため、海上保険は、損害保険の一般的機能であるところのリスク移転手段であるにとどまらず、貿易・運送実務における国際的な制度としての側面をも併せ持っている。

　この貿易に不可欠な機能としての海上保険の重要性は、日本のように、生活や経済が貿易を前提としている国では顕著である。たとえば、現在の日本は輸入なくしては食料需要を満たすことができないし、エネルギーに到っては、輸入がなければ国民生活も企業活動も到底立ち行かない。また、輸出も日本経済の中心的役割を果たしている。戦後の高度成長期の経済発展が輸出に牽引されていたことは言うを俟たず、翻って現在を見ると、輸出こそが日本経済の原動力というイメージはやや後退した感があるが、それは多くの企業が生産拠点等を第三国に移し、その第三国からの輸出を行うようになったことが主因であって、こうした三国間輸出への移行を勘案すれば、日本経済は依然として広義の輸出型経済であるということもできよう。

　このように、生活や経済が貿易に依拠しているともいえる国にとって、船が動かないので貨物が運べないとか、貨物の売買契約が成立しないということが致命的であることは自明であり、それゆえ貿易に不可欠な機能である海上保険の重要性は、日本のような国においてはとりわけ際立っている。

　貿易に立脚して経済発展を遂げた日本では、これに関わる商社、海運、造船、銀行、保険などの各産業が、いずれも世界有数の規模に発達し、その国際的信用力も高い。海上保険の領域においても日本の保険会社の国際的な影響力や信用は高く、たとえば、銀行が発行する荷為替信用状による信用状取引[3]において、世界中のどこの銀行であっても、日本の保険会社が発行した保険証券の買い取りが認められないことはないといってよく、その背景には、日本の保険会社の財務的安定性もさることながら、その適正な保険金支払による国際的信用力がある。

　海上保険にはこのように国際性という特徴がある。貿易実務の一部として、国際売買や国際海上運送を補完する機能からは、国際性の具備は当然ともいえ

るが、分けても貨物保険は輸出入される貨物を保険の目的とすることから、貨物の売買譲渡に伴う被保険利益の係属が多国間の当事者の間で移転するという特徴を持つ。

　被保険利益とは、損害の発生によって減失する利益のことであり、この利益が貨物の売主から買主へ移転し、実務においては、保険証券が裏書譲渡されることで、移転が表徴される。日本からの輸出であれば、たとえばCIFやCIP[4]などの貿易条件のもと、売主が買主のために保険を仕向地まで手配し、買主である外国企業が保険契約の受益権を得る。このような保険契約の国際間の譲渡に際しては、国際的に認知された普遍性のある保険約款が必然的に求められ、その結果としてイギリスの保険約款が利用されることが多い。これらの買主たる外国企業は、外国資本の企業であることもあれば、日本企業の現地法人である場合もあるが、共通するのは、保険事故が発生した際の保険金請求に携わる実務者が、ほぼ一様に外国人であり、加えて、保険金請求を受ける保険会社の現地法人や代理店も、同様にそのほとんどが外国人であるということである。

　要するに、日本の保険会社に申し込まれて引き受けられた保険であっても、輸出であれば、その多くが外国企業を契約上の受益者とし、外国において外国人同士による保険金請求実務が行われている。こうした実態から、貨物保険には円滑な国際的流通機能が要請され、その帰するところが国際的に最も認知されているイギリスの約款の使用となっている[5]。

　元来、海上保険の証券や約款は、船荷証券、傭船契約、国際物品売買契約などの貿易の諸分野と同様に、イギリスが海運および貿易における支配的地位を占めるに到ったことで国際的に普及した沿革があり、現在でもイギリスの海上保険約款は、実質的に国際標準として位置付けられており、イギリスの船舶保険・貨物保険約款を使用している国は多い。独自の海上保険約款を使用している国であっても、それはイギリスの約款に淵源しているか、また独自の起源があったとしても、近年の約款の発展過程においては、イギリスの約款改定動向やイギリスの海上保険法の影響を受けていることが一般的である[6]。また自国の約款とイギリスの約款を併用している例も多い。

　海上保険は、地中海貿易で栄えた中世ヨーロッパにその淵源を見るが、現代

の海上保険実務は、概ね18世紀以降のイギリスの海上保険実務に立脚している。保険は契約であるから、その契約内容を規定するための証券・約款・法律などが必要となる。イギリスは判例法国であり、海上保険に関する法律原則や約款解釈法理のほとんどは、実際に発生した事件に基づいて形成されている。本書ではこうした判例法となった諸々の事件も取り上げる。

　これらの事件は、いずれも法律的観点から含蓄のあるものが多いが、加えて、当時の貿易の実態を詳らかにしていることから、歴史的関心をも掻き立てるものが多い。そして歴史的な観点から、18世紀から19世紀にかけての海上保険事件を眺めていると、ある共通点が浮き彫りになる。それは、当時の貿易と戦乱の関係性である。また、その後の20世紀を眺めても、保険の重要なルールを形成する判例の多くは、戦乱の産物である。

　海上保険である以上、事件には、沈没、座礁、水濡れといった海に固有のリスクによるものも当然あり、実際にこうした海のリスクによって発生した事故で記録に残っていないものが多数ある。しかし、たとえば18世紀から19世紀にかけての時代、つまり現在の海上保険の形成途上期を見ると、襲撃や略奪などの事象も夥しい数が発生しており、海のリスクもさることながら、こうした武力・暴力・政治的リスクが、船主や貿易商らの大きな懸念であって、かつ海上保険の担うべき重要な領域と観念されていたことがわかる。

　現代においては、戦争危険の引受は往昔と異なっている。19世紀以前は、戦争危険による事故が発生する可能性が非常に高い状況においても、時に数十パーセントに及ぶ高い保険料率が提示され、投機的ともいえる引受が行われていた。保険取引の揺籃期には、アンダーライターの個人的裁量でこうした一か八かの投機的な引受を行うことが許される環境があった。

　翻って現代の保険者は会社組織であり、たとえば日本の保険会社であれば、保険業法や会社法などの各種の規律に服し、保険会社の本旨たる保険引受には適切な統治体制が要求される。保険引受に統制が求められる理由は、保険会社は、保険契約者、被保険者、事故の被害者、株主、代理店など多数のステークホルダーに対しても各種の責任を負う存在であるからである。こうした多様なステークホルダーから看取されるように、現代の保険制度とは、公器的な側面

を併せ持っている場合が多くあり、かかる保険制度の運営を担う保険会社が投機的判断による引受を行ったり、合理性が欠落した引受判断を行うことは慎まれなければならない。仮に、保険者が特定の契約者のために損も覚悟で引受を行うとすれば、その行為は保険金の原資を担う他の契約者の利益に相反する可能性が生じる。

　一方で、海上保険の骨格の多くを作り上げてきたのは、こうした投機的性向をも内包する戦争危険であり、海上保険には略奪や戦乱によって形成され充実してきた側面がある。

　以降、まず当時の貿易の実態からながめていきたい。

第 1 章
15～18 世紀頃のヨーロッパ諸国の貿易の概観

　海上保険の起源は、ギリシャ・ローマ時代に始まったとされる冒険貸借に求められる。冒険貸借とは、船主または荷主が貿易に際して船舶や貨物を抵当として資金を借り入れ、船舶と貨物が無事に目的地に到着した場合に利息をつけて借入金を返済し、航海が無事に完了しなかった場合には元本、利息ともに返済義務を免れる契約であり、中世のイタリアで盛んに行われた。

　冒険貸借は、いわば金銭消費貸借契約と保険契約との両方にまたがる制度であるが、13 世紀前半のグレゴリウス 9 世の利子禁止令を契機として分化し、リスクの引受とその対価の支払いのみに特化した契約すなわち海上保険が誕生する。

　海上保険は、貿易を補完する制度であるので、貿易の存在が、海上保険が存在する前提となる。海上貿易が地球的規模に拡大したのが大航海時代である。

1　大航海時代の貿易

　海上保険の発展は、大航海時代の海上貿易の展開と密接な関係にある。大航海時代は、15 世紀から 17 世紀にかけて、ヨーロッパ諸国がそれまでの地中海を中心とした貿易体制から、富を求めてアフリカ、南アジア、東洋、アメリカ大陸などへ船隊を派遣し、植民地建設や交易を行った時代を指す。

　大航海時代の先鋒となったのがポルトガルであり、ポルトガルはアフリカ・アジア・アメリカ新大陸への海上通商路を確立し、貿易による経済的繁栄を得た。続いてスペイン、オランダ、イギリス、フランスなどの国々が、次々と貿易利権を争って世界各地に進出し、収奪・交易・運送の体制を確立していく。当時の貿易とは、今日一般的に観念される貿易、つまり平和裡に行われる国際間の物品売買だけではなく、武装した私船による他国商船の襲撃と略奪、また

奴隷の買付けと輸出、奴隷使役による生産と生産物の輸出が大々的に行われ、こうした非人道的なビジネスと穏当な物品売買とが混然としており、現代の貿易とはその様相が異なっている。

こうした往昔の貿易実態は、現代に到る保険の発展に大きな影響を与えており、これから本書に述べる内容の前提となるので、これを通観しておきたい。

ポルトガルは、大航海時代の旗手であり、15世紀にアフリカ西岸に次々と拠点を築きながら南下、喜望峰を超えて東進し、インド沿岸を攻略して複数の拠点を設け、なおも東進して東アジアにも交易拠点を築き、アジアの胡椒、香料、織物等を積み出すための通商路を確立した。

このポルトガルによる喜望峰回りのアジアとの通商路の開拓により、イスラム商人経由の地中海ルートによってアジアの物品を輸入していたイタリアのアジア貿易は衰退していく。それまで、アジアからの物品は、イスラム商人等に多くの中間利益を落としながらヨーロッパに届いていたところ、ポルトガルは、自国の商船隊が直接アジアの産地で買付を行ってヨーロッパで売却することができるようになり、海上通商路の確立は巨大な利潤の源泉となった。

ポルトガルは交易拠点の構築にとどまらず、アラビア海ではマルムーク朝の艦隊を撃破し、東南アジアでは海上交易で栄えていたマラッカ王国を滅ぼすなど、軍事力も行使しつつその商圏を拡大した。その通商路を結ぶ拠点は、アフリカ沿岸各地を経て、インドのゴア、マレー半島のマラッカ、中国のマカオと設けられ、交易の範囲は極東の日本にまで達した。

アフリカではギニア湾沿岸に複数の拠点が設けられ、金、象牙、奴隷などの積み出しが行われた。ポルトガルの船隊は、奴隷を買い付けるための交易品として、本国から雑貨や武器などをアフリカに輸出し、奴隷を本国や植民地であるブラジルに向けて輸出した。ブラジルでは奴隷によって糖蜜が生産され、ヨーロッパに向け輸出された。糖蜜は砂糖に加工され、アジアからの胡椒、香料、織物などとともに、ネーデルラント南部のアントワープを通じてヨーロッパ市場に売却され、ポルトガルに莫大な利益をもたらした。

このポルトガルの全盛時代には、遠洋航海を行う能力のある船隊を持つ国

が、実質的にポルトガルとスペインに限られていた。

　16 世紀後半になると、スペインが興隆する。ポルトガルが貿易網の構築によって交易から富を求める傾向があったのと比較すると、スペインは、交易のみならず、アメリカ大陸の征服などに見られるように、領土の獲得と原住民からの収奪によって富を追求する姿勢が際立っていた。

　スペイン人は、初めての土地に着くと、このあたりに金か銀があるかどうかを真っ先に質問し、その答えを聞いてその国を征服し植民地にする価値があるかどうかを判断した[7]。スペインは、アメリカ大陸で金を追い求めて侵略を続け、アステカ帝国およびインカ帝国を滅ぼし、インディオの文明を完全に破壊した。こうしてスペイン植民地からは金が本国に向けて輸出されたが、金鉱が掘り尽くされたのちは、砂糖のプランテーションに転じた。

　しかし、16 世紀半ばには、ボリビアのポトシ銀山が発見されるなど銀の産出が盛んになり、強制労働による原住民の膨大な死者を出しつつ、銀は現在のペルー、チリ、メキシコなどから本国に向けて輸出された。大量に流入するようになった銀はスペイン王室に巨利をもたらし、またアジア貿易の対価として利用された。新大陸からスペインに向かう銀を積載した船は、オランダやイギリスの私掠船からの執拗な襲撃も受けた。

　スペインは、16 世紀の早い時期に奴隷貿易体制も確立し、本国から織物や雑貨をアフリカに輸出して奴隷と交換し、奴隷をアメリカ大陸やカリブ海の植民地へと輸出した。スペインは自ら奴隷輸出には従事せず、スペイン国王がポルトガルの商人と契約を結び、奴隷貿易業務を委託した。

　またスペインは、初めて太平洋を横断してアジアとアメリカ大陸を結ぶ貿易体制を 16 世紀に構築した。スペインは度重なる太平洋航路開拓の試みの末にこれに成功し、フィリピンの領有を宣言するとともにマニラを基点とする太平洋貿易体制を作り上げる。マニラは、中国および日本、そして東南アジア一帯との貿易の中継港となり、マニラとアカプルコ（メキシコ）を結ぶ定期航路が設けられた。これはガレオン貿易と呼ばれ、アジアからは胡椒、香料、絹、陶磁器などの輸入が行われた。メキシコ内は、西岸のアカプルコで揚げた貨物が東岸のベラクルーズまで陸路で運送され、大西洋を渡って本国へ送られた。

マニラに向かう航路では、アメリカ大陸の銀が輸出された。ガレオン貿易の規模を示すものとして、1581年から17世紀末までの間に、アメリカ大陸からマニラ向けに輸出された銀は、スペイン本国向けの輸出量の約三分の一の規模に達している[8]。ガレオン貿易は、19世紀まで続けられた。

2　オランダの隆盛

　大航海時代の先駆けであったポルトガルは、16世紀にスペインの支配下に置かれる。また、ポルトガルは、台頭してきたオランダやイギリスの攻撃を受けてその海上覇権は凋落し、インドへの通商路上の拠点やブラジルの拠点もオランダやイギリスに次々と侵略され、アジア貿易も激減する。ポルトガルが独占していた奴隷貿易にも、オランダ、イギリス、フランスが参入し、ポルトガルのアフリカ西岸の利権は蚕食されていく。アンゴラのみは、オランダに奪取された後に賠償金と引き換えに領有を認めて貰い、以降ポルトガルはアンゴラのみで奴隷貿易を行う。

　スペインも、16世紀後半に入るとカリブ海の植民地などをイギリスに侵略されて通商の利権を奪われ、また無敵艦隊のイギリス艦隊への歴史的敗北などを経て、覇権の基盤であった制海権にも陰りが現れ、その国力は衰退していく。そして代わってオランダ、イギリス、フランスの海外進出が拡大する。分けても、ポルトガルとスペインに次いで覇を唱えた国がオランダである。

　16世紀頃は、アントワープがヨーロッパ最大の商業都市であり、たとえば先述のポルトガルの輸入した産物がヨーロッパ中に販売されたのは、その多くがネーデルラント南部のアントワープに集まるヨーロッパ各地の商人によるものであった。その後、スペインの侵攻によりアントワープが陥落すると、代わってアムステルダムが貿易の中心地となる。

　オランダは、アジアにおいては貿易と植民地支配のために17世紀初頭にオランダ東インド会社（連合東インド会社）を設立した。同社は、植民地経営権や貨幣鋳造権、また条約締結権までを有する、いわば母国の分身のような組織であり、軍事力を具備していた。

ほぼ同時期にイギリス東インド会社も設立されるが、それまでの東インド貿易については、オランダのほうがイギリスよりもはるかに実績を積んでおり、資本金や規模においてもオランダ東インド会社はイギリス東インド会社を圧倒していた。

　オランダ東インド会社は、現在のインドネシアのモルッカ諸島に駐留していたスペインおよびポルトガルを撃退し、香辛料貿易の基盤を築く。そして海上交通の要衝であるマラッカを東南アジアの中核根拠地とすべく狙いを定め、マラッカをポルトガルから奪取すべく攻撃を繰り返す。しかし、マラッカをなかなか攻め落とすことができなかったため、代わりに良港であるバタヴィア（現在のジャカルタ）を東南アジアの中核拠点とし、バタヴィアから香辛料の積み出しを始める。また、現地でのコーヒー豆の栽培にも成功し、本国へのコーヒー輸出も軌道に乗せる。

　その後、イギリス東インド会社も徐々に東南アジアにおける勢力圏を拡大し、両国の東インド会社が貿易利権を巡り角逐するようになる。こうしたなか、オランダがイギリスのバタヴィア拠点を焼き払い、またアンボン島では、オランダがイギリス東インド会社の人員を処刑する事件が発生し、両者の敵対関係が決定的となる。その結果、勢力的に不利であったイギリス東インド会社は、東南アジアから撤退し、会社の重心をインドに移した。

　オランダによる東南アジア支配の総仕上げが、マラッカの占領であった。オランダは、マラッカを領有しているポルトガルに再度挑み、海上封鎖によってマラッカは到頭陥落する。オランダは、さらにセイロンもポルトガルから奪取し、ポルトガルは本国とマカオを結ぶ通商路上の中継港の多くを失う。

　またポルトガルは、ホルムズ海峡上のホルムズ島をイギリスに奪われ、鎖国政策の開始に伴い日本との交易もオランダに奪われ、東西を結んだその国際貿易体制は瓦解する。

　オランダは、奴隷貿易における主導権も掌握する。カリブ海諸島のスペイン領プランテーションの労働需要に対しては、アフリカから大量の奴隷労働力を供給し、一方ではオランダ西インド会社も設立し、奴隷労働による砂糖生産とその輸出体制を構築した。また、ブラジルも占領するなど、アメリカ大陸のポ

ルトガル拠点も奪取し、その地の産品と奴隷も獲得し、新たな通商路を次々と設けた。

オランダの植民地拡大と海上通商路の支配により、アムステルダムには、世界各地の産品が一層集中し、アムステルダムをハブとする中継貿易が発展を遂げる。アムステルダムの商品取引所では、各商品の専門ブローカーが活動し、商品相場表が公示され、先物取引も盛んに行われた。また、アムステルダム銀行が設立され、ヨーロッパにおける貿易決済のための為替業務の中心となった。

海上保険の引受も活発に行われた。まだアントワープが貿易の中心地であった頃、アントワープには既に海上保険の取引所があり、当時の保険証券にもその存在は記録されている[9]。その後アントワープに代わる貿易の中心地となったアムステルダムにも海上保険取引所が設立されたが、海上保険の引受の増加により、保険填補を巡る係争や保険金詐欺なども増加し、常設の海上保険裁判所も設けられていた[10]。これらは、いずれもイギリスにおいてロイズが興る以前である。

海運においても、オランダは、貨物の種類に応じた専用船を建造することで、効率的な輸送を可能とし、他国の多目的船と比べて競争上で優越した。特にオランダが建造した非武装商船であるフライト船は、積載量を多くすることで輸送コストの低減が図られており、その競争力は他国の商船を圧倒し、他国に進出して他国の商人のために運送を担った。

オランダ船のもう一つの特徴は船主制度にあった。当時のオランダでは複数の人々が一隻の船の船主になることが多く、数十人の人々が船主として名を連ねることも少なくなかった。船主として名を連ねたのは、保険業者、銀行業者、倉庫業者などであり、出資者が多いことでオランダ船の数も増加し、一方で、出資者はそれぞれが分散して多数の船に対して出資しているので、リスク分散も効く構造となっていた。

オランダは倉庫業も発達し、ポルトガルが隆盛を極めた時代に、ポルトガルが世界から運び込む産品の多くをオランダに引き寄せることを可能とした。オランダが海洋国家としての地位を築き、中継貿易によってアムステルダムがヨーロッパの貿易中心地となると、産品の集積のために港頭倉庫は一層拡充さ

れ、倉庫の充実は商品取引、専用船の運用にも貢献した。

かくしてオランダは、17世紀に世界に冠たる一大海洋国家となり、貿易、海運、造船、金融、保険の各分野で他国を凌駕し、その国力は高潮に達した。

3　イギリスの台頭と海上覇権の確立

イギリスは、16世紀頃までは羊毛や毛織物などしか輸出物もなく、ヨーロッパ内では相対的に経済が振るわない島国であったが、貿易こそが国庫の富をもたらす源泉であるとする重商主義政策のもと貿易を国策化し、次第に海洋国として頭角を現すようになる。

17世紀に入った頃のイギリスは、全盛期のオランダに対し貿易、海運、保険等のいずれにおいてもまだ劣後していたが、17世紀後半以降に続いた英蘭戦争を通じて、次第に国力の形勢は逆転していく。第一次から第四次までの英蘭戦争を通じ、オランダはその覇権の根源であった制海権を失うとともに、北米の植民地、西インド会社や東インド会社などの利権を次々とイギリスに奪い取られ、その国力は凋落の一途をたどった。

当時の海戦においては、敵船を撃破することよりも捕獲することが重要であった。敵船を撃破せずに捕獲することで、これを自国の海軍艦艇に転用することができ、彼我の戦力差を加速度的に変化させることが可能となった。イギリスは、こうして捕獲したオランダの艦艇を自国の艦艇として就役させ、その海軍力を逆転させた。

そしてイギリスは、その強大な海軍力によって制海権を掌握し、保護貿易政策によって自国の貿易業と海運業の発展を促し、大規模な植民地経営と奴隷貿易を展開していくことになる。

イギリスは、スペインが隆盛を誇った16世紀中頃に、ヨーロッパ・アフリカ・アメリカ新大陸を結ぶ三角貿易を開始した。

当時、海賊のジョン・ホーキンスが、イギリス本国の織物を交換品としてアフリカで奴隷を買い入れ、これをカリブ海のスペイン植民地に売り、カリブでは銀・皮革・砂糖を仕入れて本国で売るという三角貿易に成功した。これを受

け、エリザベス一世はホーキンスに船を与え、奴隷貿易を奨励した。ホーキンスの甥であるフランシス・ドレークも奴隷貿易を行い、ドレークは奴隷貿易のほかにポルトガル船やスペイン船の襲撃も盛んに行った。こうした私掠行為も女王により奨励され、ドレークは功績によりイングランド艦隊副指令官の地位を得るまでに到った。

17世紀半ばには、王立アフリカ貿易投機会社が、その後、王立アフリカ会社が設立され、奴隷貿易はこれらの会社が独占的に取り扱った。当時の奴隷の大口需要先はスペイン植民地であったが、スペイン領への奴隷貿易は、当初はポルトガル商人が奴隷供給契約をスペインと結び独占していた。その後オランダ商人やフランスの会社がその権利を得るが、18世紀にはスペイン継承戦争の講和条約であるユトレヒト条約によってイギリスがこの権利を獲得した。イギリスは南海会社を設立してスペイン植民地への奴隷供給業務を独占し、また北米やカリブ海などの植民地へも大規模な奴隷輸出を展開した。その後これらの独占が解消され、イギリス人であれば誰もが自由に奴隷貿易に従事できる環境が整うことになる。

三角貿易は、当初は本国から織物や武器をアフリカに売って奴隷を仕入れ、奴隷をカリブや南米で売って砂糖を仕入れ、本国で砂糖を売るという形態が多かったが、やがて北アメリカ植民地でもプランテーションが始まったことで奴隷需要が生まれ、新たな奴隷輸出先となった。その結果、今度は北アメリカ植民地からアフリカに向けて酒の輸出や、北アメリカ植民地からカリブに向けての材木の輸出、またカリブから北米の植民地への砂糖の輸出など、新しい物流が次々と生まれていった。

アジア方面では、イギリス東インド会社が、国王からインド貿易を特許されたことにより東洋航路を独占した。イギリス東インド会社の船舶は、多数の大砲を装備した大型船であり、乗組員は海戦の訓練を受けていた。軍艦に比肩し得る商船は、イギリスの東インド方面における実質的な海軍力を兼ねており、これは既に同様の大型武装商船を配備し活用していたオランダ東インド会社およびフランス東インド会社への武力的対抗上の必要性もあって建造されたものであった。

また、イギリス東インド会社は、後にこれらの商船を自社所有から傭船に切り替えたため、多数の傭船需要が発生し、これはイギリスの傭船契約の発達を促し、また多数の新しい民間所有船が生まれたことで船舶保険需要が著増した。

イギリス東インド会社は、強力な軍事力と資本力を持つオランダ東インド会社に東南アジアから追い出された結果として、インド貿易に傾注していたが、インドには綿織物という後世にわたって国際貿易の主要交易品となる特筆すべき産物が存在した。毛織物が中心であったイギリス国内では、肌触りの良い綿織物の需要が急増し、綿織物はイギリスのインド交易における中心的な産品となる。その需要はイギリス国外でも多く認められ、イギリスによるアフリカにおける奴隷買付けのための交換物資としても、インド産綿織物は重要な役割を果たした。

インドには、フランスも進出しており、イギリス東インド会社とフランス東インド会社とは、インドにおける利権を巡り衝突し、18世紀に度々戦争を起こす。一連の抗争は、最終的にイギリス東インド会社が制し、その後イギリスはインドの全面的支配に向けて歩を進めていく。

度重なる英蘭戦争によってオランダが国力を消耗させていくにつれ、イギリス東インド会社の勢力はオランダ東インド会社を凌駕するようになり、オランダの牙城であった東洋貿易はイギリスの手に渡っていった。

北アメリカ植民地においても、イギリスとフランスは対立し戦ったが、ここでもフランスの後退によってイギリスは優位に立ち、18世紀にはイギリスの北アメリカ植民地との貿易額は巨額なものとなる。

かくしてイギリスは、オランダやフランスに対し優位な海上支配体制と植民地支配体制を確立し、貿易を経済の中核とする海洋帝国として世界に君臨することになる。

イギリスが長きにわたり、貿易によって世界に君臨した重要な要因の一つとして、産業革命の勃興があった。奴隷貿易とその労働力の利用を中核としたイギリスの貿易体制は、産業革命により大きく変化する。イギリスが世界に先駆けて工業製品を生産するようになると、圧倒的な国際競争力を持つ工業製品はイギリスから海外に輸出されるようになる。その競争力を端的に示す例が、イ

ンドへの綿織物の輸出である。それまで綿織物は、インドからイギリスに積み出され、イギリスから中継輸出されるイギリスの貿易競争力の源泉の一つであったが、産業革命によってこの構造は一変し、反対にイギリスからインド向けにさらに競争力の高い綿織物が輸出されるようになる。安価なイギリス製綿織物の流入によってインドの綿織物手工業は壊滅した。

　自国が競争力の高い製品を輸出する立場になると、自由貿易が望ましいものになる。そして19世紀半ばにはイギリスの重商主義は、自由貿易主義へと転換していく。自由貿易主義は、自由競争が経済発展を促すという立場であり、イギリスは、自国の貿易保護政策であった穀物法、航海法、貿易制限規定などの規制を撤廃し、また東インド会社の独占権も廃止する。産業革命によって産業資本が充実したイギリスにおいては、もはや重商主義による貿易の保護政策は経済発展を阻害する弊害の方が大きく、自由貿易体制への転換によって実際にイギリス経済はますます発展を遂げた。

　競争力の高い工業製品を輸出するイギリスに対し、ヨーロッパ大陸諸国は関税政策によって障壁を設け、自国産業の保護を試みる。しかし、やがてヨーロッパ諸国も工業化が進展し、産業資本の存在が大きくなるにつれ、保護政策よりも自由貿易へ転換することのほうが自国経済に資すると認識されるようになる。かくしてヨーロッパ各国も自由貿易主義に転じ、19世紀後半にはヨーロッパにおける自由貿易体制の秩序が成立する。

　自由貿易体制に伴ってイギリスの貿易量が拡大していくなか、19世紀のイギリスではP&Oやキュナードといった巨大海運会社が興った。これらの会社は、汽船による外航定期航路によって世界中の植民地を結ぶネットワークを構築し、同国の貿易と海運における覇権は20世紀初頭まで続く。

　イギリスが貿易と海運において優越的な地位を長期間にわたり維持し続けたことは、海上保険契約、海上運送契約、傭船契約、国際物品売買契約などの諸分野において、イギリスの書式・様式を国際的に普及せしめ、これらは貿易のグローバルスタンダードとしての地位を占めるに到った。20世紀に同国の海上覇権は次第に衰運の途をたどるが、一方で21世紀の現在に到っても、海上保険契約、海上運送契約、傭船契約、国際物品売買契約におけるイギリスの様

式およびこれらの分野におけるイギリス法の国際的影響力は残存している。

　こうして、国際経済の中枢機能である貿易において、イギリスの契約様式がデファクトスタンダードの地位を確立したことは、ひいては英語を国際語として通用させるに到る地歩を固めるうえでも少なからぬ貢献をしたものと考えられる。

　イギリスと海上覇権を争ったフランスは陸軍国として有名である一方で一大海洋国家でもあり、アフリカ、カリブ海、北米、インド、東南アジアと進出して植民地を築きながら、貿易を推し進めた。18世紀から19世紀にかけては、イギリスに次ぐ艦隊規模の大海軍国として勢力をふるい、両国間では海上支配を巡る多くの海戦が行われた。

　奴隷貿易については17世紀に設立されたフランス西インド会社が独占的に取り扱い、後に民間商人との共同事業としてカリブ海等の植民地に向けて奴隷輸出を行った。インドや中国との貿易は、フランス東インド会社やフランス中国会社（後に王立インド会社に統合）が取り扱った。また、フランスの場合には海運業から派生する形で海上保険会社が生まれ、ルアンやマルセイユにおいて商人の出資により保険会社が設立されている。

　19世紀には、ドイツがアフリカ・アジア・オセアニアなどに植民地を設け、またハパック・ロイドなど世界最大級の海運会社を擁する海運国として台頭する。20世紀に入るとドイツの海軍力が強化され、英独間で海軍力の競争が始まる。

　第一次大戦後には、海運国として日本が台頭する。第二次大戦前はイギリス、アメリカ、日本の三大海運国が他国を凌駕し、また海軍力においてもイギリス、アメリカ、日本は三大海軍国として世界に君臨した。

　しかし、第二次大戦によって日本の海運業は文字通り壊滅状態に陥った。経済復興に貿易が不可欠である日本にとって、海運業の再生は急務と認識され、海運業は復興金融金庫からの資金供給を優先的に受け、造船業とともに息を吹き返す。そして、日本の海運は復活するとともに急成長を遂げ、日本は再び世界最大級の海運国に返り咲くことになる。日本の海運業の復活劇の原動力

は、戦後の日本の貿易の著しい伸展が主因であり、日本は世界有数の貿易国として現在に到っている。

第2章
イギリスにおける海上保険の発達

1 保険取引

　18世紀にイギリスは、その世界的な植民地体制とこれを接続する海上運送体制を基盤として国際貿易における優越的地位を築いた。同国の貿易の隆盛は海上保険の需要を喚起し、ロンドンにはロイズ（Lloyd's）が興り、海上保険取引が盛んに行われるようになった。

　ロイズは、元々は17世紀にロンドンのテームズ川の近くにエドワード・ロイドという人物が構えたコーヒーショップであるが、ここに貿易関係者が集まることから海上保険取引が行われるようになった。

　当初のロイズがコーヒーショップとして取引の場を提供していたのと同様に、現在のロイズも保険取引のための場所であるが、1871年には法律（Lloyd's Act）上の組織となり、2001年には金融監督当局の監督下の機関となった。

　保険取引とは、海上保険であれば、船を所有する船主や、貨物を売買する貿易商などからの委託を受けて保険の仲介を行うブローカーと、アンダーライターと呼ばれる保険の引受人が、保険の条件や料率などを巡り交渉を行うことである。保険の引受を行うアンダーライターは、保険者すなわち保険の供給側であり、持ち込まれた案件の検討および引受条件等の判断を行い、ブローカーは、被保険者[1]すなわち保険の需要家のために引受先を探し、引受条件を交渉する。

　アンダーライターが、引受について検討および判断を行うことをアンダーライティングといい、ブローカーが適切な引受先を求めて交渉をして回ることをブローキングという。著者は、ニューヨークでアンダーライターとして貨物保険のアンダーライティングをしていたが、この構造は21世紀の今日においても変わるところはなく、アンダーライターとブローカーによる交渉が、多くの

国々においては海上保険の主たる取引形態である。

なお、日本では旧来より保険会社の代理店が保険の営業を担っていたところ、1996年に保険業法が改定されて新たにブローカー制度が導入された。一方で、契約者と保険会社との直接取引が船舶保険における商慣習として日本では根付いており、貨物保険については代理店やブローカーが介在することが多いが、その場合でも保険会社と契約者との直接的な交渉が行われることも商慣習として一般に見られる。欧米では、保険会社が契約者と直接的に交渉することは一般的ではなく、この点において日本の実務は特徴的である。

2　保険証券に規定された危険

今まで述べたようなイギリスの貿易事情のもとでは、どのようなリスクに対する補償が保険に求められたのであろうか。18世紀当時にイギリスで使用された代表的な海上保険証券様式に、保険者が担保するリスクを列挙した危険条項（perils clause）と呼ばれる条項があり、ここから保険による補償が求められていたリスクを読み取ることができる。

> Touching the Adventures and Perils which the said London-Assurance are content to bear, and do take upon them in this Voyage; they are of the Seas, Men-of-War, Fire, Enemies, Pirates, Rovers, Thieves, Jettisons, Letters of Mart and Counter-Mart, Suprisals, Takings at Sea, Arrests, Restraints and Detainments of all Kings, Princes, and People, of what Nation, Condition, or Quality soever, Barratry of the Master and Mariners; and of all other Perils, Losses, and Misfortunes that have or shall come to the Hurt, Detriment, or Damage of the said Goods and Merchandises, or any part thereof.
>
> （和訳）
> 本航海において当該保険者たる、London-Assurance会社が満足して担

> 保し、かつ引受ける危険は次のとおりである。海固有の危険、軍艦、火災、外敵、海賊、漂盗、強盗、投荷、捕獲免許状、報復捕獲免許状、襲撃、海上における占有奪取、いかなる国籍・状況または性質であるとを問わずすべての国王・君主および人民の強留・抑止および抑留、船長および船員の悪行、および上記貨物および商品またはそれらの一部に対して破損または損傷を生ぜしめたか、または生ぜしめるであろうその他一切の危険、滅失および不幸である。そして、ある滅失または不幸が生じた場合には、被保険者、その代理人、使用人および譲受人が上記貨物および商品またはそれらの一部の防衛、保護および回復のために万全の努力をなすことは適法であって、これがため本保険の効力を害することなく、これに要した費用は当会社において負担する。

　この危険条項は、1753年にLondon-Assurance社が発行した保険証券上の文言の抜粋[12]であるが、この抜粋を含む保険証券書式は、近年まで使用されており、日本の保険会社であれば、2009年まではこの書式による貨物保険証券を一般的に使用していた。つまり、この18世紀の古風な文言を含む貨物保険証券は、21世紀においても銀行に買い取られ、国際的に譲渡・流通し、国際的に広く認知されていた。そして、現在でも数は少ないが使用されている。ここに掲げた文言について、1753年当時と異なる点は、London-Assuranceという名称が現代の保険会社名に置き代わっただけである。

　18世紀のイギリスの海上保険証券の様式が、21世紀の日本で使用されていた事実は、先述のイギリスの貿易・海運・保険分野における国際的影響力を示す好適例であるともいえよう。

3　保険証券・約款の改定

　条項内に列挙された個々の危険を見ると、21世紀という時代にこの文言によって契約が行われていたのかと疑われるような語句が散見される。ところが、この古風な文言は単に過去の遺物が残存していたのではなく、実際的な理

由があって存置されていた。

　これらの語句はいずれも多数の判例によってその意義が確立されており、こうした法律的意義に立脚して、付随する幾多の約款や条項が数百年にわたり追加されてきたので、証券構成上、存置の必要性があった。そして反対に、追加されてきた約款や条項を解釈するためには、これらの一見すると時代錯誤とも思える文言の意味を理解しておくことが必要であった。そのため、著者の世代は、保険会社で海上保険部門に配属されると、上記を含む数百年前の英文証券とこれを補充するイギリス海上保険法を理解することが要求された。

　現在では、現代英語を用いたイギリスの証券様式と約款が利用されているが、この現代英語を使用したイギリスの約款類には、海上保険に特有の専門用語や法律的表現が使用されている。こうした海上保険に特有の専門用語や法律的表現は、前掲の1753年の危険条項などを含む古来の保険証券文言やそれに付随する判例によって解釈が確立されており、したがってこれら古来の保険証券内容を理解することの必要性は未だ失われていない。

　一方で、17〜18世紀の時代背景に基づく語句と表現、そしてその難解な法律的解釈について国際的に批判が多かったことも事実であり、イギリス本国ですら19世紀に既に、この古色蒼然たる文言に対する批判があったが、20世紀の終盤まで文言の刷新には到らなかった。これらの証券文言の語句や文節については、その解釈を確定した3000を超える判例が蓄積され、それゆえに、新しい表現で約款を一から作ることが難しく、古来の証券文言の存置を前提として、新たに約款や条項を付け足していくことが重ねられていたのである。

　しかし、第二次大戦後に世界の貿易量が増加していくなかで、多くの発展途上国も貿易を行うようになると、専門知識なくしては理解ができない海上保険契約に対する不満が増大していく。この海上保険の難解さに対する不満は、UNCTAD（国連貿易開発会議）において議題となり、UNCTADはこうした批判に基づき、1968年に海上保険の法律・約款・慣習の全面的見直しに関する決議を行った。そして1978年には、UNCTADにおいて海上保険契約の改訂案が提示されるに到った。

　これを受けて、1979年にIUMI（国際海上保険連合）が、ロンドンの関係機

関と対応の検討を開始した。当時は先進国の約7割、そして発展途上国の約8割が、イギリスの古い証券様式およびこれに付随する約款を使用し、自ずと文言解釈もイギリス法に準拠していた。こうしたなか、もし、国連において新たな国際標準約款が採択され導入が進めば、海上保険におけるイギリスの契約様式およびイギリス法の影響力の衰退は必至であり、イギリスでは、直ちに保険証券フォームの検討専門委員会が設置され、1982年にロンドンの専門委員会がUNCTADの要望に応えるかたちで、新しい証券様式およびこれに付随する約款を制定した。

このように、外圧に当面することでイギリスの海上保険証券様式はようやく刷新され、1982年に制定された新しい証券様式では現代英語が使用され、構成もわかり易くなった。

一方、日本の実務が新しい証券様式に全面移行するには、1982年から30年近い年月を要した。

その理由はいくつか考えられるが、一つは、海外の銀行によって発行される信用状の多くが、旧来の海上保険証券様式に基づく条件指定を慣習的に続けていることが多かったため、信用状取引が比較的多い日本においては、保険の申し込みが旧来の条件で引き続き行われていたことが挙げられる。

もう一つの理由として考えられるのは、日本は、戦前より学界において海上保険を研究する学者を輩出し、大学には海上保険の授業があり、学問の領域としての海上保険契約論が確立していた。このような環境の下、保険会社のみならず商社・船会社・銀行などの貿易関係者にも、海上保険契約とは証券や約款について勉強を要するものであるという共通認識があった。これは、海上保険に限ったことではなく、船荷証券、傭船契約、信用状、国際売買契約、通関等の海運・貿易実務はいずれも外国法、国際条約、国際規則等と関係し、実務者は勉強をして所要の知識を習得すべきという通念が存在した。そして実際に戦後の日本においては、貿易が経済の牽引役として国策的に重視されるなか、これに従事する関係者は一般に向学的姿勢を具え、その結果として難解な保険証券であっても日本の貿易関係者の間では円滑な実務が実現していた。こうした事情も、新しい証券様式に移行するニーズが他国と比べて乏しかったことの理

由の一つではないかと考えられる。

4　武力や暴力のリスクが並ぶ証券文言

　さて、実際に危険条項に列挙された危険の種類を改めて眺めてみると、「海固有の危険、軍艦、火災、外敵、海賊、漂盗、強盗、投荷、捕獲免許状、報復捕獲免許状、襲撃、海上における占有奪取、いかなる国籍・状況または性質であるとを問わずすべての国王・君主および人民の強留・抑止および抑留…」という具合に列挙されている。

　現代において、海上保険の事故として一般に想起されるのは、荒天による海難事故などであり、それは「海上」の危険ということから自然と連想されるものである。そして実際に、こうした自然現象や偶然の作用による事故は多いので、これは常識的な想像であるといってよい。

　一方で、上記の危険の多くは、「海固有の危険」を除けば自然現象などではなく、悪意（故意）の人為的なものばかりである。航洋船舶といえども数百トン規模の帆船で、その構造や航海術も未熟であった当時は、荒天など自然の脅威は、現代よりも相対的に大きかったはずである。ところが、このように人為的な危険ばかりが目立つのはなぜだろうか。その答えの一つとして、暴力や略奪等の危険が、現代よりもはるかに高い頻度で発生していたことがある。それゆえ、貿易当事者のこれらの危険への関心も、現代と比べれば相対的に高かったと考えることは合理的であり、またこうして細かく行為を類別して規定しているところに、保険者としての関心の高さも窺うことができる。そして、それは既述した大航海時代の概観からも理解されるとおり、貿易と暴力と略奪が共存していたことに起因する。

　この文言が起草された当時は、私船が、敵国の私船を発見するとこれを襲い、拿捕し、船と貨物を捕獲するということが一定の条件のもとで許されており、そのため軍艦ではない私船も武装をしていることが一般的であった。また、ヨーロッパ各国間で絶え間なく戦争が行われていた時代であったことから、自国は戦争の主体ではなくとも、交戦当事国との同盟関係などから、戦時

の期間が多くなる傾向があった。

　さらに、戦闘は継続していないものの講和もなく、だらだらと戦時が継続することもあり、そうすると戦時であるにもかかわらず平時であるかのような状態も生じ、結果として、交戦状態が存在していなくとも私船による捕獲などの危険が伴った。戦闘が起きている状況下であれば、敵国艦艇による商船捕獲が発生する確率も増加し、商船の出航が減少するとともに、保険市場の需給が引き締まって保険料率が高騰したが、反対に、敵対関係が継続しているものの長年にわたり戦闘は発生してないようなこともあり、こうした期間中にも戦時の危険は存在したのである。

　また、列強諸国は、海外の植民地等に貿易の拠点となる商館を築いた。商館と言っても城館や要塞のような外観を呈するものも多く、実際に相応の防御力を必要とした。商館は、東南アジア、インド、アフリカ、中南米、カリブ海などの貿易拠点に構築されたが、こうした拠点を各国が互いに奪い合い、攻撃や撃退が繰り返された。

　著者は、カリブ海にある商館跡を幾つか見たことがあるが、どこの商館の歴史を見ても支配国が実に目まぐるしく変化しており、つまり洋上の船のみならず、貨物の集積地たる商館も各国によって奪取と占領が繰り返されていた。

　当時の貿易が、こうした武力と暴力の応酬という側面を持っていたことを踏まえると、保険証券上に、**軍艦、外敵、海賊、漂盗、強盗、投荷、捕獲免許状、報復捕獲免許状、襲撃、海上における占有奪取、いかなる国籍・状況または性質であるとを問わずすべての国王・君主および人民の強留・抑止および抑留**…という具合に、諸々の危険をあたかもあらゆる事態に備えるかの如く列挙することの合理性が理解される。

　本書の以降の構成の関係から、予めこれらの列挙された危険の概略を説明しておきたい。

　「軍艦」と訳されるMen-of-Warであるが、これは直訳すれば、さしずめ「戦争従事者」とでもなろうが、イギリスの海上保険証券の解釈上、つまりイギリス保険法上においては、Men-of-Warとは、国家により軍事行動の権能を

与えられている艦艇および付属兵器を意味する。これを日本では旧来より軍艦と訳している。

　被保険危険（保険上の危険）は、これら艦艇による加害行為であるが、積極的な加害行為のみならず、消極的な加害行為、たとえば味方による誤射などの危険を含むと解される。一方、味方の艦艇による損害を Men-of-War として認定できるのは、作戦海域における戦闘遂行中のみであり、つまり軍事行動に従事していない艦艇によって生じた損害は該当しない。

　「**外敵**」と訳される Enemies は、戦争に従事する敵国の船舶、機器、人を指す。これには、敵国の軍隊のほかに、敵国の国旗を掲揚して略奪を行う私船も含まれる。発現する危険としては、撃破や撃沈のほか捕獲や拿捕が含まれる。なお、外敵には後述する捕獲免許状および報復捕獲免許状の危険も包含される。

　「**海賊**」というと、海賊船に乗って財宝を求める無法者のような往時のイメージが想起されるが、海上保険契約における海賊の意義は明確である。イギリス法による海上保険証券解釈上の海賊とは、私利私欲のために無差別に略奪、殺戮、放火等を行う者を指す。私利私欲ではなく政治的な目的で特定の国の船等を襲うことは海賊行為に該当せず、たとえばゲリラが政府の輸送船を襲って積荷を略奪するような場合は該当しない。

　イギリス保険法上における海賊の解釈は、国際法上の海賊よりも広く、船内で暴動におよぶ船客や、陸上から船舶を攻撃する暴徒もこれに含まれる。こうした定義はいずれも判例によるものであり、1853 年の判例[13]では、広東からペルーに航行する船上で、乗客である中国人移民が船長等を殺害し、船舶を占拠して乗り逃げした事件について、裁判所はこれを海賊行為と認めた。また、1792 年の判例[14]では、アイルランドの飢饉に際し民衆が蜂起し、海岸から船舶に乗り込み、船長以下の支配力を奪って船舶を占拠し、船長を脅迫して積荷である穀物を売却させたが、裁判所はこれを海賊による損害と認めた。

　「**漂盗**」（Rovers）とは何か。これは商船を襲撃して積荷を略奪する目的で、海上を漂泊する無法者のことであり、要するに海賊と大きく変わるところはない。中東方面のアラビア人等の海賊が rover と呼ばれていたことから、これらの者の行為も損害填補の対象とすることを明示する意味がある。こうした用語

を保険証券に列挙しているところにも、あらゆる危険を想定して保険契約の万全を期する必要があった当時の航海事情を窺い知ることができる。

　「強盗」は Thieves の訳語である。一般英語における thief とは、暴力によらずに盗みを行う泥棒、つまり窃盗犯のことであるが、イギリス法に基づく海上保険証券の解釈において thief は襲撃的な盗賊を意味する。窃盗や抜荷（ぬきに）[15] のように隠密裡に行われる盗みは clandestine theft や pilferage と呼ばれ、theft とは区別される。つまり、保険証券に列挙されている thieves は、海賊・漂盗に続き、同類の暴力的な盗賊を指している。

　この thief や theft の意義は、現在の海上保険契約上も解釈は変わっておらず、破壊による侵入の形跡があって盗取されたものは theft とされるが、たとえば内部犯等による抜荷や窃盗は theft ではなく pilferage と分類される（強盗であるか窃盗であるかを問わず、結果としての盗難を指す際には一般に theft と呼ぶ）。発送したにもかかわらず一つの梱包物が仕向地に到着しないことによる喪失の危険は、non-delivery（不着）と呼ばれる。さらには、外部からの侵入の形跡や、開梱の形跡が無いにもかかわらず、貨物の品数が合わない場合などは mysterious disappearance と呼ばれ、このような損害は棚卸損や検数誤りと考えられるため、事故に該当せず、通常は保険填補の対象にはならない。

　「投荷（なげに）」（Jettison）は、これまでの加害行為とは異なる。投荷とは、危険に際して積荷を投棄する任意の行為であり、たとえば、荒天による沈没を回避するために、船舶を軽くする目的で貨物の一部を海中に投棄するようなことがこれに当たる。投荷は現代でも行われ、たとえば座礁した船舶を浮揚させるために、積荷を海中に投棄するような場合などがある。

　投荷は、共同海損行為に該当する場合が多い。「共同海損」とは、船舶と貨物の双方にとっての危険を免れるための行為による犠牲的損害や費用を関係者の間で分担する制度であり、たとえば投荷のように、座礁した船舶を浮揚させるために貨物を投棄する場合に、その犠牲となった貨物の損害を、船主や荷主との間で分担する場合に利用される。

　一方で、船舶と貨物の共同の安全のためではない、すなわち共同海損の要件を充足しない投荷もあり得る。1820 年の判例[16] では、敵による捕獲が避け難

い状況となった船が、積荷である多量のアメリカの金貨が敵手に渡るのを避けるために海中に投棄した。この事件は、積荷の金貨が奪われることで敵を利することにならないように投棄をしたのであって、船舶と貨物の共同の危険を免れるための犠牲ではないので、共同海損の要件を充たさない。この行為は、共同海損の対義語である「単独海損」としての投荷に該当する。

これまで掲げた証券上の語句は、往時の貿易におけるリスクとして相当程度その想像ができる。これらはいずれも現代においても、時代による態様の変化はあるにせよ、海上における武力行使や略奪という行為の性質においては、さして変わるところがない。

ところが、次に証券上に掲げられている「**捕獲免許状**」および「**報復捕獲免許状**」（Letters of Mart and Counter-Mart）は、現代には存在しないものである。これらは、海事の歴史上において重要な意味を持つ書類であるとともに、海上保険の発展を促した重要な危険であり、章を改めて次章で詳述したい。

「襲撃」と訳される Surprisal は、言葉の表面上においては、奇襲などの襲撃的な行為であるが、イギリス法に基づく海上保険証券の解釈上は、主に「捕獲」を意味する。

捕獲とは、戦時において海軍艦艇等が、敵国の船舶および積荷を拿捕し、拿捕された捕獲物を自国に引致し、捕獲審検法廷（Prize Court, 裁判所の一種）における審理に付すという一連の手続きによる行為であり、捕獲審検法廷における審理により、船舶や積荷について捕獲か解放かの決定がなされる。また中立国の船であっても、戦時禁制品輸送などに従事していれば拿捕され、捕獲審検に付される。

古くは、各国が自国の私船に対して、捕獲免許状や報復捕獲免許状を発行することで、敵国の船舶および積荷を捕獲することを許可し、拿捕された捕獲物は、免許状に免許された内容に合致していれば、原則として捕獲者に与えられる制度があった。特に 17 世紀から 18 世紀にかけてはこうした私船による捕獲が盛んに行われた。

近現代の戦争においても、商船やその積荷に対する捕獲は、海上経済戦の手段として存在しているが、本証券が発行された 18 世紀にはヨーロッパにおい

て、海軍力による捕獲と、私船による捕獲のいずれもが国際慣習として認められていた。近現代の捕獲は、海軍艦艇が国際法に則した国内法規等に則って行うものであり、その運用は、軍事力の行使であるものの、統制された行政手続きとしての側面がある。しかし、当時の私船による捕獲は、必ずしも秩序を保った手続きによって行われるものではなく、行為の性質としては、武力による脅迫と略奪であった。

　以上のとおり、襲撃（surprisal）という危険は、捕獲免許状および報復捕獲免許状の危険と同じ場合がある。しかし、襲撃が、捕獲免許状および報復捕獲免許状の危険と異なっている点として、襲撃の概念には公的な実力組織である海軍力による捕獲が含まれている点がある。

　なお、現代は私船による捕獲行為は禁止されており、捕獲の実行は原則として海軍力による。

　「**海上における占有奪取**」と訳される takings at sea も一見したところ先述の捕獲と似ているが、これはイギリス法に基づく海上保険証券の解釈としては拿捕を意味する。

　それでは、拿捕と捕獲とはどう異なるのかという点であるが、捕獲は、戦時に海軍力等によって、船舶や積荷の所有権を奪うことであり、そのために捕獲審検所などの審理を経て、捕獲物と認定する国際法上の行為である。これに対して、拿捕とは、船舶や積荷の占有権や支配権を奪取する強制的措置であり、つまり適法か否かは問わない行為である。したがって拿捕を行う者は海賊などの場合もあり得る。

　現代において一般に見られる拿捕の形態としては、沿岸警備等にあたる国家機関によって船舶が停船を命じられ、何かの理由によって強制的に引致されるような場合であるとか、貨物が通関当局に押収されるような場合などがある。

　一方、国際法上の捕獲の過程において、船舶を停船させ、臨検・捜索のうえ、何かの嫌疑のために引致する場合にも、船舶は拿捕される。したがって、捕獲の一連の手続きのなかにも拿捕行為が含まれていることになる。なお、捕獲審検の結果、捕獲が決定する場合もあれば反対に解放される場合もあり、解放されるのであれば、それまでの間、他者による占有・支配が生じていたと解

釈すべき結果となる。こうして船舶や貨物が拿捕されても、その期間が短く、損傷もなく返還されるのであれば、原則として保険で填補されるべき損害は生じない。反対に、拿捕によって船舶や貨物の占有が奪われ、その回復の見込みがない場合には拿捕行為による損害を認めるべき状況となる。

「**いかなる国籍・状況または性質であるとを問わずすべての国王・君主および人民の強留・抑止および抑留**」と訳されている Arrests, Restraints and Detainments of all Kings, Princes, and People, of what Nation, Condition, or Quality soever も、今までと同様に日本語をそのまま文理的に解釈するのではなく、イギリス法に基づく特有の解釈がある。まず、行為の主体である all Kings, Princes, and People, of what Nation, Condition, or Quality soever（いかなる国籍・状況または性質であるとを問わずすべての国王・君主および人民）であるが、これは、国家を統治する権力、つまり政治上または行政上の権力を意味するという解釈が確立している。そして、分けても重要なのが、行為である Arrests, Restraints and Detainments（強留・抑止および抑留）の意味である。Arrests, Restraints, Detainments はそれぞれの意義が必ずしも截然としていないことから、3つの語句をそれぞれ解釈するのではなく、組み合わせたままの一体として解釈されることが多い。

この危険は、実力行使は無い状態で起こる運送の中断の帰結として生じるもの、あるいは、運送人が官憲等に行動を支配されることで生じるものなどがある。また、行為者に、貨物を占有または支配する積極的な意思がないことが一般的である。そして、敵国や第三国の行為の結果として生じる場合のみならず、自国の行為に起因する場合も多い。

このように、Arrests, Restraints, Detainments も、強留・抑止および抑留という日本語訳とは異なる特有の概念であるが、以上の説明は抽象的でわかりにくいことから、3つの判例を引用して説明してみたい。

1862年の *Aubert v. Gray*[17] では、スペイン人の荷主により、ロンドン仕出しアリカンテ（スペイン）仕向の絨毯30枚がスペイン船籍の船舶に積載され、輸送途上において船舶はスペインのコルーニャに寄港した。ここで、スペイン・モロッコ間の戦争が勃発したことにより、船舶はスペイン政府からのエン

バーゴ（出航禁止）の命令を受け、徴用されることとなった。徴用にともない積み卸された積荷たる絨毯は港頭に野積みにされ、その結果、風雨にさらされて大きな損害を被った。

この損害は、王侯によるrestraintによって生じたものと認められた。ここには、自国政府による自国船舶のエンバーゴが、restraintとして認められるという特徴が見られる。また、行為者たる政府に、貨物を占有する意思はなく、官憲による実力の行使もない。

1903年の*Miller v. The Law Accident Insurance Company*[18]では、リバプールからブエノスアイレスに向けて生牛が輸出されたが、港湾の輸入検疫において病疫が発見され、船舶は、貨物たる生牛とともに港湾からの退去を求められた。一方で、港外であれば積卸しが可能であったので、港外において牛は艀（はしけ）に積み替えられていったが、次いでアルゼンチン政府によってイギリスからの生牛の輸入禁止法令が発せられた。やむを得ず、牛はウルグアイに転売されることとなり、モンテビデオ港に到着後40日の検疫期間を経て陸揚げされたが、この間に相当の損害が生じた。

この事件の一審で裁判所は、restraintとは実力による強制を要するものであるとして、本事件にrestraintは生じていないとの判断を示したが、控訴審は、アルゼンチン政府によるrestraintがあったとして一審を覆した。すなわち、生牛を積んだ船舶の排除は、アルゼンチン政府による実力の行使に相当するとし、実際上の強制力が行使されなかったのは、船長が政府の命令に服したからであって、必要とあらば、アルゼンチン政府は、実力を行使できる組織を充分に兼ね備えていたと判示した。

次に、イギリス人が荷主として被保険利益を持つ貨物に関する事件が、3件同時に審理された1940年の事件を挙げたい（*Forestal Land, Timber & Railways Co Ltd v. Rickards*（*The "Minden"*），*Middows v. Robertson*（*The "Wangoni"*），*W.W. Howard Bros & Co v. Kann*（*The "Halle"*）[19]）。

Minden号はブエノスアイレスからダーバン向けに航海しており、貨物はダーバン積み替えの中国仕向け予定だった。Wangoni号はブレーメンからケープタウンに向けて航海し、Halle号はオーストラリアからロンドンに向けての

航海であった。3つのケースは、いずれも荷主がイギリス人で、船主がドイツ人という点で共通しており、同時に審理された。

3隻は、航海中の1939年9月3日に、イギリス政府によるドイツとの戦争状態の布告に遭遇した。ドイツ政府は連合国との開戦の可能性から、予め自国の商船に対し、戦争勃発の折には中立国に避難し、可能であればドイツへ帰還すること、また敵国による捕獲の危険が迫った場合には自沈することを指示していた。

開戦の報を受けた Minden 号はリオデジャネイロに、Wangoni 号はヴィゴ（スペイン）に、Halle 号はビサオ（ギニア）にそれぞれ避難をした。

その後、3隻はいずれも本国ドイツへの帰還を目指して出航するが、Minden 号は1939年9月29日にアイスランド南方海域でイギリス海軍艦艇に遭遇したため、本国政府からの指示に従って船長が自沈を命令し、実行された。Halle 号は1939年10月26日にフランス海軍艦艇に遭遇したため、同様に船長の命令で自沈した。かくして、両船に積載されていた貨物は失われた。

残る Wangoni 号のみが1940年3月に漸くハンブルグに到達した。Wangoni 号の船長は、ヴィゴおよびハンブルグにて、中立国を通じてイギリスの荷主に貨物を搬送すべく種々の段取りを行ったが、イギリスへの輸送にかかわる費用は、貨物の保険価額を超えることが明らかな状況であった。

これら3つのケースのうち、Minden 号と Halle 号については、ドイツ政府がドイツの海運業を統制しており、ドイツ政府の命令を受けた両船の船長により、貨物は支配をされ、unlikelihood of recovery（保険の目的の占有が奪われてその回復の見込みがないこと）の状態にあったこと、そして、その結果として貨物は沈められたことから、ドイツ政府による restraint があったと判断された。

Wangoni 号についても本国政府の命を受けて貨物を占有したところまでは、同様に政府による restraint があったと判断された。貨物をイギリスまで継続して搬送することの試みについては、貨物の搬送の費用が保険価額を超えることから推定全損（物理的な全損ではないが、約款や法律の解釈によって経済的な全損と認められるもの）が成立すると判断された。

これらの判例が示すように、arrest, restraint or detainment とは、具体

には、出航禁止、入港禁止、輸入禁止、徴用、拘束などの行政的な措置であり、この場合に、arrest, restraint or detainment の行為者となる政府等の行政当局は、貨物を奪取しようとか、占有しようという意思を保持していない。また、強制力すなわち物理的な実力行使を要するものではない。つまり、国王・君主・人民による強留・抑止・抑留という語句の字義と、保険契約上でその意味するところには相当な違いがある。

　こうして個々の危険をながめると、保険証券に記載されている危険のほとんどが、戦争・暴力・政治などのリスクに関連するものであり、当時の「海上の危険」が、今日観念されるところのそれとは異なっていたと想定することには、一定の合理性があると考えられる。

　そして、こうした悪意の人為的危険が列挙された保険証券からは、当時の貿易関係者の懸念を窺うことができ、保険証券はその懸念の具象であるともいえよう。

第3章
捕獲免許状および報復捕獲免許状

　捕獲免許状（Letters of Mart）および報復捕獲免許状（Letters of Counter-Mart）についての説明を前章では割愛した。

　イギリスの海上保険証券の危険条項に、外敵、襲撃、海賊などの各種の危険が並ぶなか、捕獲免許状と報復捕獲免許状という書類名称が忽然と挙げられていることは、不統一で異様な感を受けるが、これらの書類は当時の貿易に大きな脅威をもたらすとともに、海上保険の発展に多大な影響を及ぼした。そして両書類にかかわる危険には、とりわけ現代の戦争保険を形成する要素が多分に含まれており、したがって歴史的事実としてのみならず実際的意味もあるので、ここに章を改めて詳述したい。

1　概　　要

　捕獲免許状（Letters of Mart）とは、国家が私人に対して、敵国の商船や積荷を捕獲する権利を与える認可書類であり、報復捕獲免許状（Letters of Counter-Mart）とは、同様に敵国の商船や積荷に対する報復的捕獲の権利を認可する書類である。

　イギリスの海上保険証券に危険として列挙されている捕獲免許状および報復捕獲免許状とは、具体的には私掠船（privateer）による襲撃、拿捕、捕獲などの加害行為を指す。

　私掠船とは、本来であれば海軍力によって実行されるべき船舶および貨物の捕獲について、国家からその実行の認可を受けた私船であり、他船を拿捕するのであるから、必要とあらば実力を行使するために武装をしている。

　捕獲免許状または報復捕獲免許状は、私掠船に許される行為や対象範囲を規律しており、特定の国の船舶および積荷のみを捕獲の目的とすることなどが定

められていた。また各国の法律上には、捕獲した船舶の乗員の措置や、捕獲物に関する裁判手続きおよび処分の方法等が定められていることが一般的であった。

　このように私掠船は、国の認可を得て特定の国の船などを捕獲することから、私人による行為でありながらも国の政治的目的に従っている立場でもあり、また国旗を掲揚して行動することからも、先述の海賊行為とは異なる行為である。海賊行為と異なるのは、検束された際の処遇にも現れており、海賊は犯罪人として死刑などの厳罰に処されることが多かったのに対し、私掠船乗組員は捕虜として扱われた。

　ヨーロッパの国家が互いに私掠を繰り返すなかで、私掠行為に関する規範は国際慣行として形成されていった。

2　沿　　革

　制度としての私掠および捕獲の歴史は、海上保険の歴史よりもはるかに古く、紀元前のロード海法に遡るとされ、14世紀にバルセロナで編纂された地中海沿岸の海商法の法典であるコンソラート・デル・マーレに明文化されている。

　コンソラート・デル・マーレは、他国または他国の私人による損害に対して、国家の許可がある場合に限り、復仇のためにこれらの国の船および貨物を拿捕することの権利を示すとともに、現代の海上武力紛争法につながる各種の規定を設けた。それらは、すなわち敵国船に積まれた中立国貨物を捕獲することはできないことや、中立国船に積まれた敵国貨物は捕獲可能であることなどの諸原則であり、現代の捕獲法と内容は異なるものの、客体の分類方法や処分方法などは、現代の捕獲法の基礎となるものであるといえる。

　イギリスの海上捕獲に関する記録を見ると、13世紀には、王室所有船による捕獲の実行、また私掠船への捕獲免許状、報復捕獲免許状、拘留令状の発行などについて文書が多く残されている[20]。

　14世紀には海事裁判所が私掠を所管するようになり、捕獲免許状の発行業

務を行うとともに、捕獲物たる船舶と貨物について海事裁判所への提出を求め、免許された内容から逸脱した捕獲物については解放した。しかし、この時期の国家による統制は十分ではなく、公認されていない海賊的行為も多かった。

当時は、各国とも海軍力が未発達であったことから、私掠は海上戦力として利用され、また海軍力の未発達ゆえに商船に対する保護もなく、このような環境は、私掠が発達するに適したものであった。

15世紀後半から16世紀初頭にかけて、英仏海峡においてイギリスとフランスとの間で報復的捕獲が過熱化する。この時代は、イギリスではヘンリー七世およびヘンリー八世の治世に相当するが、フランスとの政治的関係などの状況に応じて、イギリス王室は私掠の奨励政策と統制政策を繰り返す。

大航海時代に入ると、私掠船の数が増大しその活動範囲も大きくなる。アジアや新大陸から貨物を満載したポルトガル船やスペイン船が帰還するようになり、こうした往来船に対し、オランダやイギリスの私掠船が捕獲を繰り返した。とりわけイギリスのエリザベス一世は私掠を奨励し、エリザベス一世本人が所有する船を提供したり、多くの高位者らが私掠船への出資者として名を連ねるようになる。イギリスでは一般の商人による私掠船への投資も盛んに行われるようになり、捕獲物次第では高配当が得られる私掠船投資は、人気を博した。

私掠を国家政策として推進したエリザベス一世の治世（16世紀後半）には200隻を超えるイギリスの私掠船が活動していた。しかし、こうした私掠の隆盛は、一方で所管する役所の汚職を惹き起こし、エリザベス一世の後に王位に就いたジェームス一世は私掠を取り締まる方針をとり、イギリスによる私掠は一旦衰退した。

17世紀末になると、フランスによるイギリス商船に対する私掠が盛んになる。フランスは海軍力でイギリスに劣るために、海上戦における軍事戦略として私掠を積極的に活用した。ファルツ戦争ではフランスの私掠船は、6600件に上る船舶および貨物の拿捕により5650件の捕獲物を得ている（捕獲物の方が少ないのは、捕獲審検によって捕獲物として認められずに解放されているものがあるためと推定される）。

一方のイギリスも捕獲法を制定し、現代の捕獲法にも通じる各種の規律が明文化され、報奨金制度も定められた。

18世紀初頭のスペイン継承戦争および18世紀半ばのオーストリア継承戦争でも、イギリス商船はフランスの私掠船により甚大な損害を被り、これに対してイギリスも私掠船により反撃し、互いに捕獲によって相手の補給や通商を妨害した。オーストリア継承戦争に伴って起こった北米植民地における戦争では、イギリスの私掠船隊は、フランス、スペインおよびオランダから3500件に及ぶ船舶および貨物の捕獲物を得ている。

1754年に始まった七年戦争では、私掠船による捕獲はさらに増加した。イギリスの私掠船は、中立国の船舶であっても敵国の軍事物資や戦時禁制品を輸送していれば捕獲を行うようになり、中立国であったオランダ船とその積荷が多く捕獲された。こうした中立国に対する捕獲行為の当否については、国際間で意見が対立し、イギリスの捕獲法とは異なる方向に後の国際法は収束していくことになる。

この時期に、捕獲に従事した私掠船は、多数の大砲を装備し、その操作を行う砲手や指揮をとる士官なども居り、実質的には軍艦に近い状態にあった。また、私掠船ではない一般の商船といえども武器を備えていることが多く、それは危険な航海に備えるためという目的もあったが、当時の保険判例を見ると、通常の貿易のための航行の途次に、偶々遭遇した敵国商船に挑んで捕獲するようなことも行われており、要するに当時の貿易は、交易を行いつつも機会があれば襲撃を行うこともあり、そのための武装でもあった。

私掠は、元来は私的損害の回復を目的とする報復捕獲などのように散発的なものが中心だったが、時代が下るにつれ、戦時に敵国の通商破壊を行うための積極的な攻撃手段として大規模に活用される傾向が増す。

こうした私掠の軍事的利用は、海軍力が相対的に劣る国に多く見られる傾向であり、つまり海軍艦艇同士の戦いに勝機を見出すことができなくとも、敵国の民間船舶を捕獲し、輸出入を妨害する海上経済戦によって敵国の戦力を間接的に弱体化させるという戦略に活用された。たとえば、スペインが海上において圧倒的な強さを誇った時代に、海上戦力ではかなわなかったイギリスやオラ

ンダが、私掠船によってスペイン商船とその積荷の捕獲を盛んに行った例や、大海軍国となったイギリスに対して、アメリカ植民地の独立派が、私掠船によってイギリス商船を多数捕獲し、イギリス軍の補給を妨害したのはその適例である。

　海上経済戦としての私掠は、敵国経済に打撃を与えたり軍需輸送を遮断するという効果にとどまらず、捕獲物がそのまま自国の富に転ずることから、戦闘において敵の財物を撃破するよりも大きな戦略的効果があった。

　こうして、平時の報復的捕獲の慣行から始まった私掠は、次第に国際慣習として戦時捕獲に限定されていく。そして私掠船による戦時捕獲行為はヨーロッパ諸国間の慣習国際法として確立され、私掠行為が国際的に廃止されるまで続いた。

3　私掠に関する制度

　私掠は、国家による承認の下、免許された範囲内に行為が統制されるものであり、その詳細が規定された証書である捕獲免許状または報復捕獲免許状の取得を要した。

　イギリスの場合であれば、私掠を行おうとする者は、高等海事裁判所に対して私掠の計画を申請し、諸々の手続きを経たうえで、捕獲可能な内容が規定された免許状の交付を受ける必要があった。

　こうした行政手続もさることながら、私掠を行ううえで重要となるのが、資金計画であった。使用する船の調達、船長や船員の募集、武器や食料のほか、航海に所要の諸物資の購入など、その準備には多大な費用を要した。さらには、通常の貿易のように目的地を目指す航海ではなく、適当な捕獲物を得るまでの航海であるので、時間的にも長期におよぶ可能性があり、その分だけ経費も増加する。これらの費用を賄うためには、多くの場合に出資者からの資金調達を要した。

　戦時の私掠は、投資として人気があり、とりわけ貿易商にとっては、戦争によって通常の貿易ができなくなると、その代わりに敵国の貨物や船を捕獲する

という貿易の代替的ビジネスとしての側面があった。出資者の立場は多岐にわたるが、貴族階級や貿易商などが多く、こうした出資者が株式会社と同様に契約の下に出資を行い、その出資額に応じて利益が分配された。

　その反面、私掠は必ずしも安定的な投資ではなく、捕獲物が得られなければ投資額は全額が損失となり、捕獲物が得られたとしても、少なくともその売却益が諸経費を超えない限り投資収益は得られず、投機的な色彩が強かった。

　投機的という意味では、私掠に従事する船長以下の船員らにとっても同様の面があり、捕獲の次第では大きな分配金が見込まれる一方で、戦闘で死亡したり負傷するリスクもあり、捕虜として他国に連行されて拘束されるリスクもあった。また、当時の長期間の航海ではビタミン不足等によって栄養状態が悪化し病気になるリスクも高かった。

　各国は捕獲審検所を設け、拿捕された捕獲物について免許に合致しているか、つまり予め定められた敵国の船舶や貨物であるかなどの審査を行った。イギリスの場合には高等海事裁判所がこれを担い、ときにその期間は数年に及ぶこともあった。貨物の場合には、単純に敵国のものか否かということにはならず、つまり常に輸出者と輸入者がいるために、たとえば輸出者は敵国であるが、輸入者は中立国というようなこともあるし、または B/L[21] 上の名義人は中立国の者であるが、実質的な所有者は敵国の者であるということもあり得る。貨物には常にこうした問題があるので、その審理にも時間が掛かり、また中立国の所有者からの異議申し立てなども発生する。さらには、二船以上の船が共同して拿捕におよんだ場合の利益の分担計算なども、審査が長期化する原因となった。

　捕獲物の審検において適用される手続法は各国によるが、捕獲の客体や捕獲の方法などに関する規則は、後に戦時国際法として確立された。

　捕獲物の利益は、捕獲物が売却されて現金化された後に関係者間で分配された。また、多くの国々では一定額を国王や政府に納める制度が設けられており、捕獲物の売却金の一定割合を納付する場合と、関税として徴収される場合があった。そして、その残った分を分配する前に、航海に係る諸経費を精算し控除する。傭船料、艤装費、海上保険料、船員賃金、給食費、その他の諸経費

など、航海の期間に応じてその金額は増大する。また航海中の死亡者についてはその家族への扶助金、負傷者に対しても扶助金が支払われたのでこれらも差し引かれた。こうした諸々の費用が差し引かれたのちに、その残額が出資者と乗組員で分配された。分配は予め定められた契約内容に沿って精算され、出資者はその出資割合に応じ、乗組員は役職に応じてその分配割合が決められていた。

このように、私掠は、その行為の性質だけを見れば海賊行為とさして変わらない面があるものの、行政や裁判所などが制度を運営し、実体法と手続法によって規律されていた。また、捕獲物の精算方式も確立され、ここには多数の利益関係者を対象とする海事精算の特徴が看取される。

4 ロイズにおける捕獲リスク引受の是非

私掠船による捕獲が大規模で行われるなかで、イギリスで政治問題化したのは、海上保険の引受であった。

ロイズでは、純粋なビジネスとして保険取引が行われたので、イギリスの貿易商や船主の利益も引き受けられると同時に他国の利益も引き受けられ、時として敵対する国の船主や貿易商の利益も持ち込まれた。

イギリス－フランス間の大規模な捕獲の応酬においても、多くのフランスの船舶や貨物に関する保険の申し込みが、ブローカーによってロイズに持ち込まれ、アンダーライターによって引き受けられていた。つまり、海上保険を通じて、イギリスの保険者は敵対するフランスから保険料収入を得、加えて捕獲によるフランス側の損失もイギリスの保険者によって填補されるということが起きていた。

私人の所有物が対象とはいえ、自国が略奪しようとしている敵国人民の所有物に関する保険を引き受けることについては、その是非がイギリスの国会で議論されたが、当初は引受制限などの規制措置はとられなかった。その論拠は、すなわちロイズのアンダーライターは利益を見込んで引き受けているのであるから、全体的にはフランスに対して支出する金額より、フランスから流入する

金額のほうが差し引きで多いであろう、というものである。この論理は、保険のビジネス的観点からは正鵠を射るものであるといってよい。なぜなら、アンダーライターの引受は任意であり、つまり危険過ぎると判断すれば見送ればよいのであって、引受を行うことは、一定の利益を確保できるとの判断に基づく。無論、結果として損をするアンダーライターも一定程度発生するかもしれないが、ロイズ全体としてはフランスから利益を得るであろうとする想定は相当であるということができる。

そして当時の引受の条件は、現代のアンダーライターの眼で見ても収益性の観点からは妥当性が感得される。たとえば護送船団を引受の前提条件とするように、一定の安全性が確保できる場合のみに保険契約の有効性を限定するなどの方策がとられ、また、保険料率も相当に高い料率が課徴されており、有り体にいえば、take it or leave it（欧米の商取引でしばしば使用される表現で、「条件交渉には応じない、気に入らなければ見送ってもらって構わない」という意思を示す）というべき姿勢のアンダーライティングであった。

当時は、ロイズに海外からの保険需要が集まるだけの国際的信用が確立されて日も浅く、これを制限すれば、保険は再びオランダに流れ、イギリスの保険業が衰退することへの危惧も国会では議論された。そして、行為が非国民的に見えたとしても、保険引受の専門性を具備し、ビジネスを最も理解している保険者の自治に任せ、国家は容喙すべきでないという結論に到っている。要するに、このときのイギリスは、敵国の私人に対する損害填補を禁じることよりも、ロイズの国際的求心力の維持という経済的効果を優先したのである。

しかし、こうした措置は後に変更され、18世紀半ばのオーストリア継承戦争の勃発に到り、敵船および敵貨すなわち敵国人の財産に関する保険引受は、敵を利する行為として戦時立法によって禁止されることになる。

5　船団護送

17世紀末には、北米植民地における英仏間の戦争やスペイン継承戦争で、フランス私掠船によるイギリス商船の捕獲被害が激増したため、イギリス北米

植民地の商人らの本国への要請により、イギリス海軍艦艇による船団護送が大西洋航路上で多く行われた。

当時の海上保険においても、護送船団を引受の前提条件とするものや、護送船団であれば料率を引き下げ、単独行であれば料率を高くするなどの条件設定を見ることができる。

このように護送を前提とする保険条件の設定は、20世紀の戦争でも多く見られ、また現行実務においても戦時や危険水域の航行で利用されている。海軍艦艇による護送は、丸腰での航行に比較すれば一般に危険の発生確率を減少せしめるので、これに伴う料率調整には合理性がある。

しかし、20世紀に入ると商船は、捕獲の対象のみならず攻撃の対象となる。ドイツやアメリカは潜水艦を利用した大規模な無差別攻撃を行うようになり、イギリスや日本の商船は甚大な損害を被った。潜水艦による魚雷攻撃の出現によって、船団護送には駆逐艦が使用されるようになる。

捕獲に対する防御という意味では、現代においても船団護送は行われており、たとえばロシア・ウクライナ間の紛争に伴い商船や貨物の保険について護送が保険引受上の条件となることもあるし、アメリカによるイラク侵攻の際などには、陸上の貨物輸送へのテロ攻撃を警戒するために護送車列を条件とすることも多くあった。こうした陸上の車両護送も海上の船団護送と同様にConvoyと呼ばれる。

1708年には、イギリスで「巡洋艦と護送船団に関する法律」(The Cruisers and Convoys Act of 1708) が制定された。この法律は、海軍による有事における商船護送について定めるとともに、軍民両者に対して捕獲を奨励した。奨励策としては、たとえば捕獲物による収益を水兵へも配分することを定め、当時、イギリス海軍が苦労していた水兵の募集に役立ったが、一方で海軍艦艇が捕獲に従事することが増え、船団護送任務がおろそかになる傾向を生んだ。

6 アメリカ独立戦争とロイズの引受

1783年からのアメリカ独立戦争においてアメリカ植民地独立派は、敵対す

第3章　捕獲免許状および報復捕獲免許状

るイギリス軍との比較において海軍力で完全に劣勢であったことから、海戦に勝機を求めることは到底かなわず、代わりに私掠船を用いた通商破壊を対イギリス戦略として据えた。

アメリカ植民地では、13州の植民地代表による大陸会議が捕獲免許状を発行し、商人等の出資による私掠船がその捕獲免許状を得て出動、イギリス商船と積荷の捕獲を展開し、イギリスの軍需輸送に大きな損害を与えた。

アメリカ独立戦争において捕獲免許状が下付された私掠者の数は792を数え、捕獲または破壊されたイギリス船の数は600隻[22]に達し、イギリスからの捕獲物の件数は2300件[23]とされている。やがて新政府が樹立されると、新政府は捕獲物について捕獲者にその2/3を与え、1/3を国庫収入とした。

アメリカにとって実質的に唯一の海上戦略であった捕獲免許状による通商破壊は、戦略として奏効し、またアメリカの私掠船の大胆不敵な行動はイギリス商船の心胆を寒からしめた。アメリカの私掠船の進出はイギリス近海にまでおよび、イギリスの海運は、実にイギリス－アイルランド間の航海にまで護送を要するほどアメリカの私掠船の跋扈に悩まされた。

かくしてイギリスのアメリカ植民地との間のロジスティクスに対するアメリカ独立派の私掠船による執拗な捕獲作戦は、アメリカの独立戦争勝利に多大な貢献を果たす結果となった。

当時のイギリスにおける保険の引受実績から、アメリカ私掠船による捕獲損害の影響を窺うことができる。一例として、イギリス商人によって、ボストンに駐留するイギリス軍向けにジャマイカから輸出されるラム酒に対するロイズにおける貨物保険料率は、戦前が3%であったところ、アメリカ独立戦争開始によって13%となり、戦時中はさらに32%にまで上昇し、その後は引受が謝絶されるに到っている。このイギリスによるジャマイカ－ボストン間輸送は、アメリカ東海岸沿いに北上する航路をとることから、アメリカ側の私掠船の好餌であったであろうことは容易に想像される。

また、アメリカ本土から離れても、先述のとおりアメリカ私掠船の影は付きまとった。たとえば、ジャマイカからロンドンに向けての輸送であっても、船舶保険料率が15.75%から21%の範囲内であったという記録があり、海軍艦艇

による護送付きの場合に12%となっている。この21%や12%という数字であるが、当時の保険は、航海ごとに契約されたので、単純化した計算で説明すれば、船の価額の21%とか12%に相当する額が各航海の保険料になり、いかに高額な保険料であったかが理解されよう。こうしたコストは荷主の払う運賃に転嫁され、荷主は貨物の価格に転嫁していくことになる。

反対に、保険料を受け取る立場であるアンダーライターの論理を単純化すると、「この航路上であれば5分の1の確率で捕獲される」と算定されるのであれば、全損になる確率が20%であるので、保険料率は少なくとも20%以上を確保する必要があるということになる。

また、戦時におけるロイズの保険引受に特徴的であるのが、無事故戻し制度の活用である。無事故戻しとは、無事故であった場合には保険料の一部を返戻するという仕組みであり、たとえば1782年の実例を挙げると、ジャマイカからイギリスまでの航海につき、護送があれば保険料率は16%、単独行は25%だが、単独行であっても無事故の場合には8%分を返戻するという仕組みである。こうした無事故戻しの制度は、危険度が高い案件の引受に際して有効な制度であり、また被保険者にとっても無事故であれば保険料の返戻が得られるという安全航海および安全輸送のインセンティブにつながり、日本でも長年にわたり活用されてきた。

当時のロイズは、イギリスの商船と海軍との間で護送船団の編成業務も行っていた。船団護送は、船主・荷主・保険者のいずれにとっても有用であり、ひいてはシーレーンの維持という観点からは国家的意義がある。保険者が関係者の利益のために、護送船団編成という大規模なオペレーション管理業務を担っていたことは注目に値する。

現代の保険会社には、ロスプリベンションやロスコントロールと呼ばれる職務があり、それは名前のとおり事故の未然防止や事故を逓減させるための調査や提案を行う業務である。こうした保険会社の活動は、被保険者および保険者の双方にとって有用であるが、その実施範囲は、たとえば、貨物の輸送方法や保管方法の調査、効果的な積み付け方法のアドバイス、盗難を防止するための技術的提案など、個別の契約者・被保険者に対して行われる。

保険者が護送船団の編成を行うことは、事故の防止や事故を逓減させるための活動であるから、現代のロスプリベンションに妥当するが、戦時に多数の被保険者を巻き込み、壮大なロジスティクスを伴うロスプリベンションを保険者が行っていたことは驚嘆すべきものがある。アメリカ独立戦争当時には電気通信も無く、こうした状況下で多数の船を集結させ、各船の貨物積込みや補給などを考慮しながら海軍艦艇を含む船団の運航計画を調整することが、いかに複雑で膨大な作業であるかは想像するに難くない。近年において、保険者の立場でかかる労を取るだけの姿勢が示された例は、内外を見渡してもおよそ類例がない。

7 アメリカ海上保険業の胎動

イギリスは、アメリカ独立戦争が始まった1775年に、アメリカ植民地の独立勢力を孤立させる目的で、アメリカ植民地との貿易を禁じる法律（Prohibitory Act of 1775）を制定した。

イギリス海軍は、アメリカ13州に対して海上封鎖を行い、イギリスの裁判所は、同法の施行下においては、アメリカ港湾に向けて封鎖を破る航海に就く船舶の保険引受を行うことおよびアメリカ向けの戦時禁制品貨物の保険引受を行うことは、違法との考えを示した。しかし、Prohibitory Act of 1775 自体は海上保険について規律していないため、これは裁判所による海上保険引受の適法性に関する一般的判断の結果に過ぎず、当局による明示的な規制がないなか、敵であるアメリカ植民地側の海上保険の引受を行ったとしても行政罰や刑事罰の適用があるわけではなかった。先述のオーストリア継承戦争の際のように、敵国の海上保険の引受を明示的に禁止する法律が戦時立法として制定される場合もあったが、アメリカ独立戦争ではこうした規制は行われなかった。

当時のロイズでは、敵であるアメリカ植民地の海上保険を引き受けることを禁じる規制法がないことから、アメリカ植民地の海上保険を引き受け続けるアンダーライターも存在していた。しかし、このような者も平然とアメリカ側の案件を引受けていたわけではなく、むしろ敵の保険を引き受けることに対する

世論に細心の注意を払い、表面上は戦時報国的な姿勢を取り繕いつつ、目立たぬようにアメリカ植民地側の船舶や貨物を引き受けていた。

一方で、ロイズによってアメリカ植民地の独立勢力に提示される見積りは厳しい内容のものが多かった。艦艇による護衛の有無がアンダーライティングにおいて重要な判断要素となるなか、本国に反旗を翻したアメリカ独立勢力には頼るべき海軍力が無かった。そのため、航行は専ら単独行であり、保険料率の高騰ぶりはイギリスのそれをはるかに超えていた。たとえば、アメリカ商船のマサチューセッツからハイチへの往復航海に対して1778年にロイズが提示した保険料率として、実に75%という驚くべき料率が記録されている。これは海上保険史上空前ともいえる水準であり、7.5%の誤りではないかとも思ったが、その後の1780年においても同航路で40%という料率提示があるので、75%が提示された可能性は高い。保険料率75%ということは、保険金額の3/4相当額を保険料として提示しているので、単純な計算をすれば、保険者は3/4の確率で全損になると見積もっていることになる。もし、この見積り通りの引受が行われていたとすれば、被保険者側もそれだけの保険料を支払うことに妥当性を見出していたわけであり、それは言い換えれば、損害を被ることを覚悟した捨て身の航海だったということができよう。

あるいは別な考え方として、敵の案件についての引受を自粛すべき環境下において、アンダーライターが、意図的に合意に到ることのないような高い料率を提示していた可能性も考えられる（欧米のアンダーライティング慣行には、引受を謝絶することでブローカーとの取引関係に支障を来すよりは、厳しい条件であっても一応見積を提示し、相手に判断を委ねることがある）。

しかし、いずれにせよ全体的な流れとしては、敵対関係となったアメリカ植民地とイギリスの間での保険取引は難しくなりつつあり、一部のロイズアンダーライターが細々と条件の厳しい見積りを提示していたのでは、アメリカ側の保険需要を充たすことはできなくなっていた。本国イギリスに海上保険を頼ってきたアメリカ植民地は、このようにロイズへの海上保険付保の途が細ったことで転換期に当面する。

フランスにとって、イギリス領アメリカ植民地の独立は、宿敵たるイギリス

を弱体化させる好機であり、フランスはアメリカ独立派を積極的に支援した。独立戦争中、アメリカ独立勢力はフランスなどの独立支援国から軍需品および民需品を輸入しており、その海上保険についてもフランスやオランダの保険者に依頼をするようになった。

しかし、これらの国々から提示される保険料率も、時局を反映して20％から40％という高率に及んだ。船団護送が無い場合であっても、航速が速く敵の捕獲から逃れ得るクリッパー船や、十分に武装している船であれば多少の料率引き下げが行われたが、いずれにせよこのような高い保険料水準が適用されて輸入される貨物は、そのコストが国内販売価格に乗せられるため、物価の上昇を招致する。

こうした状況が進展するにつれ、アメリカでは自前のリスク消化体制の確立が焦眉の急を要する問題として浮上する。

それまでのアメリカは、イギリス植民地としてロイズに依存していたため、独自の保険引受市場が発達することはなかったが、この状況に直面し、ようやくアメリカに海上保険の引受市場の萌芽が促されることとなった。

アメリカ東海岸のニューブリーポート、ボストン、ニューヘイブン、ニューヨーク、フィラデルフィア、チャールストンなどの港湾には次々とアンダーライティング・オフィスが発足し、アンダーライティング・オフィスには、従来であればイギリスのロイズとの連絡役であったブローカーが案件を持ち込んだ。

アンダーライティング・オフィスにおいてアンダーライティングを行ったのは独立派の商人たちであった。一見すると、貿易を行っていた商人らが海上保険のアンダーライターに転ずることには唐突感があるが、これは理に適った帰結であった。

独立派の商人の多くは私掠船に出資していた。私掠船への投資には投機的な側面があったことは前述したが、つまり大きな利益が得られる場合もあれば、航海コストに見合うだけの捕獲物を得られないリスクや、私掠船が反対に捕獲されてしまったり、撃沈されることで全くの失敗に帰することもあり得る。したがって、戦時の私掠船への投資は、戦局の大局観や戦況の見通しなどをもとに判断され、こうした海上保険のアンダーライターの視点とも通底する私掠船

投資家の知見が、アンダーライティングに転用されたのであった。

独立派の商人らは、新国家樹立の理想のもと、私掠船による海上捕獲によってイギリス軍の補給路の遮断に務め、また同志として互いの私掠船の海上保険の引受を行った。

こうして、アメリカ独立勢力にとって捕獲免許状に基づく私掠行為とは、イギリスの輸送を妨害するとともに、その船舶および貨物をアメリカ側に移転させることで、独立戦争を勝利に導くための重要な軍事戦略であったが、一方において、私掠行為はアメリカの海上保険市場の萌芽を促す触媒ともなった。

8　私掠の終焉

私掠による捕獲は、アメリカの独立戦争の遂行を支え、アメリカ13州が独立を獲得するに到る道程において枢要な戦略となった。

ヨーロッパにおいても、フランス革命戦争やナポレオン戦争で、フランスとイギリスの私掠船が相手国の商船に対する捕獲を大規模に展開し、私掠は海軍の補助的戦力の様相を呈し、積極的な軍事戦略として作戦の一環に活用される傾向が強まっていく。

ナポレオン戦争では、イギリスとフランスの両国が互いに経済封鎖を目的として海上封鎖を行い、多くの中立国の船舶や貨物を捕獲した。大規模な捕獲被害を受け、欧州各国やロシアからは、私掠船の運用や捕獲権のあり方に対する批判が噴出する。

こうした状況下で、1856年にパリ宣言が採択される。パリ宣言では、私掠の禁止が宣言されるとともに、中立国の船舶や貨物の保護に関する規定等が定められた。日本もパリ宣言に1886年に加盟している。

パリ宣言は、クリミア戦争時の英仏両国の宣言事項が、戦後の講和会議において条約となったものである。そのクリミア戦争では、イギリスが私掠行為廃止を主張した。

クリミア戦争は、オスマン帝国・イギリス・フランスの連合がロシアと戦ったが、ロシアがアメリカの私掠船に対して、イギリス船を対象とする捕獲免許

状を発行する可能性があることをイギリスは察知した。クリミア方面での戦争中にアメリカの私掠船によって背後を脅かされることに危機感を覚えたイギリスは態度を一変させ、私掠を野蛮な海賊的行為として非難し、その自粛を各国に求める運動を起こした。

その結果が、英仏による私掠廃止の共同宣言として結実する。そして、私掠禁止はクリミア戦争後にパリ宣言として国際的に採択されるに到る。

イギリスは私掠廃止のために、国際社会に対して自由貿易の実現という旗幟を掲げた。

産業革命後のイギリスでは、工業化の進展により輸出競争力が高まったことで、重商主義思想に基づく貿易の保護主義政策は産業資本にとってはむしろ余計な規制となり、自由貿易の方が、経済発展が促されるという経済構造の変化が起きていた。そのため、イギリスは重商主義を形成した各種の規制を廃止することで自由貿易主義に政策転換を行い、その成功を見た他のヨーロッパ諸国も、保護政策から自由貿易に転換をし始めていた。

イギリスはこうした自由貿易主義の国際的潮流を巧みに利用して、私掠によって自由貿易が阻害されてはならないという主張を唱えた。そしてナポレオン戦争で大規模な私掠の被害に遭った国々にこの主張は受け容れられ、私掠禁止に向けた国際的コンセンサスが形成されていった。

一方で、イギリスには、私掠行為を禁止することが自国の海上覇権の強化に資するという計算があった。すなわち、私掠行為が廃止されることは、取りも直さず正規の海軍力のみによる戦争を意味する。それは、世界最大の海軍力を保有していたイギリスにとって相対的に優位となる戦力バランスの枠組みを設定することにほかならなかった。

反対に、当時は海軍力がまだ弱かったアメリカにとっては不利な内容であったため、アメリカはパリ宣言には反対し、署名をしないまま今日に到っている。

このような経緯で、捕獲免許状の運用は19世紀に終焉を迎えた。しかし、捕獲免許状（Letters of Mart）および報復捕獲免許状（Letters of Counter-Mart）という語句は、Lloyd's SG Formと呼ばれる証券書式の証券本文には残り続け、日本でも21世紀に到るまで使用されていた。

捕獲は、海上保険の代表的な危険の一つであった。捕獲の歴史は私掠によって始まり、数百年間にわたり私掠が捕獲の主因であった。この私掠行為の象徴こそが捕獲免許状である。
　そして、現代の捕獲（第8章で改めて取り上げる）に到る道程としての捕獲免許状の歴史は、海上保険の歴史の重要な一角を占めている。
　捕獲免許状のリスクを端的に表すならば、それは通商破壊であるといえる。そして、通商破壊戦が示す史訓に対する感度は、一国の運命をも左右し得る。
　欧米諸国は、本章で書いたような数百年間におよぶ私掠による捕獲から得られた史訓として、通商破壊が敵国の兵站のみならず経済にも打撃を与え、ひいては敵国の戦争遂行能力に深刻な影響を与え得ることを熟知していた。また、その裏返しとして、戦時に自国の輸出入を維持することが死活的に重要であること、そのための商船保護の重要性についても知悉していた。
　その帰するところとして、アメリカのマハンは、1890年に著した海軍戦略の古典的名著とされる海上権力史論において、海軍戦略の基本とは「貿易のための制海権の確保である」と論じた。イギリスでは、海軍戦略の基本は「海上交通線の保護[24]」であると定義された。そして、欧米諸国のこうした思想は、近年の戦争における重厚な商船護送体制などに現れている。
　翻って日本は、私掠による通商破壊戦を経験せぬまま、近代的な海軍を設けることとなった。日本の海軍戦略の基本は「艦隊決戦」すなわち艦隊同士の戦闘における勝利に重点が置かれ、敵国の民間商船に対する通商破壊作戦は重視されず、ましてや自国の商船や貿易の保護などは等閑視されていた。こうした欧米諸国との認識の隔たりは、太平洋戦争において結果として如実に現れることとなる。
　アメリカは開戦前から、対日戦略として通商破壊の有効性を認識していたのに対し、日本は太平洋戦争が始まった後に通商保護の必要に迫られ、海上護衛体制を急遽創設（海上護衛総司令部および海上護衛総隊）した。一方のアメリカは、産油国であるとともに食糧自給体制があるにもかかわらず、戦時の安定的な輸出入継続のために、巡洋艦、駆逐艦、さらには空母までもが商船護衛の任

務を与えられ、貿易の保護を徹底的に行った。

　太平洋戦争においてアメリカは無制限戦を宣言し、日本商船への無警告攻撃を繰り広げた。戦局が日本に不利に傾くにつれ、無防備な日本の商船は、アメリカの潜水艦の好餌となって夥しい数が失われ、戦前は世界第三位の規模を誇った日本の商船隊は実質的に壊滅同様の状態に陥った。こうして輸出入が途絶し、兵站航路すら維持できなくなった日本の継戦能力は破綻する。

　海上経済戦といわれる通商破壊を独立戦争以来経験し、その効果を知り、対日戦においてもこれを効果的に使ったアメリカと、島国であるにもかかわらず自国商船の保護を軽視し、泥縄の対応に終始した日本とは対照的であり、この違いは両国の戦力差を一層拡大する結果を招来した。

　日本の商船保護が後手に回ったことによるつけを払わされたのは、海運を担った民間船員であった。その死亡率は、戦闘員たる海軍将兵の死亡率をはるかに超え、膨大な数の貴重な命が犠牲となり、海没していった。学童疎開船として沖縄の小学生を乗せた日本郵船の対馬丸がアメリカ潜水艦によって撃沈されるような実に悼ましい事件も発生した。

　欧米諸国は、数百年の私掠の歴史から、戦時における海上通商保護の重要性を史訓として、否むしろ自明のことと認識していた。この海上通商保護に対する認識の隔たりは、アメリカ潜水艦による日本商船への無警告攻撃と相俟って、悲惨な形で現れることとなったのである[25]。

第 4 章
奴 隷 貿 易

1　人身売買と経済

　二国間の貿易においては、一方の国に貿易黒字が発生し、相対する国に貿易赤字が発生する。この不均衡が顕著になると、貿易赤字国の輸入超過が問題化する。たとえばアヘン戦争は、根本的には不均衡な貿易の帰結であった。すなわち、イギリスでは中国からの茶に対する高い需要があり、一方の中国はイギリスから輸入すべき物品の需要が無いため、イギリスから銀が中国へ流出し続けた。これに対処するために、イギリスは中国へのアヘンの密輸により貿易収支を補い、この貿易体制が両国間の戦争を招致した。

　こうした貿易の不均衡に比べて注目されることが少ないのが、輸送の不均衡である。往路は貨物が満載されていても、復路に貨物がなければ、いわゆる片荷航海となってしまい、運送人にとって不経済となる。中国からの輸入一辺倒であった頃のイギリス船は実質的に片道輸送に近い状態であったし、現代であれば、たとえば石油や鉱物などの資源輸入などでは、専用船が用いられており、すなわち片道輸送が大前提である。またコンテナ船であれば、近時の現象として、コロナ病疫が世界を襲った際に、アメリカでは中国からの輸入が著増する現象が起き、アメリカの港湾では大量の輸入に荷捌きが追い付かず、港外にコンテナ船が渋滞する事態となった。そしてアメリカから中国への航海では大量の空コンテナが積荷となった。

　このように、貿易体制のバランスという問題は常に発生するが、大航海時代から18世紀にかけて見られた三角貿易は、三角形のいずれの辺の売買および航海にも旺盛な需要があり、これに従事する貿易商や船主にとって、着実に稼ぐことができる構造を持つ経済性の高い貿易体制であった。

　ヨーロッパ諸国の国王、国策会社、貿易商らは、本国から武器や綿織物など

第4章 奴隷貿易

をアフリカ西岸に輸出し、アフリカ西岸では奴隷を買い付けて、カリブ海や南北アメリカの植民地に向けて輸出、これらの植民地からは金・銀・砂糖などの産品をヨーロッパ向けに輸出し、三つの売買のいずれからも高い利ざやを稼ぐことができた。仮に、これが2拠点間の往復であったとするなら、往航は貨物を満載しても、復航は空船という不均衡が生じたであろう。

三拠点を一周することで、仕出地と仕向地の需給を確実に取り込むことのできた三角貿易は、経済効率性に優れ、貿易商や船主は長年の三角貿易の継続により巨利を得た。また、ヨーロッパの本国に輸入される産品の価値も高かったため、こうした富の流入は本国の経済発展を促した。

そして、この三角貿易に不可欠な役割を担い、利益の中核となったのが奴隷であった。人間を安く買い付け、貨物として海上輸送し、販売し、植民地で労働力として使用し、生産された物品を輸出するという一連の行為こそが、莫大な利益の源泉となり、ポルトガル、スペイン、オランダ、イギリス、フランスといった国々の繁栄を担った。

こうしたヨーロッパ諸国によるアフリカ人奴隷貿易は、元々、ポルトガルが15世紀にアフリカ西岸を南下していくなかで、アフリカ沿岸各地から奴隷を獲得したことから始まった。当初はポルトガル本国に奴隷は連行され、本国やヨーロッパ内で売買されていたが、その後ブラジル植民地に向けた大規模な奴隷輸出が行われるようになる。

スペインもポルトガルに続き奴隷貿易を行うようになったが、スペインは王室や商務院が「アシエント」と呼ばれる自国植民地への奴隷供給契約を王の側近や商人等と結び、これをポルトガル商人が請け負って実際の輸出業務を担った。

アシエントによる奴隷輸出の権利は、その後オランダ、次いでフランスが手に入れ、スペイン植民地への輸出を行った。

ポルトガルの国力が凋落していくなかで、その奴隷貿易の利権を奪取したオランダは、オランダ西インド会社が奴隷貿易の独占権を持ち、南アメリカに奴隷を輸出するが、その後民間商人にその活動の主体が移行していく。次いでフランスが、オランダの奴隷貿易支配を打破すべくフランス西インド会社、セネ

ガル会社、ギニア会社を設立し、オランダの拠点を奪いつつ商権を拡大した。フランスでもその商権は民間商人に移行していく。主な奴隷輸出先はカリブ海植民地などであった。

そして、スペイン継承戦争の講和条約であるユトレヒト条約によって、アシエントの権利はイギリスに渡る。イギリスは、このスペイン植民地向けの奴隷輸出事業のためにイギリス南海会社を設立した。イギリスの奴隷貿易はとりわけ大規模に行われ、18世紀にスペインとオランダが衰退するとイギリスの奴隷貿易が全盛期を迎える。

イギリスでは17世紀半ばに王立アフリカ貿易投機会社が、その後、王立アフリカ会社が設立され、奴隷貿易はこれらの会社によって独占されたが、その後、奴隷貿易は他国同様に民間に開放された。18世紀は、リバプールの商人が奴隷貿易における高いシェアを握って莫大な利益を上げた。その利益率については諸説があり、数十パーセントというものから100%を超えるというようなものもある。一方で、奴隷貿易が生む利益の本質は、人間を安く仕入れて売ることに加えて、植民地における奴隷労働力による産品の輸出を組み合わせる点にあった。この重畳的な搾取の構造においては、通常の貿易と同じような利益率の計算にとどまらず、高い利潤を生んだ奴隷売買の後にその奴隷の強制労働によって再び高い利潤を生む輸出が行われ、この利潤の再生産体制こそが巨利の源泉となった。

奴隷貿易からの巨額の利益は、イギリスの海運業や貿易業の隆盛に寄与するにとどまらず、蓄積されることで後の産業革命の資金の源泉と化し、紡績、鉄道、鉱山などの投資に振り向けられることになる。

ヨーロッパ諸国がアフリカから連行した奴隷の人数は諸説あるが、少なくとも1000万人程度はあったと考えられており、この非人道的な貿易による膨大な犠牲は、イギリスをはじめとするヨーロッパ諸国の繁栄を支え、近代資本主義の発展にも寄与した。

2　奴隷貿易の実態

　奴隷は、ヨーロッパの商人らが人間狩りをして獲得するわけではなく、奴隷貿易の始まった当初は、ヨーロッパ本国の商人等から委任を受けた奴隷船の船長が、現地の有力な王や首長などと交渉し、物品と交換することによって獲得された。

　三角貿易の最初の航海として、武器、酒、ビーズなどの宝飾品、織物などの物品がヨーロッパから持ち込まれ、奴隷と交換された。こうして買い入れられた奴隷の体には、所有者である会社やシンジケートの印章の焼き印がされた。

　銃や弾薬などの武器を取得したアフリカ沿岸の王国は、さらに多くの奴隷を得るために内陸部に侵攻して他国や他部族の捕虜を獲得し、また女性や子供を誘拐し、こうした人々をヨーロッパの奴隷船に売るという循環が形成された。

　奴隷輸送は悲惨を極めた。たとえば、奴隷貿易の全盛期には、イギリスでは多くの奴隷専用船が建造され、人間を効率良く詰むための船体構造と、いかに船足を早くして「損失」を少なくするかなどが追求された。船内の居住空間は積載効率性が優先されるために極端に狭く、座ることすらできない棚に、成人男性の奴隷が二人一組で手枷と足枷でつながれて拘束された状態で寝かされた。その平均的とされる空間は、成人男性一人の空間として、長さ183センチメートル、幅41センチメートル、高さ79センチであった[26]。幅が41センチメートルでは、仰向けに寝ることは困難であり、二人が一組に拘束された状態で横臥を強いられた。

　新造された奴隷専用船には、積荷である人間の積み付けプラン図が付随した。数百人の人間をどのように並べれば最も効率よく積み込めるか、つまり一切の無駄が生じないように人間を積み込むためのプランによって船の積載能力が示された。

　各区画には用便用の桶が配置され、用便に際しても二人一組で立錐の余地もない中を移動しなくてはならず、衛生的にも極めて劣悪な境遇であった。こうした状態で、アフリカ西岸から南米やカリブ海に向けて約2か月におよぶ航海が行われた。

2 奴隷貿易の実態

　三角貿易の航海においては、まず本国を出帆する前に、獲得する奴隷の人数が計画され、その調達に要する交換用の物品の買い付けが行われた。アフリカ沿岸に到着すると、これらの物品を対価として奴隷を調達することになるが、予定された人数の奴隷が予め現地に用意されているわけではなく、到着後にたとえば500人という計画上の人数を買い集めていくことになる。

　奴隷貿易が普及するにつれ、現地で奴隷ブローカーも活動するようになり、奴隷船の船長は複数のブローカーに依頼をしながら少しずつ奴隷を買い集めていくが、奴隷はその人間の特徴次第で、輸出先での売却額が大きく変わるため、できるだけ健康で質の良い人間を吟味し、選択したうえで、値段交渉をすることが続けられる。そのため、数百人の人間を集めるには長い期間を要した。その地で思い通りの質と量を集められなければ別な拠点に船を移動する。こうした奴隷調達の際の目利きや、積卸地でどれだけ高く売却できるかも、船長の才覚次第であった。

　アフリカ沿岸で行われる奴隷の調達作業は、ときに一年以上も掛かることがあり、そのため出航をする前から、既に奴隷船内の劣悪な環境に監禁されている者が多くおり、時には航海期間よりもはるかに長い期間にわたり沿岸で停泊したままの船内で監禁された。停泊している船内は、酷暑のなか体臭と汚物の悪臭が漂う非衛生的な環境であった。そのうち、奴隷の買い付けが進み、いよいよ船倉内がすし詰めになると航海が開始され、そうするとこの環境に船酔いが加わった。奴隷船は悪臭を放ち、大西洋上では5マイルの距離があっても奴隷船の臭いが察知されるといわれた[27]。

　商品である奴隷たちは、一日に二度の食事のほか、一日に一度、甲板上で強制的に踊らされた。過酷な境遇と絶望によって精神に異常を来す者が続出し、踊ることはこうした精神状態の悪化に対して予防効果があるとされた。定期的に海水で体の洗浄も行われた。それでも、このような生活環境下では赤痢や天然痘などの病疫が流行ることが多くあり、また当時の船員によく見られたビタミン欠乏による壊血病も多く発生した。

　絶望による投身自殺も多いことから、船全体が網で蔽われ、通気口などからの脱出ができないようにされていた。さらに、絶食による自殺を防ぐために強

制的に口を開けて固定し、飲食物を流し込むための器具や、懲罰用の道具類など、奴隷輸送に所要の各種道具が奴隷船には装備されていた。

　輸送量の観点からは、単に船を大きくして、多くの人数を乗せれば輸送効率が上がるということではなく、反対に、大きくなり過ぎると、船腹を満たすだけの奴隷を調達するのに時間が掛かるために死亡率が増加していくという問題があった。したがって、船も経済的な適正規模が求められ、それは100トンから200トン程度の比較的小さなサイズに収束していく。

　それでも、こうした劣悪な環境下においては、病死や衰弱死が多く発生し、奴隷の死亡率についても多くの記録がある。その死亡率は、船内で病気が流行るかどうかで大きく変化する。伝染病が猛威を振るうと約半分の奴隷が死亡することもあったが、統計では、イギリス枢密院が1789年に計算した航海中の平均死亡率は12.5%であった。これよりも前に行われたフランスの奴隷貿易統計では航海中の平均死亡率調査は13%である。またイギリス枢密院の調査では、揚げ地に到着後、売却されるまでの間に死亡する者が4.5%居ることも指摘されており、つまり体力的に弱った状態で買い手がつかないまま死んでいく者も一定割合存在した。

　船長をはじめとする乗組員も、伝染病への罹患や壊血病の観点からは、奴隷と同じ状況に置かれ、リスクが高い職務であった。船員の死亡率も高く、いきおい奴隷船の乗組員には、食い詰めた者やおたずね者など、陸上では通常の生活を営むことが難しい者が多くなる傾向があった。奴隷船の船長は、時には無法者のような者も含まれる多様な乗組員の統制を保ち、安全な航海の責任を負い、他方で奴隷の調達に際しての目利き、そして売却による収益の確保、船内での奴隷の管理の指示など、多くの能力が求められることから、その報酬も高かった。このように船長の腕次第で航海の利益も決まるが、その利益は船長自身の報酬にも関係する。そのため、船長が船員に対して理不尽な対応をすることがあり、たとえば奴隷を売却した後にイギリスへ向かう航海においては、奴隷の世話をしていた船員が、余剰人員となることから、船長が船員に難癖をつけ、解雇して下船させることが見られた。こうして下船させられた元奴隷船乗組員が、カリブ諸島などに多数打ち捨てられて浮浪者と化しており、奴隷船船

員に対する扱いはイギリス議会でも問題になった。

　人間を動物と同じ様に扱い、人命よりも効率性を重視した航海においては、一定の「損失」すなわち死者が出ることはやむを得ないこととされた。当時の奴隷として扱われた人々の苦難について当事者が文字に残したようなものはない（後世に書かれた聞き書きは存在する）が、ここに奴隷と同じように、貨物船に押し込まれて絶望的な航海に連れ出された例で、当事者による詳細な記録が多数存在する例がある。そして、その体験者が、人間を貨物として運ぶ場合に押し込むことのできる限度について考察しているので多少の紙幅を割きたい。

　その例は、日本陸軍の兵員輸送である。言語に絶する陸軍将兵の船舶輸送の実態については体験者の手記が多く残されているが、戦後に評論家として活躍した山本七平氏が貨物としての人間が耐えられる限度について書き残している。

　奴隷船の一人用の空間が、長さ183センチメートル、幅41センチメートルであったので、一人当たりが得る床面積に換算すれば0.75平方メートルである。陸軍の輸送船は一坪（3.3平方メートル）に7人が割り当てられた。これは、一人当たり面積は0.47平方メートルであり、各自の装備品も含めてそのスペースに押し込まれた。一人当たり面積は0.47平方メートルといっても想像が難しいが、一坪7人ということは、畳一枚に3.5人の計算である。しかも背囊（リュックサック）や鉄兜などの個人の全装備も含めての面積である。これは常識的に考えて無理があるが、無理は承知で詰め込まれた。これらの輸送船は徴用された民間の貨物船の船倉が改造されたもので、奴隷船と同じく蚕棚式になった空間であり、立ち上がることはできない。隙間なく詰め込まれるというよりも、重なり合うような状況であり、氏は「これは、これ以上つめこんだら人間は死んでしまう、ぎりぎりの限界である」とする。そして陸軍の船舶輸送では、実際につめこみ過ぎたことによって死亡者を多く出しているのである。このような非人間的な輸送が、近年においても一般的に行われていたことは驚きに値する。

　氏は、自身が所属する部隊が、門司からフィリピンに向けて輸送される際に、乗船に関する連絡将校の役割を与えられていた。門司船舶輸送司令部から「乗船の説明をするので出頭せよ」との通知を受け、氏は司令部に出向いて口

第 4 章　奴隷貿易

頭で指示を受け、このときに「船倉一坪当たり 14 人」と割り当てを受けた。しかし、後になって一坪 14 人ということは有り得ないので、正しくは一坪当たり 4 人（つまり一畳に 2 人）と聞き間違えたに違いないと考える。しかし、乗船が開始され船倉に降りていくと、船倉の各階はさらに 2 階層に分けられており、それに一坪 7 名、上下合計で一坪に 14 名であった。これでは、一人当たりが得る面積は畳 1 枚の 30％ に満たない。こうした環境に数千人の人間が押し込まれていく状況について、氏の著書[28]から引用する。

　兵士たちは一列でタラップをかけあがる。上がれば両側からすぐに便所の列がはじまり、甲板には所せましと機材やらトラックやらが積載してある。その間の、まるで迷路のようになった細道をくねくねと走り、ポカッと大きく口をあけた船倉のところまで来る。木造の階段がついているが、下はうすぐらく、何となく不気味であり、だれでも思わず立ちどまる。「とまるな」輸送副官の T 中尉が階段の傍らで怒鳴る。彼の声はすでに涸れていた。

　夕刻までに乗船を完了せよといわれても、この速度ではどうにもならない。便所の列の切れ目から桟橋を見れば、しとしと降る雨の中に、驚くべき人数が、整列したまま静かにたたずんでおり、一向に減ったという感じがない。「あれが全部夕方までに乗るのか、乗ったら一体どうなるであろう」、考えただけで、頭が変になってくる感じであった。

　私は船倉に降りた。ぎっしりと積載された人間のはき出す一種の暈気ともいうべきものが充満し、空気が濃密になり、臭気の立ちこめた蒸し風呂といった感じである。湿度百パーセントで、船倉の鉄板の天井から絶えず水滴が落ちる。すべてボーッとかすみ、通路のただ一個の裸電球が、濃密な空気と、その中にただよう各人の衣服や軍用毛布から出た浮遊する繊維のため、電球の輪郭までぼやけて見える。誇張でなく息が詰まる。カイコ棚に押し込まれた人間の、うるんだように光る目が、一斉にこちらを向く。人々はほんの少しでも多くの空間を自分と他人の間に置こうとする。降りて来た人間は、この有様に気をのまれて、カイコ棚の前でウロウロする。各班長が「つめろ」「頭を下げて入れ」とわめきながら、一人一人をその棚に押し込んでいく。

　すべての人間は思考力を失っていた。否、それは、思考を停止しなければ、できない作業であった。人が、まるでコンベアに乗せられた貨物のように、順次切れめなく船倉に積み込まれ、押し込まれてぎっしりと並べられていく。（中略）いるだけで玉の汗が流れてくる船倉。そこから起こるいら立ちの怒声罵声、ビンタの音。（中略）奇妙なもので、余りに苦しい状態におかれると、「たとえどうなってもいい、何でもいいから、この状態にけりをつけてほしい」という気にだれでもなる。人びとは、自分たちが、太平洋に導かれ

た巨大な「死へのベルトコンベア」に乗せられたことを、知っていた。従って、そのコンベアが動き出すのが遅ければ遅いほどよいはずなのに、逆に、一日も早く動き出してほしいと願うのである。そしてそう願ったときに一切の秩序は実質的に崩壊していた。もちろん「士気」などというものは消えていた。

　この門司の出港はアメリカが太平洋の制海権を掌握しつつあった1944年の4月末であり、南方を行き来する日本の輸送船が、アメリカ軍の潜水艦に撃沈されることは半ば日常的になっていた。フィリピンに向かう輸送船はバシー海峡を通航するが、バシー海峡はアメリカ潜水艦の攻撃によって何十万人という日本軍将兵や民間人が犠牲となった海域である。氏が、「死へのベルトコンベア」というのは、船がアメリカ潜水艦の待ち受けるバシー海峡に向かうことを指している。

　しかも、氏の部隊が乗船した玉鉾丸は、最高速度が5.5ノットで船齢27年の老朽船であり、本来は廃船になるべきところ、貨物船の払底により再利用されていた。5.5ノットとは時速10キロ程度であり、つまり最高でも遅い自転車程度の速度であった。当時、輸送船は、潜水艦魚雷を被弾すると15秒で沈むと言われ、このほぼ停まっている標的に等しい船に3000人の将兵が詰め込まれていた。バシー海峡に向かうことはまさに死へのベルトコンベアというべき状況であった。

　畳一枚につき3.5人、すなわち一人当たり畳一枚の30％に満たない面積に人間を詰め込むためには、人間の体は仰向けだと床面積を占めてしまうので、体を横向きにして体の側面だけが床に着くように寝転がり、隣とは頭と足を交互にして寝る。つまり自ら顔の目の前に隣の人間のかかとがくる格好になる。奴隷を詰め込むときにも同じ方法がとられることがあり、奴隷船への積み付け方法として同様の図が残されている[29]。氏は、畳一枚につき3.5人を「生きたまま人間を押し込めておく限度」であるとする。ナチスドイツの強制収容所のうち最もひどかったラーフェンスブリュック強制収容所の中の、最もひどい部屋である狂人房の押し込み率が、ちょうど同じ程度であって、それ以上詰め込むと人間は死んでしまうという[30]。死が待っている航海に、人間が死なない限度まで押し込まれて出発する人々の精神状態は、想像を絶するものがある。

第4章 奴隷貿易

 同じ様に、フィリピンに向かう輸送船に軍医として乗った福岡良男は、船内の状況について次のように残している。「まるで奴隷船の奴隷のように、定員以上の兵が輸送船の船倉に詰め込まれ、自由に甲板に出られぬ兵が、船倉の異常な温度と湿度の上昇のため、うつ熱病(熱射病)となり、体温の著しい上昇、急性循環不全、全身痙攣などの中枢神経障害を起こし、多くの兵が死亡した。その都度、私は水葬に立合い、肉親に見送られることなく、波間に沈んでいく兵を、切ない悲しい思いをして見送った[31]。」
 こうした近年の実体験の記録からも、かつてアフリカから連行された奴隷たちが人間の耐えられる限界近くまで積み込まれた苛烈で絶望的な航海の悲惨さは、筆舌に尽くしがたいものであったことが想像されるのである。

 奴隷船の船長が、奴隷の調達から売却に到るすべての指揮・管理を行ったことは既述した。奴隷貿易で利益をより多く得るための重要な要素は、高い値が付く質の高い奴隷をどれだけ集められるかという目利きとともに、どれだけ損失を少なく奴隷を輸送できるかにあった。損失を少なく輸送するには、出港時の人数と到着時の人数の差を極力少なくすべきと考えることが普通であるが、他方で、死亡による損失割合が高くとも、売却できる絶対数が多ければそれだけの利益が得られるという考え方もできなくはない。奴隷船の船長にはこうした二つの考え方があった。
 前者はルース・パッカー(loose packer)と呼ばれ、すなわち、スペースに多少の余裕があっても、自由度を高くすることで死亡率を低く保つという主義である。後者はタイト・パッカー(tight packer)と呼ばれ、人間が耐えうる限界まで詰め込むことで死亡率は上昇するが、それでも売却する絶対数の多さでより高い利益額を目指すという主義である。
 たとえ、陸揚げできる絶対数が多いとしても、衰弱により病気の流行などのリスクも増加し、伝染病が発生すればその被害は甚大になり得ることから、ルース・パッカーのほうが得策のようにも思える。しかし、奴隷貿易においては、陸揚港の前に「奴隷置場」や「牧場」と呼ばれる島々があり、衰弱が甚だしい場合などは、陸揚港での競売の前に奴隷を太らせるために、こうした島々

に一時寄港して、奴隷の状態を整えることができた。そして、18世紀半ばには、タイト・パッカーの方が経済効率性が高いと考えられるようになり、輸送実態もその傾向が強まった。

その後、奴隷貿易に反対する国会議員であったウィリアム・ドルベン（William Dolben）の発議により、1788年奴隷貿易法がイギリス議会で成立した。この法律は、後述する *Gregson v. Gilbert* 事件の影響を受けたもので、奴隷輸送の状況改善のために、船のトン数に応じた積載奴隷人数を規制するものであった。これに基づき人間が仰向けに寝られる程度の床面積が確保されるようになった。しかし、実際の輸送と売買は、イギリスから遠く離れた中間航路（アフリカ−カリブ・南北アメリカ間の航路）で行われたので、従来と変わらぬ詰め込み輸送も多かったとされる。

こうして詰め込まれた人々は塗炭の苦しみを味わい、精神に異常を来す者が頻出した。日に一度、甲板に連れ出して踊らせることが、精神状態や健康を保つための必要から行われたことは前述したが、当時の奴隷船には、踊りの音楽を演奏するために雇われた者もいた。そのような準備までがなされたのは、過酷な環境下に押し込んだ奴隷の損失を減らすためであり、すなわち「貨物」の状態を維持するためであった。

3　人間を対象とする貨物保険

商品である奴隷には、他の物品と同様に貨物保険が付された。

当時の貨物保険においては、生動物の罹病や自然死による損害は填補されず、これは今日の貨物保険においても原則として同様である。ここでいう自然死とは、衰弱死の他に病死も含まれ、つまり船の沈没や敵の襲撃のような外来的要因によらない通常の輸送の途上における死亡である。こうした自然死はイギリス保険法上において mortality と呼ばれ（保険分野では斃死と和訳される）、今日の保険契約でもその法律的意義は変わっていない。

なぜ、斃死による損害は貨物保険で填補されなかったのか。その第一の理由は、近年まで日本でも使用されていた18世紀当時のイギリスの代表的な海上

保険証券様式にある。この保険証券における、保険者が担保するリスクをまとめた危険条項（perils clause）にその根拠はある。

> 海固有の危険、軍艦、火災、外敵、海賊、漂盗、強盗、投荷、捕獲免許状、報復捕獲免許状、襲撃、海上における占有奪取、いかなる国籍・状況または性質であるとを問わずすべての国王・君主および人民の強留・抑止および抑留、船長および船員の悪行、および上記貨物および商品またはそれらの一部に対して破損または損傷を生ぜしめたか、または生ぜしめるであろうその他一切の危険、滅失および不幸である。

　危険条項は、上記のとおり保険が対象とする危険を限定的に列挙しており、ここでは罹病や斃死などは対象としてない。反対に、たとえば「海固有の危険」を挙げているので、海固有の危険に起因する死亡、たとえば暴風雨に伴う船の沈没による死亡であれば保険の対象となり得る。

　その他に、「船長および船員の悪行」という語句は、一見すると奴隷輸送における奴隷の斃死との関連性を想起させるが、この「船長および船員の悪行」は、Barratryというイギリス海上運送法上の用語の和訳であり、船長や船員が、船主や傭船者に損害を与える詐欺や不法行為（たとえば、故意に船を沈める穿孔（scuttling）など）であって、奴隷の斃死と一般的には関係がない。

　また危険条項の最後の一節である「上記貨物および商品またはそれらの一部に対して破損または損傷を生ぜしめたか、または生ぜしめるであろうその他一切の危険、滅失および不幸」という文言も、一見すると奴隷の斃死を対象とし得るのではないかと思わせるが、この一節には、イギリス保険法上の解釈原則である「同種制限の原則」が適用される。

　同種制限の原則とは、多数の具体的な危険を列挙したあとに、こうした「その他一切の危険」などの総括的な文言を置く場合に、ここでいう「その他一切の危険、滅失および不幸」というのは、列挙された危険と同種のものを指すとする原則である。つまり、文字通りに「その他一切の危険、滅失および不幸」を対象とはしていない。この解釈は、イギリス法上に確立された保険証券の解釈原則であり、同種の危険とは、たとえば火災の同種の危険としての爆発などである。奴隷輸送の過酷な環境を原因とする斃死、つまり航海中に衰弱死したり伝染病で病死した場合などは、それは海固有の危険をはじめとした列挙され

た諸危険によるものでもなく、それらと同種の危険でもないので保険填補の対象とはならない。

　生動物の衰弱死や病死などの斃死による損害が、通常の保険証券の文言のもとで填補されないことは、このように証券文言からも導かれるが、イギリスの海上保険法においても斃死による損害が填補されないことは確立された解釈となっている[32]。

　生動物の死亡による損害に対する填補責任が争われた結果、責任が認められた例としては、次のような事件がある。1821年の *Lawrence v. Aberdein*[33]では、アイルランドのコークからバルバドスに向けて騾馬や牛などの動物が輸送されたが、航海中に猛烈な嵐に遭遇し、12日間もの間、激しい動揺が継続したため、航海途上において動物のほとんどが打撲や裂傷によって死亡するか殺処分されてしまった。本件の貨物保険契約は、斃死を明示的に免責する旨の特約があったが、本件は斃死ではなく海固有の危険によるものと裁判所は判断し、保険者の損害填補責任を認めた。

　また、1825年の事件である *Gabay v. Lloyd*[34]では、リバプールからジャマイカに向けて馬を輸送していた船が、航海中に大暴風に遭遇し、馬を繋いでいた吊革が切れ、馬同士を隔離していた間仕切り板を馬が破壊した。そして馬同士で猛烈に蹴り合い、いずれも大怪我を負い、全頭が死亡した。本件も、貨物保険契約は、斃死は不担保と敢えて明示的に免責をしていたが、裁判所は、これは斃死ではなく海固有の危険によるものと判断し、保険者の損害填補責任を認めた。

　現在の生動物に対する貨物保険も、列挙された危険による死亡のみが補償の対象とされ、列挙危険によらない斃死は原則として保険の対象としていない。

　また現在の約款には、免責事由として、inherent vice or nature（固有の瑕疵または性質）という条項がある。この免責は、イギリス海上保険法の法定免責でもある。「貨物に固有の瑕疵」、または「貨物に固有の性質」による損害とは、たとえば、金属を潮風にさらして運ぶと錆が発生するとか、生鮮食料を常温で輸送していると腐敗するなどの例を挙げることができ、つまり特段の措置を講ずることなく輸送すれば、当然に起こり得る損害のことである。

第4章 奴隷貿易

　それは動物においても同様であって、詰め込み過ぎて死亡するとか、食事が不十分で衰弱死するなどは事故性がなく、生物の性質上起こるべくして起きる、蓋然的な損害であることから保険では免責事由とされている。イギリス法においては、奴隷に特有の損害として、奴隷が絶望や恐怖によって自殺することも、貨物の固有の性質による損害と解釈され、保険者は免責されていた[35]。

　奴隷貿易において、斃死による損害が貨物保険で填補されなかった第一の理由は、こうした契約や法律に基づくものである。しかし、契約であれば、当事者が典型契約によらずに別な内容で合意をすれば、斃死を填補することも理論上は可能である。次に述べる第二の理由は、奴隷貿易において、敢えて斃死を担保しなかった本質的な理由である。それは、もし奴隷の斃死による損害を保険が填補すると、モラル・ハザードすなわち保険の不正利用を誘発する可能性があったからである。

　通常の物品は、一度船に積んでしまえば到着まで放っておかれるが、人間である奴隷は生命を維持するために諸々の世話を続けなくてはならないし、病気が流行ることもある。そして、輸送の途上で健康状態が悪くなれば、陸揚げ地での売却額は低下する。途中の奴隷置場などと呼ばれる島々で休養をさせて体力を回復させることもできるが、それには余計な費用が掛かるし、病気であれば本当に回復するのかどうかもわからない。回復しなければ余計な費用が掛かるだけであり、利益はますます減る。

　ここで、もし保険で斃死が担保されているとすれば、奴隷が衰弱して売値が大幅に下がるよりも、奴隷が衰弱死してしまえば、予め合意済の保険金額で全損保険金を受け取ることができるので得であるという計算がなされる危険性がある。当時のイギリスでは、奴隷は家畜と同様に財産として認められており、こうした人道を無視した損得勘定においては、揚げ地で売れなくても、死亡することで保険金が得られるのであれば、奴隷商人や奴隷船船長がその選択を行う可能性があった。

　このようなモラル・ハザードが誘発される可能性が存在したのは、つまるところ、船長に生殺与奪権があり、その胸先三寸次第で奴隷が全滅することもあり得たからである。

著者はこれまで幾多の生動物のアンダーライティングに携わってきたが、この点は、通常の物品輸送と生動物輸送とが決定的に異なる点であり、現代でも生動物のアンダーライティングにおいては、被保険者や管理者の過怠または恣意的な判断が、保険の目的の状態を左右することについて考慮しなくてはならないことに変わりはない。

そして、実際に船長の生殺与奪の判断によって惹き起こされた事件があった。それは、後に奴隷貿易禁止のきっかけともなった貨物保険金訴訟 *Gregson v. Gilbert* である。

4　Gregson v. Gilbert[36] －奴隷商人グレッグソン

この事件の原告であるウィリアム・グレッグソン（William Gregson）は、18世紀に奴隷貿易によって活況を呈したリバプールにおける有力な奴隷商人であった。

現代の感覚からすると、奴隷商人とはあたかも人間の心を失った悪辣な人非人のごとく想像される。ところが、当時の奴隷貿易に対する社会通念は現代とは異なっていた。その背景には、奴隷貿易関係者による奴隷貿易を正当化するための言説（たとえば、アフリカの非文明的で悲惨な境遇にある人々を救っている等）があり、こうした主張は、奴隷貿易がもたらす巨大な経済的効果とも相俟って、社会に相当程度受容されていた。

こうした当時の社会的認識はグレッグソンの経歴からも窺うことができ、グレッグソンは Gregson Syndicate という自らの名を冠したシンジケートで資金を集めて奴隷貿易を行うほか、銀行業や保険業にも進出し、リバプール市長にも就任した名士であった。一方でその出自は裕福ではなく、父親は荷物の運搬人夫であり、グレッグソン本人も、もやい綱職人から身を起こした立志伝中の人物であった。

奴隷貿易は、複数の出資者がシンジケートに投資する形態が採られることが多く、グレッグソンも小口の出資から始め、時折失敗をしながらも奴隷貿易の経験を積んだ。やがて自らのシンジケートで出資者を募るようになり、信頼で

きる船長や船員を雇うことで次第に奴隷貿易事業を拡大し、持ち船を増やしていった。グレッグソンは、アフリカのどこに行けば優性な奴隷を獲得できるかという仕入地の目利きにとりわけ優れ、通常多くの奴隷商人たちが集まる地とは異なる場所で仕入れを行うことで頭角を現した。

グレッグソンは、生涯を通じて累計で58,201人の奴隷をアフリカから積み出し、その航海数は152回に及んだ。積み出した奴隷に対して、陸揚げされた奴隷の数は49,053人であり、したがってグレッグソンによる奴隷輸送の累計の死亡率は約16%で、一船で積み出した平均人数は383人であったことになる。

グレッグソンの奴隷貿易が軌道に乗り始めたのは、1740年代であったが、その当時はオーストリア継承戦争によって、フランス私掠船によるイギリス船の捕獲が活発化していた。そのため、フランス私掠船の活動圏内を通航しなくてはならない南部のロンドンやブリストルなどを拠点とする奴隷貿易船は、海上保険料が高騰し、出航に支障が生じていた。

これに対して北部のリバプールからは、北上して北アイルランド沖を回航して大西洋に出るルートがあり、このルートであればフランス船の活動圏内から外れていたため、南部の都市に比較して有利であった。そしてこの機に乗じて、グレッグソンをはじめリバプールの奴隷商人たちは、その地理的優位性を活かし、動きが取れずにいるイギリスの他の都市の奴隷商人を出し抜いて奴隷貿易事業を拡大し、莫大な利益を上げるようになる。

リバプールにおける奴隷貿易の活発化に伴い、奴隷貿易の関連産業もリバプールに多く集まるようになった。たとえば、奴隷貿易船は出港前に、アフリカで奴隷と交換するための物品として武器を買い付けることから、武器製造業者がリバプールに集まるようになり、奴隷貿易船の数が増加すれば、造船業をはじめとする海事関連産業も多く集まるようになる。このようにして、リバプールは奴隷貿易を起点として産業が集中し、経済の拡大が続いた。当時のリバプール税関の紋章のデザインは、黒人奴隷の頭部であり、それは奴隷貿易によって繁栄を誇ったリバプールの象徴であった。

奴隷貿易は、植民地における旺盛な奴隷需要によって支えられていた。当時は、ヨーロッパ諸国で飲み物に砂糖を加える習慣が広まったことで砂糖需要が

急増し、これを賄う供給元は、イギリス、フランス、オランダ、スペインなどが支配するカリブ海諸島や南米の植民地であった。これらの植民地では、次々と新たなサトウキビ農園が開拓され、旺盛な奴隷労働力の需要が継続した。

反面、奴隷貿易は、常に危険と隣り合わせのビジネスでもあり、航海の失敗も多くあった。グレッグソンの持ち船も、海難事故に遭ったものが11隻、捕獲された（捕獲国はフランスおよびポルトガル）ものが4隻、またアフリカの現地の人々の襲撃によって破壊されたものが3隻あった。

5　Gregson v. Gilbert－事件の経緯

元々フランスの奴隷貿易船であったアラート号は、イギリスによって捕獲され、ブリストルの商人を船主とするイギリス船となっていた。

アラート号は、1780年12月26日にオランダ船に対する捕獲免許状をイギリスの海事裁判所から取得した。アラート号が捕獲免許状を得た背景には、当時行われていたアメリカ独立戦争において、独立派を支援していたオランダに対し、イギリスが復仇を宣告したことがあり、この宣戦を受けてオランダ船に対する捕獲免許状が下付されたものであった。

アラート号は、イギリスを出航するとアフリカ沿岸にまで南下し、ここで次々とオランダ船を捕獲し、3隻のオランダ船を引致して1781年2月下旬にケープ・コーストに入港した。ケープ・コーストは現ガーナに所在する町であり、当時はイギリスの奴隷積み出し基地であった。

捕獲されたオランダ船3隻のうち、ゾーグ（Zorgue）号という船には、オランダ奴隷商人が積み出した244人の奴隷が既に積載されており、奴隷たちは、捕獲されたことで再度アフリカ西海岸に戻された格好となった。

ところで、アラート号と3隻のオランダ船がケープ・コーストに入港する前の1781年1月14日に、グレッグソンが所有するウィリアム（William）号が、リバプールからアフリカ西海岸に到着し、奴隷の買い付けのためにケープ・コーストに投錨していた。ウィリアム号の船長のリチャード・ハンレイ（Richard Hanley）は、奴隷貿易に長年の経験と実績があり、グレッグソンの持

第 4 章　奴隷貿易

ち船の船長を度々務めるなど、グレッグソンからの厚い信頼を得ており、加えてグレッグソンとともに奴隷貿易に投資する立場でもあった。

　ウィリアム号のハンレイ船長は、ケープ・コーストに到着したアラート号によって捕獲されたオランダ船ゾーグ号には既に奴隷が積載されていることを知り、これを売り渡す意思がないかアラート号の船長に打診をした。この売買交渉は成立し、ゾーグ号は積載された奴隷とともに売却されることとなり、ハンレイ船長はグレッグソン・シンジケートを支払人とする為替手形を振り出し、これと引き換えにゾーグ号および積載された奴隷244人の引渡しを受けた。グレッグソン・シンジケートの持ち船となったゾーグ号は、これを機にゾング（Zong）号と改名された。

　ハンレイ船長は、3月16日付でグレッグソン宛にゾング号の購入を報告する書簡をケープ・コーストから発送し、リバプールでこれを受領したグレッグソンは、奴隷1名あたり30ポンドの保険金額で貨物保険を手配した。

　一方ゾング号では、イギリスに捕獲されたことを受け、乗り組んでいたオランダ人船員が3名を残してすべて下船してしまったため、ハンレイ船長はやむなく自船ウィリアム号から12名の船員を引き抜いてゾング号に乗務させることとした。しかし、それでもなお船員は足りず、ケープ・コーストで浮浪生活を送っていた者が4名雇い入れられた。

　ゾング号の船長には、ウィリアム号の船医あったルーク・コリングウッド（Luke Collingwood）が充てられた。コリングウッドは、船医としてハンレイ船長とともに多くの奴隷貿易航海の経験を有していたが、船長に所要の知識をどれだけ具備していたかは不明である。

　ゾング号の乗組員はこのような急ごしらえで組織されることとなり、自らの職務に未熟な者も多いなか、既に監禁されている244名の奴隷を抱えることとなった。

　ハンレイ船長は、新生ゾング号のコリングウッド船長に対して、さらに200名の奴隷を買い集めることを指示した。コリングウッド船長はこれを受けて、このあと5か月間にわたりガーナの沿岸各地で奴隷を買い集めて回り、最終的にゾング号は110トンの船体に442人の奴隷を満載し、1781年8月18日にジャ

マイカに向けて出航した。ゾング号上の奴隷のうち、オランダ船ゾーグ号の当時から乗せられていた者のなかには、既に同船に囚われて1年以上呻吟している者もいた。

　当時の航海技術では、航行位置の見込みと実際の航行位置との誤差のために航海日数が予定よりも増加することがあり、大西洋を横断する奴隷船は所要量の2倍の食糧と水を積むことが一般的であった。こうした備蓄物の予備は、急な戦争の勃発や遭難などの非常事態に備えるためにも必要であり、また、航海中は鼠に水樽をかじられて穴が開くことや、食糧を喰われたりすることなども起こるので、こうした観点からも余分な備蓄は必要とされていた。

　ゾング号は大西洋横断前の最後の寄港地サントメ島（現在のサントメ・プリンシペ民主共和国（ガボン共和国の西方沖のギニア湾に所在する島国））において水などの補給を行った。目的地ジャマイカまでの約4000マイルは8週間で航海する予定であり、その間1名当たり1日約3.4リットルの水の消費が可能と計算されていた。

　ところで、ゾング号には、乗組員19名の他にロバート・スタッブス（Robert Stubbs）という1名の乗客がいた。スタッブスは、カリブ海方面に行くために同乗していたが、この人物は30年前に奴隷船の船長をしていたことがあり、またガーナ沿岸にある奴隷積み出し基地であるアノマブ要塞の支配人を務めたこともある経歴の持ち主であった。

　ゾング号はサントメ島からジャマイカに向けて航海を行っていたが、その途上でコリングウッド船長が病気に罹り、船長としての指揮を執ることが困難な状況が発生する。ここで、コリングウッドは不思議な行動に出る。自らの職務代行の第一順位として、一等航海士のケルサル（James Kelsall）を本来任命すべきところ、コリングウッドは、乗客であったスタッブスを代行の船長に任命したのである。ケルサル一等航海士はこれを不服とし、コリングウッドに任命撤回の申し入れを行うが、これによって却って職務を解任されてしまう。こうして乗客に過ぎなかったスタッブスが暫定的に船長としての任に就くこととなり、一等航海士は不在となった。

　ゾング号の航海は予定よりも遅れており、約10週間が経過した1781年11

月18日から19日にかけて航路上でカリブ海における最初の島となるトバゴ島を望見するに到った。トバゴ島はヨーロッパ列強が繰り返し奪い合った島であるが当時はフランス領であったので、ゾング号は寄港せずに航海を続けた。

　トバゴ島を過ぎたのちに船内で問題が発覚する。水樽からの漏水により飲み水が不足していることが発見され、残り10日ないし13日程度の備蓄しかないことが確認されたのである。本来であれば、こうした問題が無いか定期的に備蓄物の点検が行われ、発見次第、水の節約や樽の修復、あるいは臨時の寄港など所要の対応がとられるべきであったが、備蓄物の定期点検を指揮するケルサル一等航海士が職を解かれていたために発見が遅れたのであった。

　しかし、カリブ海に入った後のジャマイカまでの航行日数は通常は10日程度であり、ジャマイカまでの航海を続行することは可能と判断された。こうしてゾング号は、ジャマイカに向けてぎりぎりの備蓄で航行を続けることとなった。

　トバゴ島沖を通過してから約10日後の11月27日から28日にかけて、ゾング号はジャマイカを望見した。しかし、ここで致命的な過ちが発生する。ゾング号は、ジャマイカ島をイスパニオラ島（ジャマイカの東隣の島。現在は西側がハイチ、東側がドミニカ共和国）と勘違いし、つまりジャマイカへはまだ西進しなくてはならないと判断し、ジャマイカ島沖を通過してしまったのである。当時のイスパニオラ島は西側がフランス領、東側がスペイン領であり、イギリス国旗を掲げるゾング号は沿岸近くであると捕獲されるおそれがあり、島から遠く離れて航行していたことも過誤の原因であった。当時のカリブ海におけるイギリス領はネビス、バルバドス、ジャマイカなどの島々であり、ヨーロッパ各国がそれぞれ、飛び石的に島を領有していたため、常に敵国領の島が多くある状況であった。

　しかし、捕獲を回避するために沿岸から離れて航行しなくてはならなかったという事情もさることながら、何よりもこの時のゾング号には、不慣れな代行船長、病身で時折指揮を執る新任船長、一等航海士の解任による不在、二等航海士の病死など、余りある問題が複合的に作用しており、こうした不安定な運航体制こそが航行位置の誤認識につながっていたといえる。

5　Gregson v. Gilbert －事件の経緯

　かくしてゾング号は、ジャマイカを通過して航海を続けた。ベネズエラ沖から弧を描いて点々と連なるカリブ海の島々も、ジャマイカから西には島はなく、広漠たるカリブ海西部に入ってしまい、もしそのまま西進を続ければ、いずれ中米のユカタン半島近辺に到達することになる。

　ジャマイカがなかなか見えてこないことから、誤りに気が付いたとき、ゾング号はジャマイカから30リーグ（約167キロメートル）西に進んでいた。ゾング号は、西向きの順風に乗っていたことに加え、折悪しく通常よりもかなり強い西向きの海流にも乗っていたことで、一層遠くまで来てしまっていたのである。

　この発覚が11月29日であり、この事態の発生により、ケルサル一等航海士の再登用は必須となった。なお、この時点で、442人の奴隷のうち62人が死亡し、船員も二等航海士を含めた4名が死亡していた。

　復帰したケルサル一等航海士を交え、ただちに、ジャマイカに向けて戻るために所要の日数計算が行われたが、帆船が逆風をついて進むには之の字形にジグザグ航行をするために時間が掛かり、加えて西向きの強い海流に逆らって進むとなると一層時間が掛かることが想定され、ジャマイカへの所要日数は10日から14日間程度と推定された。この時点でゾング号には約380名の奴隷がおり、この人数に充当できる飲み水は4日分しかなかった。水不足により航海が危殆に瀕していることが明白になり、ゾング号の乗組員の間には悲壮感が広がった。

　この状況下において、コリングウッドから乗組員に対してある提案が行われた。それは、奴隷の削減、つまり一部の奴隷の殺害であった。この提案に反対する者はなく、その実行が計画された。

　コリングウッドによる奴隷の投棄の提案が行われた当日である11月29日の夜8時に、54名の女性および子供の奴隷が甲板上に連行された。この奴隷達は、1名ずつ船室の窓から複数の船員らによって海へ投げ込まれた。もし、奴隷たちの面前で海への投棄を始めれば、パニック状態が発生することは容易に想定される。そのため、順次船室に連れていき、甲板からは見えないように船室から投棄したものと推定される。

第4章　奴隷貿易

　この時のゾング号における実質的な船長は、果たしてコリングウッドとスタッブスのいずれであったのか、また奴隷の投棄は命令であったのか、合議であったのかなど不明な点が多い。肝心なコリングウッドはジャマイカ到着後に死亡し、ゾング号のログブックもジャマイカに到着後に行方不明となった。そして、スタッブスは裁判に唯一の証人として出廷して証言を行ったが、その証言は既に死亡しているコリングウッドに責任を被せる方向に傾いていた可能性がある。

　2日後の12月1日には、42名の男性奴隷が海中に投棄された。男性奴隷は、抵抗を防ぐために手枷と足枷をはめたままで投棄された。3回目の投棄は、日時が定かでないが、38名が投棄されたとされ、うち10名は自ら海に飛び込んだ。

　ゾング号において行われた虐殺の犠牲となった人数の合計については、諸説があり正確な数はわからないが、おおよそ3分の1の奴隷が殺害されたとされる。

　ゾング号がジャマイカへ戻るための航海は遅々として捗らなかった。ジャマイカを超えて西へ進んだのは日数にしてわずか1日程度だったが、帰路は、海流を遡上し、かつ逆風をついての航行であり、延々と日数を要した。そして11月29日に反転を開始してから実に23日後の12月22日に、ゾング号はようやくジャマイカのブラックリバーに到達し、投錨した。

　この航海の途上で、雨により一定の水を確保したが、水不足が深刻であったことに変わりはなく、戻る航海の最中に36名の奴隷が死亡し、うち30人はジャマイカ到着時に遺体のまま船内に残されていた。当時、船上での死亡者は、衛生上の理由からただちに海に葬られたが、30人もの遺体が船内に放置されていた事実は、ゾング号乗組員の疲弊ぶりを言外に物語っている。コリングウッド元船長はジャマイカ到着後まもなく死亡し、他に乗組員7名がジャマイカ到着後に死亡した。

　ゾング号で生き残った奴隷は208名であり、翌1782年1月以降にジャマイカにて順次売却された。

　ソング号とその載貨である奴隷は、ジャマイカにある副海事裁判所によって

捕獲物と検定された。当時のイギリス船は世界各地で捕獲を行っていたので、捕獲審検のためにイギリス本国の海事裁判所に戻らなくて済むように、各地の植民地にある副海事裁判所（植民地海事裁判所）が捕獲審検所の役割をも担っていた。ゾング号は、既述のとおりアラート号が捕獲免許状を取得して捕獲したオランダからの捕獲物であり、グレッグソンは捕獲物の譲受人となった。

　グレッグソンは、捕獲審検によりゾング号およびその載貨たる奴隷の所有者と認められたことで、投棄によって失われた奴隷について、自らが付保した貨物保険による損害填補を保険者に対して請求した。保険者はこの請求を拒絶した。

6　Gregson v. Gilbert－裁判

　奴隷が家畜と同じように財産として認められていた当時のイギリスで、奴隷売買を生業とするグレッグソンにとって、奴隷の喪失は商業的損失にほかならなかった。奴隷を海に投棄することはJettison（投荷）であり、やむを得ざる状況下で投棄を要した貨物の損失は、保険契約上において填補請求を行うべき権利を当然に有するとグレッグソンは認識していた。保険者が請求を拒絶したことに対して、訴訟を起こしたのはその認識の表れであるといえる。また、訴訟を起こすということは、この残虐な事件が公になることであり、それでもグレッグソンは自らの権利の認定を求めて争う途を選んだ。

　当時の奴隷貿易においては、船員が奴隷を殺害する事件はしばしば発生しており、それが貨物保険で填補される場合があった。それは、奴隷の反乱を鎮圧する際の殺害の場合であった。奴隷が、船内で蜂起する反乱の例は多く見られ、これを制圧するために銃などの武器が用いられて奴隷が殺傷された。

　たとえば、1794年にリバプールからアフリカ経由でキューバへ向けての航海において、奴隷に貨物保険が付保されたGuipurzcoa号については、奴隷一人当たり45ポンド、保険料率20%、そして保険条件として"Free from particular average by insurrection under 5%"と約定されている[37]。これは和訳すると「反乱による5%以下の分損不担保」であり、反乱の制圧にあたり全

体の金額の 5% を超える損害については保険によって填補されるという意味である。

イギリスの判例法においては、こうした反乱の制圧時の奴隷の死亡、また制圧に際して負った傷害に起因する死亡は、貨物保険者に填補責任があった。また、制圧に際して傷害を負い、これに他の要因も複合的に作用した場合の死亡も填補責任が認められた。反対に、制圧を受け、死を覚悟した奴隷が自ら海に飛び込んで死亡した場合には填補の対象とはならなかった。

この蜂起した奴隷を制圧する際に起きた殺害や自殺が、貨物保険で填補対象か否かの論理について考えてみる。保険証券の危険条項には、たとえば Men-of-War（和訳は「軍艦」）がある。これは艦艇による加害行為であり、これには味方の艦艇による軍事行動による損害が含まれ、ここでいう軍事行動には謀反および反乱の鎮圧が含まれるものと解釈される。つまり、奴隷の反乱によって起きる損害はもとより貨物保険の対象となり得るのである。

反対に、こうした行為について保険者が免責となる可能性について考えると、仮に被保険者である荷主による故意の殺害であれば、イギリス保険法上の免責に抵触する可能性があるが、現場の船員によるやむを得ない状況下の処分であれば、証券上または法律上の免責事項には該当しない。

他方、反乱の制圧下において死を覚悟し、自発的に海への飛び込むことは、反乱の失敗による自殺であり、イギリス保険法上で貨物に固有の性質による損害は免責であるところ、同法は、自殺は人間に固有の性質であると解釈する。したがって、自発的に海に飛び込んだことによる死亡は、保険による填補対象とはならない。

要するに、奴隷の反乱に際しての死亡に関する貨物保険上の填補の可否については、特殊な解釈があるわけではなく、保険証券上の危険条項やイギリス保険法に基づく普通の解釈である。

投荷も、当時は既に確立された商慣習であるとともに、海上保険法や海上運送法上においても認められる行為であった。投荷は、危険に際して積荷を投棄する任意の行為であるので、たとえば、荒天による沈没を回避するために、船舶を軽くする目的で貨物の一部を海中に投棄するというようなことがこれに当

たる。

　投荷は、共同海損行為に該当する場合が多い。共同海損とは、船舶と貨物の双方にとっての危険を免れるために生じた犠牲や費用を関係者の間で分担する制度であり、その犠牲損害や費用を規則に従って船主や荷主らの間で精算する。一方で、共同海損の要件を充足しない投荷、言い換えれば、船舶と貨物の共同の安全のためではない投荷も生じ得る。本件のように、貨物のみの危険を免れるための犠牲であれば、共同海損の要件を充たさないので、これは単独海損の投荷となる。

　奴隷の投棄は、コリングウッドが主導したとされるが、コリングウッドがこれを決断した際に、この行為を投荷として貨物保険者に請求できると認識していたのかどうかは、コリングウッド本人がジャマイカ到着後に死去し、ゾング号のログブックも失われたためにわかっていない。

　しかし、斃死が貨物保険で填補されないということは、それまでの長年の奴隷貿易実務を通じて関係者に認識されていたと推定され、コリングウッドが、仮に奴隷全員が水不足で斃死して保険填補も得られないのならば投荷によって保険金を得ようと考えた可能性はある。奴隷が全滅するよりは、その一部を投棄することで残りを生かして売却することができ、殺害した分は投荷として保険金を得ることができる。そうすれば、この航海は商業的にはほぼ成功といえる。

　はたして荷主のグレッグソンは、殺害により失われた奴隷の損害を保険で回収しようとして裁判に及んだ。

　裁判は1783年3月に、王座裁判所で行われた。裁判長は、イギリス商法の父ともいわれ、とりわけ海上保険法の発展に大きな功績を残したマンスフィールド卿であった。

　原告の訴状は、保険証券記載の危険であるところの海固有の危険（perils of the seas）、そして逆流する海流およびその他の不幸により、船体の状況が悪くなり、遅れが生じたため飲み水が不足するようになり、全体を救うために一部の奴隷を海上に投棄（投荷）せざるを得なかったという趣旨であった。

　ゾング号に実際に乗船していた唯一の人物であるスタッブスは証人として出

廷し、奴隷の投棄はコリングウッドの提案であったと証言し、これは正しい判断だったと力説した。すなわち、行動を起こさねば全員が死ぬところを、一部の奴隷を投棄することで、大勢が生き残ることができるのであって、当時の判断として、投棄は被害を最小限にするために絶対的必要性があったと証言した。

被告である保険者ギルバート側は、海固有の危険は存在しておらず、単に航海が長期化したに過ぎないと反論した。すなわち、ジャマイカ島をイスパニオラ島と勘違いしたというヒューマンエラーによる損害あって、これらは海固有の危険には相当しないと反論をした。また、奴隷の殺害について保険者に填補責任が認められるのは、判例法上で奴隷の反乱鎮圧の場合のみであると主張した。

しかし、陪審評決は、保険者はグレッグソン・シンジケートに対して投棄された奴隷1名当たり30ポンドの132名分の損害について填補する責任があると認定する。そして、この認定を不服とした保険者ギルバートは判決抑止を申し立て、2回目の審理が行われることとなった。

2回目の審理は1783年5月に行われた。原告側は引き続き、保険証券記載の危険であるところの海固有の危険によって生じた絶対的必要性に基づく投荷による損失として、損害填補を求めた。また、ヒューマンエラーとしての航海上の過誤という点についても、船長の過失による損失は、保険証券記載の「その他一切の不幸（all other Misfortunes）」に該当するという主張も繰り出した。

被告である保険者側は、この航海では、保険填補の可能性がある奴隷の反乱は生じておらず、それどころか蜂起の兆候や謀議すらなかったとし、本事件は、単なるヒューマンエラーであって、保険証券上の危険には該当しないことを改めて反論した。このヒューマンエラーは、つまりジャマイカ島をイスパニオラ島と勘違いした航海上の過失であり、航海に当たった者の無知による失策に過ぎないとした。そして、被保険者が奴隷を投棄した真の動機は、斃死や質の低下による奴隷貿易の損失を保険者の勘定に付け替えることにあったと非難し、コリングウッドが初の船長任務で損失を出すことを回避したいがために大量殺人によって保険金を詐取しようとするものであると痛罵した。

たしかに、この事件は貨物保険契約上の填補責任の争いであるものの、その

実態は連行した奴隷132名の虐殺という海上保険史上空前にして絶後の事件であり、被告である保険者側からは、填補責任とは異なる人道的な善悪に関する主張が多く行われている。

　保険者側からの倫理的観点に基づく問題指摘に対しグレッグソン・シンジケート側は、100名が殺されていなかったら200名が別な死に方をしていたと反論したが、保険者側は、乗組員と奴隷の全員が平等に残った水を消費すべきだったのであり、ある者の命で別な者の命を補うことは許されないと主張をした。

　こうした論争は、そもそも貨物保険における損害填補を巡る裁判においては筋違いの議論であり、陪審員の心証を意識したものと思われる。しかし、こうした倫理的観点からの主張は、本事件に対する社会的関心を呼び起こすことになる。けだし、この裁判の重要性とは、保険判例としてではなく、人権という倫理的な問題提起が、後の奴隷貿易廃止へとつながっていく点にある。

　人権の視点がこの裁判に持ち込まれたのには、奴隷廃止運動の活動家であるグランビル・シャープが被告側の顧問として積極的に関与していたことが大きく影響した。奴隷制度の廃止を目指すシャープは、この事件を単なる海上保険契約に関する事件としてではなく、奴隷制度の不法性を世に示すための事件としたい意図があった。同時に、被告側弁護人としても、人権問題は事件の本筋とは異なるものの、原告の主張の不当性を際立たせる材料となり、そこにシャープの顧問としての存在価値を見出していた。

　奴隷の人権問題について、グレッグソン・シンジケート側の弁護士は、イギリス法上において黒人奴隷は財産であり、本貨物保険契約においても黒人奴隷を「貨物および財産（goods and property）」と規定しており、善悪の問題は本事件における議論の対象ではないと抗弁した。また、ゾング号では反乱が企図されていたと強く推定されるという主張も持ち出した。そして、もし、一部の奴隷の投棄によって水不足が解消されていなければ、反乱が発生していたに違いないと訴え、本件における奴隷の投棄は、法律上の投荷を構成していると主張した。

第4章　奴隷貿易

　この裁判が報道されたことで、イギリスの社会には、ゾング号で起きた凄惨な大量殺人が広く知れ渡るところとなり、奴隷商人の神をもおそれぬ所業に対して、果然、非難の声が沸き上がった。
　奴隷制度の廃止や人種間の平等を訴えて運動していたグランビル・シャープは、この局勢に乗じ、ゾング号事件こそが悪弊たる奴隷制度の行き着く先であると指弾し、ゾング号の乗組員らを殺人罪で刑事告発すべく本裁判においても声を上げた。
　この裁判を通じて奴隷貿易に対する社会的批判は嵩じたが、裁判自体はあくまで商事である保険填補責任の争いであり、マンスフィールド卿は判決において、この事件の原因は、海固有の危険ではなく、船長の航海判断の誤りによるものであると認めた。また、奴隷を投荷することの必要性については、これを認めなかった。ブラー裁判官は、船長の過失による損失について、保険者は填補する責に任じないことを明らかにした。
　この5月の再審理では新たな証拠も追加で提出され、これについては新たに審理を要するという留保が付いたが、最終的にグレッグソン・シンジケート側が保険金請求を断念したため、裁判はこれで終わった。

　ゾング号における奴隷の大量虐殺を世に知らしめた *Gregson v. Gilbert* 事件は、奴隷貿易の廃止に大きな影響を与えた。
　1787年には、シャープらにより奴隷貿易廃止促進協会が設立され、ゾング号事件を題材に、議会への働きかけなどの政治的な行動が始まる。
　翌1788年には議会による奴隷貿易の調査が行われ、ウィリアム・ドルベン議員が中心となって1788年奴隷貿易法（通称 Dolben's act）を成立させ、奴隷船のトン数に応じた積載人数規制が設けられた。これによって人間が仰向けに寝られる程度の床面積が確保されたが、法律の実効性には疑問も残り、従来と変わらぬ詰め込み輸送も多かったとされる。しかし、これは200年にわたってイギリスが継続してきた奴隷貿易に関する初めての規制法の誕生であった。
　その後、1790年および1799年には同法の改正が行われ、奴隷の死亡および病気治療に関する損害は保険で填補されないという条項、そして、奴隷の投荷

による損害についても保険で填補されないという条項が加わった。つまり、貨物保険の給付をして奴隷の殺害を誘引せしめることを防止するための強行規定が設置されたのである。

そして、1807年の奴隷貿易法でイギリスによる奴隷貿易はようやく廃止される。それまでもデンマーク、フランス、アメリカなどで奴隷貿易を廃止する動向があったが、これらは実効性に乏しく、真に奴隷貿易を廃止した国はイギリスが最初であった。

イギリスはこれを機に立場を転換し、国際的に奴隷貿易廃止を提唱するようになり、その実現に向けた対策を主導する。奴隷貿易廃止を迫るイギリスの外交政策によって、まずオランダが1814年に廃止に同意し、翌1815年にはフランスがこれに続き、またポルトガルも赤道以北の奴隷貿易を廃止した。1817年にはスペインも赤道以北の奴隷貿易を廃止し、1820年には赤道以南についても非合法とした。また1830年にはブラジルも奴隷貿易廃止に踏み切った。これらはすべてイギリスとの二国間協定によって実現された[38]。

また、奴隷貿易廃止のための国際裁判所が、シエラレオネやリオデジャネイロなどに設置された。これらは国際人権法廷の嚆矢とされる。

各国との条約に基づき、イギリス海軍艦艇はアフリカ沿岸等で、往来船の臨検および捜索を行い、奴隷貿易に従事している嫌疑がある船はこれを拿捕し、国際裁判所の審理に付した。こうして国際裁判所に持ち込まれたケースは600件に上り、これによって8万人近い奴隷を解放したとされる[39]。

このようにして、奴隷貿易の中心的存在であったイギリスは、その廃止のための局面において主導的な立場で国際社会を牽引することになり、自国の艦艇を出動させて奴隷貿易を取り締まる労も取ることで、国際的な奴隷貿易廃止に道筋をつけた。これは、イギリス国内における社会正義や人権思想の高まりによるものであるといえ、そのことは議会における審議経緯からも確認することができる。

一見すると贖罪的にも映るイギリスの奴隷貿易廃止のための国際的主導は、社会正義のみが動機であったのだろうか。はたしてそこには政治的な思惑も存在した。何となれば、イギリスのみが奴隷貿易を廃止して他国がこれを続けて

いれば、それはイギリスにとって経済的に不利であり、不公正な貿易が継続することによる較差を生じさせないためにも、イギリスとしては他国の奴隷貿易を廃止させねばならなかった。そして、さらにいうならば、イギリスで当時起きていた産業構造の変化も見落とされてはならないであろう。アフリカ人奴隷を植民地へ移送し、安価な労働力により植民地から産品を輸出するという収益体制に対してイギリス経済は長年にわたり資本を投下してきたが、産業革命による各種工業製品の生産や、これに伴う経済効率の飛躍的進歩は、イギリス内で資本が振り向けられる先を自ずと変化させた。つまり、産業の工業化で世界の先頭を走り始めたイギリスは、経済構造の大きな転換点を迎えており、奴隷貿易の資本効率性は相対的に低下してきていたのである。

そのため、未だ産業の工業化が進んでおらず、奴隷貿易への経済的依存が高かった他の欧州諸国の奴隷貿易をやめさせることは、工業生産力という稀有な競争力を持つに到ったイギリス経済の相対的優位性をより一層優位で盤石なものとした。

そして、イギリスは世界最大の海軍力を駆使し、大西洋上で他国の奴隷船を拿捕して回るだけの実力をも備えていた。それゆえ、他国との間で、奴隷貿易を互いに禁止する条約を締結すれば、その国の奴隷船に対して強制力を行使して奴隷貿易を阻止することができ、条約の実効性を保つこともできたのである。

2020年6月18日に、アメリカのミネアポリスで、黒人のジョージ・フロイト氏が白人警官による理不尽な暴力の行使によって殺害されたのちに、アメリカ各地で起きた黒人への人種差別に対する抗議運動は、「ブラック・ライブス・マター（Black lives matter）」のスローガンのもと、燎原の火さながらに世界各国へと伝播し、黒人の受難の歴史が改めて注目される機会となった。

陰惨たる奴隷貿易を、史上最大の規模で行っていたイギリスは、18世紀中の1/3ないし40%程度の保険料収入を、奴隷の輸送および奴隷によって生産された作物の輸送に伴う海上保険から得ていた。ロイズはブラック・ライブス・マター運動のさなか、奴隷貿易において「恥ずべき役割」を担ったことについて謝罪を表明した。

第5章
最 大 善 意

　イギリスの保険法には、保険契約の最大善意性と呼ばれる法律原則がある。最大善意という語は utmost good faith の和訳であり、最高信義と訳されることもある。日本の法律には、これに相当するものはないが、敢えて言うならば、保険法の告知義務や、民法の信義則がこれに類似している。

　イギリスでは 2015 年に新しい保険法が制定され、これによって旧来からの最大善意の法律原則に変更が加えられた。従前の最大善意の法律原則とは、保険契約の基盤となる法規範としてあたかも教条のごとき重みがあったが、2015 年の変更によってその存在感はやや後退した。しかし、依然としてイギリス保険法に最大善意の法則が存在していることには変わりない。

　最大善意の法律原則の源流には *Carter v. Boehm* 事件という判例がある。同事件は、現在でもイギリス保険法の重要判例法であるとともに、英米契約法の礎石ともいうべき判例法となっている。

　そして何より、本事件は、本書の視点の一つである海上保険の歴史的形成過程を考えるうえでこの上なく示唆に富む事件であることから、本章ではこの判例にふれてみたい。

1　告知義務

　日本の保険法には最大善意の法則はないが、これに近いものとして告知義務がある。告知義務とは、保険契約が結ばれる前に、保険契約者または被保険者が保険者に対して、危険に関する重要な事実の告知をしなくてはならない義務のことであり、保険種類を問わず一般的に用いられる保険運営上の重要な制度である。

　告知義務が重要である理由は、危険に関する情報が、被保険者側に偏在して

いることが多いため、被保険者から情報の適切な申告を得なくては、保険者がアンダーライティングすなわち引受の可否や、引き受ける場合の適切な条件・料率等の判断ができないからである。もし、一切の告知が無いなかで保険の引受を行うとなれば、保険者は危険度の測定ができないために、相手を問わず割高な保険料を求める可能性があるが、このような事態を避け、リスクに応じた条件や保険料の設定によって衡平性および経済合理性を実現することが、告知義務の制度によって確保されている。

　告知義務を規律する日本の保険法においては、告知義務は「質問応答義務」によることが原則であり、つまり被保険者は、保険者が用意した質問に対して回答をすることによって義務を充足する形式を原則とする。保険法は2010年に施行されたが、それまでの商法上における損害保険は、告知義務者が自発的に重要な事実の告知を行う義務を負っていた（「質問応答義務」に対してこれを「自発的申告義務」と呼ぶ）。しかし、この場合には、保険に対する知識に乏しい個人であっても「何が重要であって告知すべきか」を自分らの責任で判断しなくてはならず、一方で告知義務への違反が問われれば契約が解除されるなど酷な結果がありうることから、保険法が立法される際に、自発的申告義務は質問応答義務へと変更された。

　こうしたなか、保険法が立法された際の新しい告知義務規定の例外として、海上保険は従前通りの自発的申告義務が可能とされ、その後2018年に成立した改正商法において、海上保険については、保険契約者または被保険者は、危険に関する重要な事項を自発的に申告すべき義務を負うことが改めて規定された。

　他方、保険契約実務においては、保険法が制定される前から、既に多くの保険において告知は書面の質問への応答によって行われていたし、海上保険についてはそのような所定書式によらない自発的申告が原則であったので、法律の改正は実務慣行を追認したものという側面がある。

　海上保険の告知義務については、国際的にも自発的申告義務が一般的であるが、自発的申告義務が適当である理由は、海上保険の実務から導かれる。貨物保険を例にとれば、保険者は多岐にわたる輸出貨物や輸入貨物を引き受ける

が、たとえば、危険性が高く専門的な取り扱いを要する化学品、特別な管理が必要な青果物、専用船で運ばれる大型プラント機械、一つの船に数万トン規模で運ばれる穀物、ハンドキャリーされる貴重品、等々多種多様である。こうした諸々の貨物について、それぞれにどのような危険および損害が想定され得るのかとなると、その貨物を専門的に扱う業者である被保険者のほうが保険者よりも豊富な情報を保持していることが一般的である。

また、その貨物が世界のどこからどこまで輸送され、その地域の気候、治安状況、貨物を取り扱う者の習熟度、港湾施設の状況、運送契約上の運送人への求償の可否など、多岐にわたる条件が危険または損害に影響を与えるのであって、被保険者側に偏在しているこのような情報についての被保険者からの開示は、保険者が適切な保険内容を設定するために必須となる。

個人保険分野は、専門知識を持たない個人契約者が多く、そのため告知義務のあり方として質問応答方式が適切であるといえるが、国際売買に従事する者は、その売買している物品についての専門知識を持つプロであることが一般的であり、また海運業者についても自らの船の状態について熟知しており、海上保険に自発的申告が求められることは理に適うものであると考えられている。

2　最大善意

海上保険実務において、イギリスの約款や保険法が国際的に大きな影響力を持ち、日本の実務もその影響下にあることは序章や第2章などでふれた。このイギリスの保険法における告知義務は、保険契約の最大善意性と呼ばれる法律原則に包含され、時代とともに解釈が発展してきた経緯がある。

イギリス法における保険契約の最大善意性が、日本の保険法の告知義務と大きく異なる点としては、日本法の告知義務が、保険契約者・被保険者が保険者に対して負う保険契約締結前の情報開示義務であるところ、イギリスの保険契約の最大善意性は、被保険者が保険者に対して情報開示義務を負うのみならず、保険者も被保険者に対して同様の義務を負うという双務的なものであること、また保険契約前の義務ということだけではなく、契約期間中においても重

要な事項の通知義務があることなどが、大きな違いである。

　保険契約の最大善意性の意義を確定したといわれる判例は、1766 年の *Carter v. Boehm*[40]事件であり、その後、複数の判例法が最大善意の解釈を発展させ、1906 年海上保険法では、海上保険契約の最大善意性が成文法規定となった。この成文法規定には、海上保険契約の最大善意性についての規定の他に、*Carter v. Boehm* で示された告知義務が具体的な規定として盛り込まれている。

　2015 年にイギリスでは 2015 年保険法が制定され、1906 年海上保険法に置かれていた「海上保険契約は最大善意に基づく契約である」という規定を残しつつ、「最大善意を契約当事者の一方が守らない場合に相手方が契約を取り消すことができる」という規定が削除された。そして新たに、告知すべき情報に関する規定や、告知義務への違反の効果などの規定が設けられたが、これらにも *Carter v. Boehm* で示された論理が、表現が更新されて盛り込まれた。

　それでは、保険契約の最大善意性とは具体的に何か。英米法上の重要判例として有名な *Carter v. Boehm* 事件は、イギリス東インド会社のスマトラ島の交易拠点が、フランス軍からの攻撃を予想し、拠点に集積している貨物の保険契約をロンドンで行ったところ、実際に襲撃を受け、損害が発生したために保険金を請求したことに端を発する。被保険者からの保険金請求に対し保険者は、被保険者が予め想定していた襲撃の情報等を契約時に開示しなかったことを理由にこれを拒絶し、保険者の損害填補責任が争われた。

　判例法として知られる部分の要旨は次のようなものである。すなわち、「保険契約においては、危険に関する事実の多くが被保険者の知識として偏在している。保険者は、被保険者の表示を信頼し、被保険者が情報を黙秘したり危険が存在しないかのごとく誤信させて契約に引き込もうとすることはないと確信して保険の引受を行う。したがって情報を黙秘することは詐欺であり、契約は無効である。情報の隠匿に詐欺の意図がなく、過誤によるものであったとしても、保険者は欺かれたことになり、契約は無効である。なぜなら実際の危険は、保険契約締結時に意図された危険と異なっているからである。」これが、本事件で示され、英米法の基本的判例として知られる契約の最大善意性の原則

の基底をなす論理である。基底をなす論理とした理由は、これに付随して多くの派生的な判例法が生まれているからである。

　一方で、1766年の同事件よりも前に、保険は最大善意に基づく契約であってそのため危険に対して重要な事情はすべて開示されなくてはならない、という法則は既に存在していた。こうしたなかで同事件がリーディングケースとしてとりわけ重視される理由は、この事件を裁いたマンスフィールド卿が、最大善意の法律原則の論理構造を明らかにしたこと、そして、情報の非開示があったとしても保険者が填補責任を免れることができない場合を明確化したことにある[41]。

　ところで、日本の外航貨物海上保険は、イギリスの証券様式を用いているが、イギリスの証券や約款には告知義務に関する規定が置かれていない。そのため、法律上の告知義務規定が補充的に適用されることとなる。保険証券には、日本独自の準拠法指定のための約款が追記されているが、以前は、この約款では告知義務に関する準拠法の指定が明確でなかったために、日英いずれの法律が適用されるのかが判然としなかった（著者の世代は、保険会社で貨物部門に配属されると「海上保険契約の前提は最大善意である」と教わり、実際にこれが規定されているイギリスの1906年海上保険法を学んだ。このような経験をする者が多いなか、告知義務はイギリス法に準拠するという考え方は一応存在していた）。

　その後、2019年に多くの保険会社で準拠法指定に関する約款が改定され、告知義務については日本法に準拠することが明確化された。これは、2018年の改正商法で、海上保険については、保険契約者または被保険者の自発的申告義務が定められたことを受けた措置である。

　それでは、イギリス法の最大善意の法則について知る必要がなくなったかというと、そうではない。たしかにイギリスの告知義務を日本の実務に適用する必要はなくなった。しかし、そもそも最大善意の法則とは、告知義務を中心としつつも、告知義務よりも広範な概念である。また、*Carter v. Boehm*事件で示された保険契約の最大善意性に関する論理は、保険契約の基礎となる要素を多く含んでいる。そのため、同事件は現在もイギリス保険法の基本的判例法であるとともに、とりわけアメリカ法においては保険法のみならず、契約法全体

の礎石たる重要判例法となっている。そして、著者が特に注目するのは、Carter v. Boehm 事件には、海上保険の歴史的形成過程を示す多くの情報が含まれている点である。

3　Carter v. Boehm 事件 − 襲撃の兆候

　本件において貨物保険の申し込みを行い、契約の被保険者であったのは、イギリス東インド会社のスマトラ島における交易拠点（factory）であるフォート・マールボロの副支配人（Deputy Governor）のロジャー・カーター（Roger Carter）である。フォート・マールボロは、東インド会社の拠点のなかでは比較的小規模な拠点であり、「副支配人」の役職者がトップに立つ拠点であったので、カーターは拠点を統括する責任者であった。

　イギリスの保険契約上の損害填補請求に関連する裁判の多くは、原告たる被保険者が、請求を拒絶した保険者を訴えるケースが多いため、判例名の多くが「被保険者 v. 保険者」となることが多い。本事件においても Carter は被保険者であり、Boehm は保険者（アンダーライター）である。

　本事件においてまず疑問として浮かぶのが、なぜ東インド会社の拠点の貨物が、カーター個人を被保険者とする保険として契約されたのかという点である。これには、当時の東インド会社に特有の貿易制度が関係している。

　当時の東インド会社は、胡椒等の香辛料の調達およびこれら貨物のイギリスへの海上運送を主な業務としたが、同時に役職員らは、個人の立場で商人として活動することも認められていた。ただし、個人としての商業活動はアジア域内の貿易に限定されており、つまりイギリス本国への輸出は会社業務として行い、アジア域内の貿易は個人の立場で行うことができるようになっていた。この域内の個人貿易は country trade と呼ばれ、カーターが申し込んだ保険は東インド会社の業務に関するものではなく、自己勘定で行っている country trade に関するものであった。

　1756 年に七年戦争が勃発し、イギリスとフランスの間でも戦争が始まった。それよりも前の 1740 年に発生したオーストリア継承戦争では、イギリス

東インド会社とフランス東インド会社との間で交戦があり、こうした旧来からの両会社間の対立関係もあったため、本国同士の戦争の開始は、両会社間の緊張状態を招いた。

　七年戦争が始まると、フランスは本国において大規模な艦隊を編成し、インド方面に向けて 1756 年の 12 月と 1757 年の 5 月の 2 回に分けてこれを派遣した。艦隊はそれぞれ 1757 年の 9 月と 1758 年の 4 月にインドの東海岸に到達し、沿岸各地に点在するイギリス拠点への攻撃を開始し、戦争は激化した。

　七年戦争が始まる前の 1755 年の時点で、イギリス東インド会社のロンドンの上層部は、フランスの襲来を予想し、東インド会社の各拠点に対して注意を発していた。たとえば、同年にロンドンからフォート・マールボロ向けに送られた書簡には、欧州の緊張状態と将来的な東インド方面への波及が予想され、現地の防備強化が求められていた。その後の書簡からは、フランスのブレスト港およびロリアン港で大規模な艦隊編成が進捗している情報などももたらされた。しかし、当時の観測としては、フランスからの派遣艦隊の目的地は、貿易拠点としての規模が大きく英仏間の対立が先鋭化していたインドと予想されており、結果はそのとおりであった。

　七年戦争に伴うインド方面の戦闘状況については、インドの各拠点からフォート・マールボロを含む東インド会社各拠点へ伝達されたが、フォート・マールボロはインドから遠く離れていることもあり、防衛上の警戒度は必ずしも高くはなかった。

　ところが、1759 年 8 月に、フォート・マールボロの警戒度を一気に上昇させる情報がもたらされた。バタヴィア（現在のジャカルタ）から中継されてフォート・マールボロに来着した複数の書簡のなかに、アレキサンダー・ウィンチ（Alexander Wynch）という人物が、アフリカの喜望峰からカーター向けに送った書簡が含まれていた。

　ウィンチは、東インド会社の交易拠点であるフォート・セイントジョージ（インド）の幹部であった経歴があり、フォート・セイントジョージは、フォート・マールボロを組織上の配下に置いていたため、ウィンチとカーターは職務上において互いを知る仲であった。

第 5 章　最大善意

　ウィンチは、その後1756年にフォート・セイントデービッド（インド）の副支配人として転勤したが、同地在勤中の1758年6月に、フォート・セイントデービッドがフランスのラリー総督に率いられた在インドフランス軍の攻撃を受けた。フォート・セイントデービッドはフランス軍に降伏し、ウィンチは捕虜となった。同年10月にウィンチは釈放されたが、健康を損ねたため、東インド会社には復帰せずにイギリスに帰還することとした。

　本国に帰還する途上、ウィンチが乗船していたデンマークの船が、喜望峰のオランダ植民地に入港したが、偶々この喜望峰の港にはフランスの艦隊が入港していた。ウィンチは、この艦隊が大規模であることを看取し、今後の行動に関する情報を収集する必要性を感じた。ウィンチは、喜望峰を目的地として下船した一人のフランス人と接触することに成功し、艦隊に関する諸々の情報を聞き出した。ウィンチはその情報を、喜望峰寄港中の1759年2月に東インド会社の関係者宛てに伝達した。書簡は3通あり、それぞれロンドン、フォート・セイントジョージ（インド）、フォート・マールボロ宛に送られた。

　各書簡には、有力なフランス艦隊が東に向かって航海予定であり、喜望峰からの航海日数を推定すると、インドや東南アジアの各拠点に1759年半ばにも到達が予想され、また、フォート・マールボロに対しては、前年の時点で400人規模の部隊による襲撃作戦が計画されており、有力な攻撃目標と目されていることが報告されていた。

　ウィンチからの1759年2月4日付の書簡は、同年8月にバタヴィア経由でフォート・マールボロに到着したが、フォート・マールボロ向けの書簡には、防備を厳重にするよう特別に助言が追記されていた。

　重大な情報に接したフォート・マールボロでは、幹部による会議が開かれ、要塞守備隊の司令であるフリス大尉が直ちにフランス軍の攻撃に対する防衛計画を作成することとなった。この要塞防備の強化については、幹部らが計画の精査を繰り返したが、本格的な防備の強化を行うには人手も武器も足りず、カーターはロンドンの上層部に対して防備強化について至急の援助を求める書簡を送った。そこには、ウィンチからの手紙の複写が添付され、フランスの襲撃の可能性が高いとの有力情報があるなか、限られた人員、武器、資材ででき

得る限りの防備に尽くしていることが詳細に報告されるとともに、一方で、元来フォート・マールボロは原住民の襲撃に耐えうる程度の防備で構築されているに過ぎず、ヨーロッパ列強の軍隊の攻撃には到底耐えられないこと、また重火器の装備もないことなどの実態が訴えられ、本部の善処を請うものであった。

このときのカーターが本国宛に送った書簡は、AとBと呼ばれる2通が用意され、1759年9月にフォート・マールボロの隣接港であるベンクルから発送された。書簡はいずれも機密書類扱であり、敵手に渡りそうな場合に海中に投棄して確実に海没させるための錘（おもり）が取り付けられ、乗組士官が常時携行した。2通のうちのAは、イギリス本国またはアイルランドのいずれかにおける最初に寄港した地において陸上輸送に切り替え、速達として東インド会社のロンドン本部へ送るよう定められ、Bは船の目的地であるロンドン（テームズ河畔）まで船舶輸送すべきものと指定されていた。

書簡Aは、1760年2月23日にアイルランド沿岸に到着、陸上輸送と海上輸送を継いで同年3月1日にロンドンの東インド会社に到着した。書簡Bは、遅れて船の目的地であるロンドンに到着した。

書簡Bは、カーターが自らの弟に宛てたもので、フォート・マールボロにある自己勘定の交易品について、ロイズで貨物保険を申し込むよう指示するものであった。弟は、1759年9月22日付の兄の手紙と、同封の600ポンドの送金証明書を受け取ると、指示内容に従って保険を申し込んだ。

こうして、フォート・マールボロにおける敵の襲撃危険を担保する貨物保険契約が1760年5月9日付で発効した。

4　Carter v. Boehm－フォート・マールボロの襲撃

実際の襲撃は、ウィンチのもたらした情報とは異なる経緯をたどった。

フォート・マールボロは、当時のフランス海軍の准将であったシャルル・デスタンが率いる艦隊によって襲撃された。

デスタンは9歳で入営し、14歳で少尉に任官した生粋の職業軍人で、積極果敢な性格の人物であった。デスタンは、1758年にインドのフォート・セイ

ントジョージの攻防戦でイギリス軍の捕虜となるが、捕虜交換のためにヨーロッパに向かう最中に脱出し、ポンディシェリ（フランス領インドの首府）に舞い戻ると、ラリー総督にベトナムやフィリピン方面の遠征を具申したり、フランス領モーリシャスの知事に南シナ海の遠征を具申したりと野心的に行動した。

デスタンは、モーリシャスの知事からフランス東インド会社の軍艦2隻を利用する許可を得ることに成功すると、1759年9月1日にモーリシャスを出港、まずペルシャ湾へ向かった。ここで獲物を探し回り、イギリス船2隻を捕獲、またバンダーアバス（イラン）のイギリス交易拠点を襲撃するなどの戦果をあげた。

11月に、ペルシャ湾での行動を終えたデスタンの艦隊は、続いて南シナ海へ向けて遠征を開始する。しかし、この遠征は逆風などにさいなまれ、航海は思うように捗らず、翌1760年2月にようやくスマトラ島に到着する。

南シナ海へ向かう航海を諦めたデスタンは、まずスマトラ島ナタルのイギリス交易拠点を襲撃し、続いて同島タパヌリのイギリス交易拠点を襲撃した。

フォート・マールボロのカーターは、2月20日にナタルの拠点からの書簡を受け取っており、この書簡により、ナタルが2月6日に忽然と出現したフランス艦隊の急襲を受けたことを知った。

そして、1760年3月31日に、デスタンの艦隊はフォート・マールボロの隣接港のベンクルにその姿を現す。士気を阻喪したフォート・マールボロの人員は無抵抗のままジャングルへ逃避し、4月3日にはフランス艦隊に対して降伏を通告した。

5　保険契約

カーターを被保険者とする貨物保険契約は、東インド会社の資産ではなく、カーターのcountry tradeによる個人資産としてフォート・マールボロに保管されている交易品を保険の目的としていた。

この貨物保険契約は、少々変わった契約内容となっていた。保険金額は10,000ポンドとして約定され、「1759年10月1日から1760年10月1日の間に、

フォート・マールボロが破壊された場合、陥落した場合、降伏した場合」にこれが支払われることとなっていた。つまり、この契約は、保険の目的たる貨物に対する損害の発生ではなく、フォート・マールボロに特定の事象が発生することを保険金支払の要件としていた。これは、客体たる財物に対して発生する損害が填補されるという保険の基本原理とは異なる契約の方法である。

さらに、契約には"interest or no interest"および"without the benefit of salvage"という文言が追加されていた。interestとは被保険利益のことであるので、interest or no interestとは、「被保険利益の有無を問わず」を意味する。イギリス法における被保険利益は、被保険者が、財産が安全であることにより利益を得、または財産の減失等によって損害を被る場合の、被保険者が財産に対して持つ利益のことである。つまりは、こうした利益が存在せずとも保険金を支払うことを可能とする保険契約であった。

without the benefit of salvageは、without benefit of salvage to the insurer[42]を省略したものであり、「保険者に救助物による利益なく」という意味である。ここでいうところの救助物（salvage）とは、たとえば貨物の一部が損害を免れていたことが判明したり、あるいは貨物の一部が返還されることなどである。つまり、without the benefit of salvageとは、損害を免れた貨物があったとしても、保険金の減額や控除などの差し引きなどは行わないということである。

これは、被保険利益とは関係なく約定した金額を支払うことにも相当するので、interest or no interestという文言からも同じ結果が導かれる可能性があるが、敢えてこうした文言も重ねて入れることで、「この保険は必ずしも実損を填補するものではない」という契約の意図が明確に示されている。

要するに、この保険契約は、保険契約の根幹たるべき被保険利益や損害填補といった原理に基づいておらず、現代的にいうならば、保険デリバティブ契約に類するものである。当時イギリスでは、こうした保険契約はwagering policy（賭博保険）と呼ばれていた。wagering policyは、1745年の海上保険法（Marine Insurance Act 1745）により一定の規制が行われる[43]が、本契約は法律上の有効性が維持されていた。

カーターの保険契約が、このような契約形態によって結ばれた理由は残されていないが、当時のロンドン－東インド間の交信の往復が、約1年を要している実態からすれば、東インドの遠隔地から、ロンドンに対して損害が発生した事実を報告し、その後ロンドンからの各種の照会に対して応答（たとえば損害発生時の在庫金額の照会、損害の立証など）し、保険金請求手続きのために何度も交信をすることは現実的ではなく、デリバティブ的な契約方法をとる方が、保険者・被保険者いずれの立場からも合理的であったと推測することはできる。

イギリスで wagering policy が法律により規制されるに到った背景には、たとえば、自らと何の利害関係もない国を対象に、特定の期間内にその国が戦争を起こした場合に保険金が支払われるような契約が、単なる射倖契約として横行するようになったという事情があった。こうした契約が保険制度の本旨から外れていることは明らかであり、規制を行うことには合理性がある。

しかし、wagering policy は、本件のように隔地間の交信が極めて不便であった当時の貿易事情に照らせば、保険の目的物に損害が発生したことを立証したり、損害査定を行うことが現実的ではない場合の合理的な帰結であったと考えることもでき、現代の保険デリバティブ契約にも通じるその利便性は、「賭博」保険という呼称によって窺いにくくなってしまっているように感じられる。

ところで、本保険契約に関係する事象を整理すると次のとおりである。

1759年9月22日付の手紙でカーターが保険の申し込みを依頼。

1760年4月3日にフォート・マールボロが降伏。

1760年5月9日付で保険契約が発効。

保険契約には「1759年10月1日から1760年10月1日の間に、フォート・マールボロが…」と約定されているので、保険期間開始日は、保険契約の発効日よりも以前に遡って設定されている。これも、当時の交信事情からやむを得ない措置であるといえよう。1759年10月1日の保険の開始であれば、少なくともカーターが付保の依頼をした9月22日から見れば将来の保険始期日であり、付保依頼の書簡「B」を載せた船のログを確認できれば、ここに不正が介在する余地はなくなる。

当時も現在も、外航貨物海上保険契約のなかには保険期間の遡及を可能とする条項がある。当時の遡及条項は"lost or not lost"（滅失したと否とを問わない）という四語のみで構成される条項であるが、この四語の意味は判例を通じて解釈が確立しており、「損害が契約締結前に発生していたとしても、被保険者が損害発生の事実を知り、かつ保険者がこれを知らなかったのでない限り、被保険者は保険期間内に発生する損害について損害填補を受ける権利を有する」ことを意味する。

6　争　点

アンダーライターであるボームは、被保険者カーターが予め想定していた襲撃の情報を契約時に開示しなかったことを理由にカーターの保険金請求を拒絶し、これを不服とするカーターは訴訟を提起し、*Carter v. Boehm* の裁判が始まった。

当時は既に保険契約の最大善意性の原則は判例法上に存在し、これによれば、危険に関する重要な事情を黙秘することは詐欺であって、その結果として契約は無効となった。たとえ情報の黙秘に詐欺の意図がなく、過誤によるものであったとしても、契約締結時に意図された危険と実態が異なっていれば、結果は同じことであり、すなわち契約が無効となることに変わりはないとされていた。

アンダーライターであるボームが第一に主張したことは、フォート・マールボロの貧弱な防備体制が、保険者である自らに対して開示されなかった点であった。

ボームは、本保険契約にはフォート・マールボロの防備体制が良好であるという黙示のワランティー（契約の前提条件。日本の保険法には存在しない英米の保険法に特有の法理。「第6章 ワランティー」参照）があり、このワランティーへの違反があったとも主張した。

そして、実際にフォート・マールボロは、原住民の襲撃に耐えうる程度の防備体制の拠点であり、ヨーロッパ列強の軍隊の攻撃に耐えられるだけの体制や

構造を伴っていなかった。

　この主張について、マンスフィールド卿は否定的であった。その理由として、被保険者であるカーターが（軍事組織としての性格を併せ持つ）東インド会社の拠点の責任者であることをアンダーライターは知っており、そのような立場の者が要塞の防衛体制のような機密情報を開示するわけがないことは理解しているはずだと述べた。たしかに、カーターがロンドンの東インド会社本社に送った書簡「A」が訴えていたフォート・マールボロの貧弱な防備の実態は、外部には絶対に漏れてはならない情報であり、それゆえに書簡にはいざとなれば海中に投棄し確実に海没するよう錘を取りつけるなど、軍事機密情報としての厳重な措置がとられていた。

　また、マンスフィールド卿は、海上保険のアンダーライターであれば、東インド会社の各拠点に関する一般的な情報は、様々な手段で得ることができるはずであり、すべての情報が被保険者によって隠匿されていたわけではないとも述べた。

　さらにマンスフィールド卿は、本件のアンダーライティング判断で重要な点は、敵が保険期間内この地に来攻するかどうかの判断であって、防備の状態如何は、告知を要する重要な事情に該当しないという考えを示した。

　ボーム側が主張した第二の点は、喜望峰からウィンチがカーター宛に送った書簡の内容の非開示という点であった。

　ウィンチは、1759年2月4日付の書簡で、カーターに対し、有力なフランス艦隊が東方に向かう予定で、東インド方面に1759年半ばに到達する可能性があること、また、フォート・マールボロが有力な攻撃目標となっており、1758年時点では400人規模の部隊による襲撃作戦が計画されていたことなどの情報を伝達している。

　この書簡とほぼ同内容のものがロンドンの東インド会社にも1759年6月下旬に到着し、情報はロンドン側でも衝撃をもって受け止められた。ロンドンの東インド会社は、フォート・マールボロにも同じ情報が送達されていることを知り、同地で防衛体制強化が急務となっているであろうことを想定した。そのため、1760年2月4日付でロンドンからフォート・マールボロ宛に書簡が送

られ、そこには、ロンドンでもフォート・マールボロの防衛に強い関心を持っていること、そして武器・弾薬等の送付、補充兵200名の派遣などの防備の増強策が提示されていた。カーターがロンドンへ装備の増強を依頼した書簡がロンドンの東インド会社に到着したのが1760年3月1日であり、ロンドンからフォート・マールボロ宛の書簡は同年2月4日付であるので、現地の状況を察したロンドン側が、フォート・マールボロからの依頼が来着する前に、先回りをして軍備の増強計画を通知したことになる。

　カーターは、たしかにウィンチの情報をきっかけとして自己勘定の保管貨物が収奪される危険を感じ、保険の申し込みを弟に依頼した。また、ロンドンの東インド会社においてもウィンチの情報が重く受け止められていた事実があった。

　しかし、陪審員およびマンスフィールド卿は、ウィンチの情報は、危険に関する情報としては重要ではなかったと判断した。その理由はこうである。ウィンチのもたらした情報は、1759年2月時点で喜望峰に停泊中だったフランス艦隊が東方海域に進出予定であることと、さらに遡って1758年にフォート・マールボロに対する襲撃が計画されていたということであった。一方、保険がロンドンで申し込まれたのは1760年5月であり、この時点においてはウィンチの情報よりも新しい東インド方面における英仏間の戦況がロンドンには伝わっていた。つまり、被保険者が保険の申し込みを求めた1759年9月時点の状況と、アンダーライターが引き受けた1760年5月時点の状況では、アンダーライターの方がより正確な状況判断が可能であった。

　そして、実際にウィンチの予想は外れたのである。喜望峰から東に向かったフランス艦隊はインド方面の作戦に従事したのであって、フォート・マールボロのあるスマトラまでは来航しなかった。そして、代わりにフォート・マールボロに現れたのは、捕虜交換から脱し、汚名を雪ぐべく戦功に燃えるデスタンであり、デスタンは英仏間の主戦場となっていたインドとは異なるペルシャ湾へ遠征し、次いで南シナ海の遠征を企図するも、航海が捗らずにこれを諦め、そのときに偶々目前にあったスマトラ島の襲撃に着手したのであった。

　英仏間の主戦場であったインドでは、初期段階こそフランスの攻勢が目立っ

たが、徐々にイギリスが勢いを盛り返して攻勢に転じ、ロイズで保険が申し込まれた1760年5月時点では、既にイギリス軍の形勢優位がロンドンで報じられていた。優勢なイギリス軍を相手に、インドで防戦状態にあったフランス軍にとって、2年前に計画されたスマトラ島のフォート・マールボロ襲撃作戦は、目下の戦局と地理的に無関係であるばかりでなく、これを攻略することの戦略上の必然性も失われていた。こうしたなか、攻防が繰り広げられているインド戦線からは全く離れて、一匹狼として功利的な行動をしていたデスタンが、南シナ海への遠征を諦め、偶然たどり着いたスマトラにあったイギリス拠点を襲撃したのである。

このように、フォート・マールボロへの襲撃は、ウィンチの発した警報とは全く別の経緯によって偶然発生したに過ぎず、その結果としてウィンチがもたらした情報は、告知すべき重要な事情ではなかったと判断された。

ボーム側が主張した第三の点は、カーターがフランスによる襲撃を推測していたという重要な事情を開示しなかったということであった。

カーターがフランスによる襲撃を推測していたのは事実であり、これはウィンチからの情報に拠るところが大きい。したがってこの第三の主張は、第二の主張、すなわちウィンチの書簡の非開示とも重複する部分がある。

マンスフィールド卿は、これも否定をした。マンスフィールド卿は、被保険者がおそれていたフランスによる襲撃は、あくまでも「推測」に過ぎず、告知をすべきは「事実」であると述べた。そして、被保険者には、自らの推測を開示すべき義務はなく、保険者が自ら判断を行うべきであること、また、被保険者は political speculation（政治情勢に関する推測）や general intelligence（一般に知られた情報）を開示する必要がないということを明らかにした。

当時の状況としては、1760年3月の時点で、ロンドンの新聞はインドにおける英仏間の戦況を伝えており、フランス軍が戦線を縮小して一部退却中であることなどを詳報しているので、これは「一般に知られた情報」に該当し、1760年5月の保険契約締結時にアンダーライターはこうした戦局を把握し得る状況にあった。これは、1759年9月時点でカーターがフランスによる襲撃を推測していたときよりも新しい情勢であり、その情勢下でフランス艦隊がス

マトラ方面を襲撃する可能性があるかどうかは、アンダーライターが自ら考えることができたのである。

ボームの側よる第四の主張は、フォート・マールボロがオランダによって襲撃されるおそれがあったという重要な事情の非開示についてであった。

カーターの感じていたこの襲撃の可能性は、弟に宛てた保険申し込み依頼の手紙に記されていたもので、ここに具体的にオランダとの戦争の可能性も言及されていた。この背景には、現在のインドネシア地域における、オランダ東インド会社とイギリス東インド会社の対立があり、軍事衝突には到っていないものの、互いの貿易利権を巡る抗争が多く生じており、情勢は緊迫していた。こうしたなか、オランダ東インド会社が、本拠地であるバタヴィアにおいて兵器を集積しているとの情報が、イギリス東インド会社のバタヴィア拠点から発信されており、フォート・マールボロではこの情報を1759年8月14日に受け取っている。ここには集積された兵器の種類や数量などが詳細に報告され、当時イギリスが影響力を持っていたインドのベンガル地方が攻撃目標となる可能性が考えられていた。

フォート・マールボロでもオランダ東インド会社との間で利権を巡る摩擦が発生していたことから、カーターは襲撃を受ける可能性があると感じており、それは1759年9月22日に弟宛に発信された書簡の文面に示されていた。

この第四の主張もマンスフィールド卿は否定した。たしかに、カーターはオランダによってフォート・マールボロが襲撃される可能性を感じていた事実はあったが、これには第三の主張が否定された際と同じ論理が妥当する。すなわち、オランダの襲撃は、あくまでも「推測」に過ぎず、告知すべき「事実」ではない。被保険者には、自らの推測を開示すべき義務はなく、保険者が自ら考え、判断を行うべきである。また、被保険者は political speculation（政治的な情勢に関する推測）や general intelligence（一般に知られた情報）を開示する必要がない、ということである。

バタヴィアにおけるオランダの兵器集積の情報は、1760年3月初旬にロンドンの新聞紙上で報道されており、1760年5月の保険契約締結時には既に general intelligence すなわち公に知られるところとなっていたのである。

7　判例法理の承継

　被告の四点の抗弁はすべて否認されたが、マンスフィールド卿は、加えて次の論理を示した。すなわち「事情の隠匿に関する法律原則は、詐欺を防止し、最大善意を促すためにある。もし、本事件で被告の主張が認められるようであれば、この法律原則は詐欺のための手段と化してしまう。」

　これだけでは意味がわからないが、マンスフィールド卿はその意味を次のように説明する。すなわち、「アンダーライターは、支配人（カーター）がその地の情勢に精通していると知りながら、そして支配人が危険に対する懸念を抱いており、その懸念にはしかるべき理由があると知りながら、それらのいずれについても告知されないなか、質問を発することなく証券に署名をした。もし、『わたしは告知をされなかった』という主張が、保険填補責任を無効にすることができるのであれば、彼は利得のために、保険が無効となることを知りながら保険料を受領したことになる。（中略）彼は、最悪の事態が発生した場合に、全てが破滅した場合のための補償を提供したという誤った信頼を支配人に与え、同時に、支配人が信用した填補責任は無効であることを知っていたことになる。アンダーライターに対しては、インド方面の情勢、その戦況、フォート・マールボロの状況など、何の説明もなかった。アンダーライターはそこに情報の脱落があるという異議があったなら、自身の意識の中に、保険を無効にすることができるという留保を抱いたまま、証券を署名すべきではなかった。アンダーライターが、情報の提供が無いまま署名をし、沈黙に異議を唱えなかったのであれば、事件が起きた後、今になって異議を唱えることはできない。」

　これは推測であるが、アンダーライターのボームは、遠隔地からの手紙による人を介した保険の申し込みという経緯から、質問をしたところで仕方がないと考えたかもしれない。しかし実際には、カーターは弟への手紙に、保険を必要と考える動機等について書いていたので、アンダーライターが質問をすることは無駄ではなかったのである。

　イギリス保険法の巨星であるマンスフィールド卿のこれらの判旨は、その

後、時代が下るにしたがって、幾多の新たな事件を通じその解釈が深められ、派生的な判例法や解釈も数多く生まれている。1906年に制定された海上保険法は、判例法上の法律原則を集成したものであるが、このなかにもマンスフィールド卿のこれらの判旨が条文化され、質問がない限り告知を必要としない事項として、「保険者が知ることの権利を放棄した一切の事情」が規定された[44]。

また、本事件で示された、公に報じられている情報に関する論理についても「保険者が知っているかまたは知っているものと推定される一切の事情」は告知を必要としないことが明記され、「知っているものと推定される」とは、具体的には、「周知の事項および保険者が通常の業務上当然知っているべき事項である」と定められた[45]。これらの条項は、表現の変更はあるものの、2015年に制定された保険法にも継承された。

マンスフィールド卿は、ある情報が、告知をすべき「重要な事情」（material circumstance）に該当するか否かについても度々言及したが、これについても1906年海上保険法に規定化され、すなわち、被保険者は、自己の知っている一切の重要な事情を契約締結前に保険者に告知しなければならず、かかる告知を怠れば保険者はその契約を取り消すことができるとされた[46]。これは、裏を返せば、重要な事情でない限りは、告知をせずとも義務違反は問われず、契約の取り消しはできないという反対解釈を可能とし、本事件でマンスフィールド卿が説明したとおりである。この「重要な事情」という概念も2015年保険法に継承されている。

1906年海上保険法は判例法上の法律原則を整序しただけの成文法規定であったのに対し、2015年保険法は、それまでの判例法理の系譜のもとでは対応に限界があった課題について、制定法を設けることによって解決を図ったので、それまでの法律原則などを抜本的に変える新しい規定が導入された。

保険契約の最大善意性についてもマンスフィールド卿の頃から変わり、告知義務に関しては具体性のある規定が導入されている。これらの規定は、現代のビジネス慣習、たとえばインターネットによる情報検索が可能となり、被保険者や保険の目的に関する情報もウェブサイト等で即座に確認できるというよう

な状況を前提としている。

　一方で Carter v. Boehm の時代の貨物保険には、一つの交信の往復に一年を要した時代ならではの様々な工夫がある。保険の申し込み意思が到達するまでに半年が掛かるのであれば、保険の開始時点を遡及することの必要性も認められ、つまり現在の遡及条項――イギリスの貨物保険約款の Institute Cargo Clauses 11 条 2 項または Lloyd's SG form 上の "lost or not lost" という文節の意味するところ、すなわち「損害が契約締結前に発生していたとしても、被保険者が損害発生の事実を知り、かつ保険者がこれを知らなかったのでない限り、被保険者は保険期間内に発生する損害について損害填補を受ける権利を有する」――は、極めて重要な意味を持つものであったことが理解される。現代において遡及条項が存置される意味は、輸入地側にいる貨物の買主が貨物保険を手配する場合に、輸出地からの連絡が遅いと、貨物が既に船積みされて出港している場合があることなど[47]に対処するためであるが、電信が可能な現在と、手紙を帆船が運んでいた当時とでは、遡及条項のニーズに対する切実さは大きく異なっている。また、同様に往時の交信事情を踏まえれば、「賭博保険」と呼ばれる契約形態にも合理性のある正当な需要があったことが推測できるのである。

　Carter v. Boehm 事件は、英米の大学で法律を専攻する学生であれば必ず触れるであろう英米法上の基本的判例法である。一般的な法律書には、その法理が数行にまとめられている程度であり、現代とあまりに状況が異なる 18 世紀の事件の具体的状況を仔細に調べる必要性は法学的観点からは少ない。
　しかし、海上保険の歴史的形成過程という視点からは、多くの情報を内包する示唆的な事件であるといえよう。

第6章

ワランティー

1 ワランティーとは何か

　ワランティー（warranty）は、イギリス保険法における保険者の填補責任の底礎を形成する法律原則として最大善意と双璧をなしている。

　一般に保険関係者が「ワランティー」という場合に、それは契約法上のもの[48]と、保険法上のものがある。保険法上のワランティーとは、「特定のことが行われることもしくは行われないこと、もしくはある条件が充足されることを被保険者が約束すること、または特定の事実状態の存在を被保険者が維持もしくは無効にすること」[49]をいう。そして、被保険者はこれを正確に充足しなくてはならず、もし正確に充足されなければ、保険者は担保違反の日から責任を免れる[50]ことになる。

　この定義はイギリスの法律規定の和訳であるが、これでは少々わかりにくいので、簡単にいうならば、ワランティーとは保険契約の前提となる約束などであり、この約束などを正確に履行できなければ保険填補が得られないというルールである[51]。

　本章で述べるのは、この保険法上のワランティーである。なお、日本では、ワランティーのことを講学上は「担保」と訳すが、「担保」は保険契約上の危険負担をも意味するので、実務ではその混同を避けるために、英語のままでワランティーと呼称しており、本書はそれに従う。

　ワランティーは、日本法には無い概念であるが、海上保険実務では日本でも利用される制度である。例を挙げれば、船舶が航海開始の時に予定の航海に堪えうる状態になくてはならない、というワランティーがある。これは堪航性のワランティーと呼ばれるが、先述のとおり正確に充足されていることが要求され、そうでなければ保険者は責任を負わない。保険契約は、偶然な事故を対象

とすることから、保険期間開始時に航海に堪えられない状態にある船舶、つまり事故が予見される船舶について保険者が填補責任を負わないことは、自然な論理であるといえよう。

貨物の例を挙げるとすれば、たとえば定められた温度を超えると自然発火する性質を持つ化学品の輸送において、「運送中および保管中は常時x度未満の温度管理が行われること」というワランティーが設定されるとする。これも損害が予見される状態のもとでは保険者は填補責任を負わないことを定めている。つまり、少なくとも温度管理については適切であることを保険填補の前提とする条件設定である。この例では、一定の温度を超えると自然発火するという危険な性質を持つ貨物であるので、その保険料率が著しく高くなったり、引受が謝絶されることも考えられるところ、ワランティーを利用することで合理的な保険付保の機会が広がる。

あるいは、このような危険な性質を持つ化学品であれば、荷主および運送人はもとより温度管理には厳重に留意していて、温度に関わるリスクにはむしろ保険ニーズが少ない可能性もある。一方で海難、拿捕、共同海損などの温度管理と無関係なリスクについては、保険のニーズがあるかもしれないし、または銀行から貨物保険の付保を要求されているかもしれない。こうしたなかにおいて、危険性が著しく高い貨物であるという理由で、保険が付保できないという支障が生じてしまうことを防ぐ役割をワランティーは果たす。

貨物に関するワランティーの別な例として、輸出貨物が仕向け国で陸揚げされ、最終目的地倉庫までのトラック輸送があるとき、その国ではトラックへの襲撃による貨物強奪が頻発するため、たとえば陸上輸送中は武装した護衛車が付き添うなどのワランティーを保険者が求めるようなことがある。

この例においては、丸腰で通行していれば強奪される蓋然性が高いため、保険の引受が謝絶されるところであっても、武装護衛車付きというワランティーを設定することによって保険者が危険を引き受けるための前提条件が生まれる。これもワランティーのもたらす効用である。

ワランティーには、明示の場合と黙示の場合とがある[52]。明示のワランティーは契約当事者が現実に合意し、かつ保険証券上に表示した内容であるの

に対し、黙示のワランティーは、保険証券に表示されず、契約を締結したという行為自体から推定される法の創造した契約内容で、契約当事者が契約の根本的基礎として暗黙のうちに了解したものである[53]。この黙示のワランティーの特徴的な点は、実際に当事者の合意を要せず、また合意したと推定されることを要せず、当事者の意思と無関係に存在するのであって、当事者が黙示的契約内容に反対する意思を有していても、なおかつ存在することである。しかし、黙示的ワランティーが明示的ワランティーと矛盾衝突することはない。なぜならば、黙示的ワランティーは明示的ワランティーの補充的性質を有するので明示的ワランティーが優先するからである[54]。

黙示のワランティーの例としては、先述の船舶の堪航性のワランティー、すなわち船舶が航海開始の時に予定の航海に堪えうる状態になくてはならないというワランティーがあり、これは法律上に黙示のワランティーとして規定[55]されている。一方、実務では、運送人と荷主は分離して久しく、往昔のように船主が自ら貿易を行うようなことは稀であるので、貨物保険の被保険者(多くの場合に荷主である)にまで船舶の堪航性のワランティーを黙示的に課すことは適当ではない面がある。したがって貨物保険では、船舶の堪航性のワランティーが適用されるのは、被保険者が不堪航または安全な運送に適さないことを知っている場合に限られるように約款が規定[56]している。

黙示のワランティーの他の例として適法性のワランティーがある。適法性のワランティーとは、航海事業が適法であり、かつ、被保険者が事態を支配できる限り、その航海事業が適法な方法で遂行されなければならない[57]というワランティーであり、これは船舶および貨物のいずれにとっても自然な論理であるといえよう。

2　DeHarn v. Hartley

1786年の判例である *DeHarn v. Hartley*[58] は、ワランティーの意義を確定したリーディングケースであると同時に、ワランティーの法理の厳格性を世に知らしめた判例であり、以下に概観してみたい。

第 6 章　ワランティー

　なお、保険填補責任に関する裁判は、填補を求める被保険者がこれを拒絶した保険者に対して提起するものが多いが、この裁判は、保険者が支払い済みの保険金について、被保険者から回収すべく起こしたものであり、したがってアンダーライターが原告で、被保険者が被告となっている珍しい形態の判例である。

　被保険者のハートレイ（Beaver S. Hartley and Company）は、1779 年 6 月 14 日にブローカーのアレキサンダー・アンダーセンに対して、次の保険の手配を依頼した。すなわち、奴隷船ジュノ号（Juno）にかかるアフリカから西インド諸島までの航海につき、船体の保険金額 2000 ポンド、奴隷 1 名につき 30 ポンド、コムウッド（染料原料となる木材）1 トン当たり 40 ポンド、象牙 100 ポンド（重量）当たり 20 ポンド、ガムコーパル（琥珀様の樹脂）1 ポンド（重量）あたり 5 ポンドである。そして保険はアンダーライターたるデハーンによって 15％の保険料率で引き受けられた。

　この保険契約には、次のワランティーが付された。すなわち「14 門の 6 ポンド砲、旋回砲、小火器を装備し、50 名以上の乗組、銅被覆にてリバプールから出港」である。このワランティーは、被保険者から申告された装備等がそのまま引用されてワランティーと化したものであり、証券の欄外に記載された。

　奴隷船に対するワランティーとして、銅被覆や重火器の装備が指定されているが、当時の貿易は敵船による襲撃や捕獲の危険と常に隣り合わせであり、奴隷船が奴隷諸共に捕獲されたり、また奴隷貿易固有の危険として、船上で奴隷の蜂起による反乱がしばしば発生し、そのような非常時に備えるためにも武装は必須であった。

　ジュノ号は、1778 年 10 月 13 日にリバプールを出港し、アフリカに到着、その後アフリカ沿岸にて西インド諸島に向けて出航する前の 1779 年 3 月 14 日に敵国船によって捕獲された。

　保険の付保依頼が行われたのが 1779 年 6 月 14 日であるので、リバプールの出港もアフリカでの捕獲も、保険の申し込みの前に発生している。こうした逆転現象は、前章の *Carter v. Boehm* 事件と同様に、証券文言中の「遡及条項」によって保険の対象となり得た。遡及条項は、"lost or not lost" という四語

で構成される条項であるが、これは、「損害が契約締結前に発生していたときは、被保険者が損害発生の事実を知り、保険者がこれを知らなかったのでない限り、保険が開始する」という意味であり、現行の約款にもその内容は引き継がれている。

本件も「損害が契約締結前に発生して」いるが、遡及条項に従って問題なく保険が開始したと判断されて保険金が被保険者に支払われたものと推定される。

ところが、保険金が支払われた後にワランティーに対する違反が明らかになる。ジュノ号は1778年10月13日にリバプールを出港したときには46名が乗り組んでおり、これに水先案内人1名が加わった。同船はリバプール港を出港すると、沿岸を6時間ほど航行した後、ボーマリスに一旦停泊し、追加で6名の乗組員が乗船するとともに水先案内人が下船した。そしてジュノ号は、合計52名の乗り組みでイギリスからアフリカに向けて出航した。しかし件のワランティーは、50名以上の乗り組みでリバプールを出港することを定めており、この点が実際と合致していなかったことが判明したのである。

状況を整理すると、リバプールを出港した時の人数は所定より4名不足していたが、これは6時間後に近郊の港で充足された。一方の保険は、アフリカから西インド諸島の間の航海を対象としているので、人数が不足していたのは保険期間開始前のことである。そして、イギリス沿岸航行中の4名の不足と、アフリカ沿岸で発生した捕獲損害との間に因果関係は認められない。

しかし、判決はワランティー違反によって保険者は無責であることを認めた。

この判決も前出のマンスフィールド卿によるが、マンスフィールド卿は、表示（前章の最大善意の法則における告知とほぼ同義）とワランティーには、重要な相違点があること、すなわち、表示は実質的なことが告げられればよいが、ワランティーは厳密に充足されている必要があるということを明らかにした。そして、ワランティーは契約の前提条件であって、履行されなければ契約は存在しないという論理を示した。

そして、本事件に言及するなかで、「いかなる目的でワランティーが挿入されるかは全く重要ではない。しかし挿入されれば、文字通りに履行されない限り保険契約は存在しない」と述べている。つまり、後になってワランティーと

保険上の危険との関係性などを争う余地はなく、ワランティーは理屈抜きに字義通りに従うことが要求されるということである。

3　ワランティー法理の見直し

　イギリス保険法上で、保険者の責任の基礎を形成する法理として最大善意と並び立つワランティーであるが、近年はその厳しい効果に対する批判も増え、イギリスでは2015年の保険法の新設時にワランティーについても改正が行われた。

　ワランティーの法理は、18世紀から19世紀にかけての海上保険の発展途上期にその基礎が形成されたが、当時の背景として、危険に関する情報の多くは被保険者の手中にあり、また世界中の海況、港湾情報、気候、貨物の市況、治安、政治情勢など、海上保険者が把握しきれない危険事情も多かったことから、保険者は、危険を抑制するための一定の約束事を設け、それが充足されることを契約の前提条件としたものといえる。そしてワランティーは、契約の前提条件であるがゆえに、充足されなければその時点で保険者の責任は自動的に解除されるという明快な制度であったが、被保険者の関知しない状況下で違反が生じた場合でも損害填補責任が解除されることから、被保険者からすれば厳酷に過ぎる制度と捉えられる一面があった。

　一方で、電信が未だ存在せず、関係者が連絡を取り合うことも、アンダーライティングに必要な情報を入手することも容易でなかった時代背景からすれば、海上保険者が把握し得る情報の範囲とは、今日と比較して狭少であったことは確かであり、それゆえに保険者の填補責任を厳格に画定しておくための制度としてワランティーが存在していたことにも留意しなくてはならない。

　また、ワランティーはその設定次第では、被保険者が保険をあてにして危険度の高い行為を敢行することを防止する効用もあることから、被保険者の側に情報が偏在する傾向が顕著であった往時において、保険契約当事者間の衡平性を維持するうえでも重要な役割を果たしていたといえる。たとえば、今日のような情報が溢れかえる社会であれば、「いつ、どこで、いかなる理由で、どの

ような事故に遭ったか」ということは、被保険者から申告される情報以外にも、様々な情報が得られることがあり、つまり客観的に事故発生時やその前後の状況が把握できることがしばしばある。翻って往時は、一旦航海に出てしまえば、保険の目的がどのような環境下に置かれ、被保険者がどのような行動をしているかなどを保険者が把握できることは、現代と比較すれば非常に少なかった。被保険者が保険をあてにして危険な行為に及んで事故が発生しても、その状況については被保険者の申告に頼るしかない場合も多かった。そのため保険者は、保険の目的が置かれる状態や、被保険者の行動などを、ことさら厳格に画定しておく必要があった。要するに、保険の目的が想定外の危険な状況に置かれるような場合には、事故の発生の有無にかかわらず、その危険な状況の発生とともに保険者の責任が終了するというスキームを設けたのである。

ところが、ワランティー違反が発生していても、それは事故が発生した場合にしか問題にならない。一般に、事故が発生しなければ、ワランティーの充足状況が確認されることはなく、そのためワランティー違反の状態が存在していたこと自体が認識されないからである。そこで、損害と因果関係がないワランティー違反によって、損害填補がされないことを不当とする批判がしばしば発生する。

損害との間に因果関係がないワランティー違反とは、*DeHarn v. Hartley*において、捕獲損害の発生と無関係な、出港時の一時的な人員不足がワランティー違反として問われたのが好例であるが、今日的にいえば次のような例を挙げることができる。

たとえば、バージ船[59]による貨物運送において、特定の沿岸水域に限定して航行することのワランティーがあり、これに違反して沿岸水域を外れて航行していたところ、偶々貨物が自然発火を起こしたとする。バージ船は喫水が浅いので外洋の航行に適さないという理由で、沿岸水域に航行を限定しているワランティーに対し、これに違反して外洋を航行中に貨物が火事に遭ったということであれば、喫水が浅いことによって起こり得る損害すなわち海水濡れなどとは無関係であるが、ワランティー違反であることに変わりはない。

あるいは、貨物の保管倉庫に1月1日までに機械警備装置を設置することの

ワランティーがあったが、事情により遅れて2月1日に装置が設置され、その後3月1日に盗難事故が発生したというケースがあるとする。貨物が盗難に遭った時点では、要求されていた機械警備は導入されており、それにもかかわらず発生してしまった損害であるが、これはワランティー上で指定された日時までに条件を充足していなかったというワランティー違反である。

　このように損害との因果関係がないワランティー違反によって保険金が支払われないとなると、被保険者側はそれを非合理的であり不当であると観念することがあり、実際にそのような理由によって歴史上に幾多の訴訟が提起されてきている。しかし、上記の二つの例についていえば、禁止されていた海域に船が進入した時点で保険責任が終了していただけのことであり、また機械警備装置が所定の日までに倉庫に設置されなかった時点で保険責任が終了していたに過ぎないのである。

　このように、ワランティーとは、保険者として想定している範囲を逸脱する状況が発生した場合に、保険が自動的に終了するという明快な仕組みである。しかし、被保険者からすると、保険金を請求する段になると、保険者が因果関係の無い事由を持ち出して免責を抗弁しているかのように受け取られがちな側面があった。

　しかし、やがて時代とともにワランティーの法理が、被保険者に対して厳酷に過ぎると受け止められることが目立ち始めた。このように受け止められるようになったのには、旧来に比べると保険者が得られる情報が格段に増加し、危険に関する情報が被保険者に偏在していた状況に変化が生じてきたことがあると思われる。また情報通信の飛躍的進歩により、かつてのように一度航海に出てしまえば、あとは被保険者の良識的行動を祈るしかないというようなことも減っている。その他にも、利用運送契約や傭船契約の多用によって、被保険者が自らは管理し得ない領域が増加したことも理由として挙げられるだろう。さらには、定期航路によるコンテナ輸送の発達に伴う大量輸送体制も、荷主たる被保険者が管制し得ない領域を増やしたといえよう。

　2015年に新設されたイギリスの保険法は、ワランティーに対する積年の批判に向き合い、従前の判例法理上の厳酷性を緩和するための新たな規律が設置

された[60]。

　度々記載したとおり、日本の外航貨物海上保険実務は、文言解釈の準拠法および損害填補に関する準拠法をイギリス法としている。したがって、たとえ日本人同士の保険契約であっても、ワランティーに関してはイギリス法の改正の影響を受けることになる。

　2015年のイギリス保険法がワランティーに関して設けた新しい規律は主に二点あり、その一つは、違反や不充足があった場合に保険者の損害填補責任が「解除」されていたものが「停止」に変更された点であり、これによりワランティー違反が修復された場合には、保険者の損害填補責任が復活することになった。

　先述の、貨物の保管倉庫に1月1日までに機械警備装置を設置することのワランティーの例であれば、機械警備装置が設置されるべき1月1日から実際に設置された2月1日までの間はワランティー違反であるので保険者の填補責任が停止し、2月1日の設置された時点から保険者の填補責任が復活することになる（2015年保険法施行前の法律原則では、1月1日で保険者の責任は解除され、遅れて導入されても責任が復活することはなかった）。

　二つ目は「特定の損害」、「特定の場所」、「特定の時間」に関してワランティーに適用される特則である。

　「特定の損害」に関する特則は、発生した損害に対して、ワランティー違反が危険を増幅させていなければ、保険者は填補責任を免れ得ないとするものである。先述の「陸上輸送中は武装した護衛車が付き添う」というワランティーを例にとれば、たとえば、港湾での陸揚げ後に、被保険者がワランティーに違反して丸腰で輸送しているときに、運転ミスでトラックが転覆して貨物が全損となったとする。ワランティーが求める武装の護衛は、強奪という「特定の損害」への対策であり、武装の護衛が付いていなかったことは、運転ミスによる転覆の危険を増幅させていないので、保険者はこの転覆事故においてワランティー違反による無責を主張できない（2015年保険法施行前の法律原則では、丸腰での輸送が開始されると同時に保険者の責任は全面的に解除され、ワランティー違反と無関係な事故でも損害の填補は得られなかった）。

「特定の場所」についての特則は、先述のバージ船で輸送される貨物について通航する水域を限定するワランティーがある場合において、当該水域を外れて運航中に貨物が火災事故に遭ったケースで効果が生じる。このケースにおいて、水域を外れたことが自然発火の危険を高めていないのであれば、保険者はワランティー違反による無責を主張できない（2015年保険法施行前の法律原則では、指定水域を出た時点で保険者の責任は全面的に解除され、指定水域の内外という規準とは無関係な事故でも、損害の填補は得られなかった）。

「特定の時間」についての特則の例として、たとえば貴金属を保管する倉庫にて、無人となる17時から翌朝9時の間は機械警備装置が有効に作動することを求めるワランティーがあったが、装置が故障により作動しない状態になっていた。ここで、倉庫勤務者の居る白昼に強盗による盗難が発生したとする。このケースでは、夜間の機械警備装置が未作動であることは日中の危険を増幅させていないため、保険者はワランティー違反による無責を主張できない（2015年保険法施行前の法律原則では、夜間の機械警備装置が故障して作動しなくなった時点で保険者の責任は全面的に解除され、日中の事故でも損害の填補は得られなかった）。

2015年の法改正で導入されたこれらの新しい規律については、法文の解釈上に不明点の指摘も見られるところであるが、英米法では、こうした不明点に対しては、具体的な争訟を通じて裁判所が示した判断が、判例法となって解釈が形成されていくことが一般的である。

ワランティーは、保険の引受が困難なリスクに対して、保険者が許容できる一定の前提条件を設けることで保険の提供を可能とする効果があり、今日の実務においても有用な契約上の制度として利用される。分けても貨物保険のように、貨物の種類や輸送経路などによる個別性が高い保険では、約定された条件を充足してもなお生じる事故のみを保険事故と限定することで、合理的な保険契約を行うことを可能とし、その活用範囲は広範に及ぶ。著者は海外でアンダーライターとしての業務に従事していた頃、昔の判例などを参考にワランティーを多く作成した。これによって競合する保険者が無条件に謝絶をした案

件であっても、被保険者が然るべき措置を講じていることを約定することで、保険者として合理的な引受が可能となることが度々あった。そしてこうした提案を保険者側から提示することはブローカーにも喜ばれ、ビジネス上の効用もあった。

　海上保険のアンダーライティングには、このような創意工夫によって関係者が合意できるような枠組み考え抜いてこしらえるという創造的側面がある。職務としてのアンダーライターの醍醐味は、差し詰めこんなところにも求められるように思う。

第7章
アメリカ合衆国創建後の海上保険

1　ニューヨーク保険業者協会の活躍

　アメリカの海上保険業の発祥は、独立戦争を契機とする私掠船投資家の行動がその源となった(「第3章　捕獲免許状および報復捕獲免許状」参照)。

　アメリカ独立戦争が始まった1775年に、イギリスは、アメリカ東部13州植民地の独立派勢力を孤立させるためにアメリカ植民地との貿易を禁じる法律(Prohibitory Act of 1775)を制定し、敵対関係となったイギリスとアメリカ植民地との間では保険取引にも支障が生じた。

　それまで、本国イギリスに海上保険を頼ってきたアメリカ東部13州植民地は、ロイズへの付保の途が細ったため、独立を支援していたフランスやオランダの保険者に保険を依頼するようになったが、これらの国々から提示される保険料率も、戦局の推移にともない高騰し、安定的な引受先とはならなかった。

　こうした状況を受け、アメリカ国内(東部13州)でのリスク消化体制の確立が急務となり、独自の引受市場の萌芽が促された。これは、私掠船に投資していたアメリカ植民地独立派の商人たちが、私掠船投資と海上保険の類似性に着目することで保険の引受に踏み出したことが嚆矢となり、アメリカ東海岸の各港湾にはアンダーライティング・オフィスが次々と発足した。

　戦時の私掠船への投資は、戦況の動向や戦局の大局観などを通じたリスクの見通しをもとに判断されることから、私掠船投資家の視点は根本において戦時のアンダーライティングと通底し、私掠船への投資判断に関する知見が海上保険のアンダーライティングに転用されたのである。

　そして私掠船は、海軍力を持たない植民地における海上戦力として大いに活躍する。その戦略は専らイギリス商船を捕獲することによってイギリス軍の補給路を断つことであり、独立戦争を勝利に導くための重要な役割を果たした。

第 7 章　アメリカ合衆国創建後の海上保険

　アメリカ海上保険の起源とは、つまるところ、独立国家樹立を目指す同志である独立派商人らが、互いに持ち船や積荷の損害を補償し合った紐帯にこれを求めることができる。こうして共に独立を目指した海上保険者の気概や進取果敢の精神は、以降のアメリカ保険業界の発展過程においても随所で色濃く看取される。

　アメリカ独立戦争が 1783 年に終結した後、ニューヨークには、New York's Mutual Assurance Company が 1787 年に設立され、1796 年に New York Insurance Company に改組された。フィラデルフィアでは、1792 年にアメリカで最初の株式会社形態の保険会社が発足した。これが近年まで営業していた INA（Insurance Company of North America）社である（現 Chubb 社。INA はシグナ（CIGNA）社となり、シグナは 1999 年にエース（Ace）社に買収された）。

　ニューヨークは、1810 年には 15 社の海上保険会社が営業しており、アメリカにおける保険業の中心地としての地位を確立するに到った。1820 年には、ニューヨーク保険者業者協会（The Board of Underwriters of New York）が設立され、海上保険業界としての活動が開始された。

　ニューヨーク保険業者協会は、現在のアメリカ海上保険者団体である American Institute of Marine Underwriters に到る系譜の原点となる団体であるが、その草創期においては保険者の同業者団体として異例ともいえる実践的な活動を積極的に行っている。

　たとえば、当時の海難救助の実態に不満を持っていたニューヨークの保険者らは、1842 年にニューヨーク保険業者協会としてサルベージ（海難救助）事業を行うことを決議し、事業に着手する。海難の際のサルベージ費用の多寡は、保険上の共同海損分担額や救助費として保険者の支払う保険金の多寡に直結する。したがってサルベージに従事する者の姿勢やその技術の巧拙は保険者にとって重要な問題であるし、保険金の増加は保険料の上昇圧力として働くので、被保険者や契約者にとっても同様に重要な問題である。

　既存の海難救助に満足していなかったニューヨーク保険業者協会は、自ら近代的な蒸気エンジンやサルベージ用の設備などを調達し、マンハッタンに港頭

倉庫を借りてこれらを格納し、サルベージ船としてMutual Safety号という蒸気船を傭船した。

また、当時のアメリカでは、wreckingと称する海難残存物に対する慣習法が残る地域があった。wreckingのもとでは、救助された海難残存物は、その全部が裁判所の管理下で競売に付され、救助者にはその売却益が報酬として支払われた。

特にフロリダ州はwreckingの慣習が顕著な地域であり、wreckingを生業とするレッカー（wrecker）が多く存在し、連邦海事裁判所からレッカー免許を受けて活動していた。珊瑚礁の多いフロリダ南部の列島であるフロリダキーズなどでは19世紀を通じて毎年50件前後の座礁事故が発生しており、多数のレッカーが座礁する船を待ち受けていた。

実際に座礁事故が発生すると、慣習により、難破船に最初に到着したレッカー船の船長が指揮者（wreck master）となり、僚船の手配や、残存物の救助作業方法の決定および指示を行った。レッカーは乗員の人命救助などの義務を負ったが、これらの義務を果たすことで、救助した貨物や船舶の競売による売却代金の半分がレッカー船主の取り分となり、残りの半分は乗組員の取り分となった。複数の船によって救助が行われた場合には船主間ではトン数に応じて比例的に分配され、乗組員間では人数比で分配された。

しかし、救った船や積荷の全部が報酬となるwreckingには、犯罪的行動を誘発させる側面があり、たとえばフロリダキーズでは、夜間に故意に偽の灯火をかかげ、航行中の船をして沿岸の地形判断を誤認せしめて座礁させるなどの行為が多発していた。また、ニュージャージー州南部やメリーランド州などでは、海賊まがいのレッカー業者が、通航する商船を襲撃して積荷を奪う事故まで発生していた。

このような弊害も併せ持っていたwreckingの慣習は、法整備を通じて現代的なサルベージに変化をしていくが、この時代のアメリカはまさにこうした慣習が変化していく過渡期であった。

ニューヨーク保険業者協会がサルベージ事業に乗り出したのには、このような背景的事情があった。

wrecking という海難救助慣習は、救出された船舶や貨物が本来の所有者には戻らないことから保険上で全損となるばかりでなく、犯罪をも誘引するという問題を内包していたのに対し、ニューヨーク保険業者協会が経営するサルベージ会社は、船主や荷主のために財産を救出し、船主や荷主のもとに取り戻すとともに、そのことが保険者の支払保険金の減少にもなるという利害の一致があった。また、難所で待ち受ける救助者が海難にあった財産を山分けする慣習と比較すれば、倫理的観点からも健全であった。

ニューヨーク保険業者協会のサルベージ事業は、1860 年に Coast Wrecking Company というニューヨーク保険協会の関連会社に発展する。この会社の責任者に就いたイスラエル・メリット（Israel Merritt）は、さらに社業を発展させるとともに積極的に会社買収を行った。そして Merritt-Chapman & Scott となった同社は、20 世紀を通じてアメリカを代表する国際的なサルベージおよびマリンコンストラクション会社として躍進することになる。

また、ニューヨーク保険業者協会は、能力や勤務に問題がある船長に起因して惹き起こされる海難事故への対策として、1832 年に新しい制度を創設した。この制度の下では、一定期間内に海難事故を起こした船長が、再び船長として指揮する船については、その船の保険の引受が謝絶されることとなり、これは引受停止リスト（suspended list）として海運業界に通知された。船舶保険の引受がされないのであれば、船主は船を動かすことができなくなるので、問題があった船長の乗務は見送られるようになり、また自ずと練度の高い船長が起用されるようになった。一方の船長にとっても、このリストに名前が挙がることは重大な信用問題であり、本制度の創設は事故を防ぐことにおいて効果をあげた。

この制度の下、海難事故に際しての調査委員会なども設けられたが、1854 年には船長や乗組員に起因する大型の海難事故が続き、協会員各社は制度の更なる改善を要するという共通認識に到る。そしてニューヨーク保険業者協会内で協議の結果、制度をそれまでの「引受停止方式」から「事前審査方式」に転換することを決定した。

当時は既に 1838 年に開始された Federal Steamboat Inspection Service が

あり、公的な船舶検査は一定の範囲で行われていたが、ニューヨーク保険業者協会は、船長および乗組員の能力や適性を検査する目的で、1862年にAmerican Shipmaster's Associationという新組織を創設した。そして、保険引受に際しては、それまでの引受停止という消極的対応に代えて、American Shipmaster's Associationが検査を行い、承認した船長が乗務する船については、保険料を割り引くという積極的対応に転じる。従来の引受停止方式においては、結果として事故を起こしていないものの、いつ大事故を起こしてもおかしくないというレベルの船長や船員の存在が見過ごされていたが、事前審査方式では、能力や適性が適切に評価されることで、問題のある者が予め排除され、これによって船内の規律向上が図られ、事故の逓減が実現した。

American Shipmaster's Associationは20世紀に入るとAmerican Bureau of Shipping（ABS）に変身し、イギリスのLloyd's Register、フランスのBureau Veritas、ドイツのGermanischer Lloyd、日本のClass NK（日本海事協会）などと並ぶ、世界の代表的な船級協会となり、現在に到っている。

以上のように、ニューヨーク保険業者協会は、サルベージ事業の現代化を自らが動いて実現したり、船級協会の前身となる審査機関を創設するなど、海上保険の枠を超えてアメリカの海運および貿易の発展に貢献をした。

その他にも19世紀前半のニューヨーク保険業者協会は、連邦議会に対して衝突事故が多かった海域への霧笛や灯浮標の整備を要請しこれを実現させたり、また、東海岸最大の港湾であるニューヨーク・ニュージャージー港で問題化していたパイロット（水先案内人）に起因する事故を減らすために、パイロットに対する規制ついて連邦議会にロビイングを行うことで法改正を実現するなど、活発に行動している。

さらには、問題の多い水路の整備・浚渫を、連邦議会に要請して実現させ、続いてボストンやフィラデルフィアの保険者をも巻き込んで、特に座礁の多いフロリダキーズに関する精密な海図の作成を議会に対して要請し、沿岸測量局を動かした。こうして作成された海図をニューヨーク保険業者協会は大量に購入し、海運関係者に配布した。

1835年のテキサス革命、続くテキサス併合、中国における第二次アヘン戦

第 7 章　アメリカ合衆国創建後の海上保険

争などの武力紛争の発生に際しては、ニューヨーク保険業者協会は海軍に対してアメリカ商船の護送を要請した。19 世紀はアメリカの海運と貿易が急成長を遂げた期間であり、いずれの紛争においても、海軍はアメリカの海運や貿易を守るために必要な措置として商船護送任務に就いた。

ところで、アメリカ海軍のアルフレッド・マハンが 1890 年に著した海軍戦略の古典的名著とされる「海上権力史論」は、貿易こそが国家の経済的繁栄を決定づけるものであり、その実現のためには海運の充実を要し、これを確実ならしめるために海軍力が必要であると論じる。そして、海軍戦略の基本とは、「貿易のための制海権の確保である」とする。これは、重商主義の時代以来のヨーロッパ列強の盛衰が示した史訓であるといえるが、同時に、当時のアメリカも貿易国家として台頭するなかで、海上保険業界からの要請によって海軍は商船護送を度々実施した。このように、19 世紀を通じて実際に海軍による貿易保護が国家的責務として遂行されていたことは、海上権力史論として結実するマハンの思想にも大きな影響を与えたことは間違いないであろう。

盗難事故対策についても、ニューヨーク保険業者協会は、一般に観念されるところの保険者の領域をはるかに超える対策を講じた。

1850 年前後にカリフォルニアではゴールド・ラッシュが起きるが、当時のアメリカは、大陸横断鉄道が完成していなかったため、東海岸と西海岸の往来には、大陸の幅が最も狭いパナマ地峡を横断することが一般的であった。この時代はパナマ運河が建設される以前であるので、パナマまで船で行き、パナマ地峡を通行して反対の海岸まで行き、また海路をアメリカに向けて北上するというルートが採られていた（当時は、現在のパナマやコロンビアなどを包含するヌエバ・グラナダ共和国があり、アメリカは同国からパナマ地峡の通行権を得ていた）。

カリフォルニアで産出された金もこのルートを通じてアメリカ東海岸に送られた。サンフランシスコ港等からパナマの西海岸まで運ばれて一旦陸揚げされた金は、ジャングル内を切り開いた道を駿馬の隊列が運んだが、このジャングル内の陸上輸送中にしばしば盗賊による襲撃事件が発生し、積荷である金が奪われた。

金の盗難の損害額は巨額となることがあり、保険者の収益を圧迫した。武装した盗賊への対策を、各荷主に任せておいたのでは到底引受成績の改善が見込めないと判断したニューヨーク保険業者協会は、傭兵部隊による陸上輸送の警護体制を創設する。ニューヨーク保険業者協会は、後にコロンビア大統領となる陸軍出身のモスケラ（Tomas Cipriano Mosquera）と 1851 年に契約し、金を運ぶ各隊列に対して 40 人ないし 60 人からなる部隊による警護を開始した。軍事力による警護の効果は極めて高く、その後鉄道が開通して鉄道輸送に切り替えられるまで、襲撃は一度しか発生しなかった。

アメリカの海上保険の草創期は、独立国家樹立の理想に燃える独立派商人らの行動にあったが、その後においてもニューヨークの海上保険者は、このように保険者の枠に収まらずに、必要とあらば所要の行動を起こす積極果敢な気概に溢れている。

ニューヨーク保険業者協会は、その後複数の組織が関係する変遷をたどり、現在はニューヨークに事務局を置く AIMU（American Institute of Marine Underwriters）として存在している。また、特筆すべき組織として 1865 年に創立されたサンフランシスコ海上保険業者協会（Board of Marine Underwriters of San Francisco）がある。当時のアメリカの東海岸と西海岸は連絡も容易ではなかったことから、西海岸の貿易港として発展し始めたサンフランシスコにおいては、独自に海上保険者の団体が形成された。

現在、IUMI（国際海上保険連合）に加盟しているアメリカ合衆国としての海上保険者団体は AIMU であるが、サンフランシスコ海上保険業者協会も健在であり、西海岸におけるアンダーライター等の団体として AIMU と共存関係にある。

2　アラバマ号事件

ニューヨーク保険業者協会が関係した国際的な事件として、南北戦争に関連する国際法上の係争であるアラバマ号事件がある。

南北戦争は、奴隷制を巡る政治的対立により、アメリカ合衆国から分離した

第 7 章　アメリカ合衆国創建後の海上保険

南部諸州によって構成される南部連合（Confederate States of America＝アメリカ連合国）と、北部同盟（アメリカ合衆国）との間の内戦であり、1861 年に始まり、1865 年の南軍の降伏によって終結した。

　南北戦争では大規模な海上封鎖や捕獲が行われ、また戦争期間内に発生した事件には、重要な海上保険判例となったものが複数存在する。

　南北戦争当時のアメリカ合衆国大統領であったリンカーンは、開戦後に南部連合に対して海上封鎖を宣言し、大規模な封鎖を開始した。封鎖は、南部連合に属する州の各港湾に対して行われ、当初大西洋岸から始まった封鎖は、メキシコ湾岸にも及び、ニューオーリンズやモービルなどの要港も封鎖され、その距離は実に 5,600 キロメートルに及んだ。

　その反面、開戦時の北部同盟の海軍で実働できる艦艇は僅か 42 隻に過ぎず、かかる長大な海岸線の各港湾の封鎖を実効的に行うには、艦艇が全く不足していたことから、国際法上において海上封鎖の要件とされる実効性が伴わないとの国際的批判を招いた。

　海軍の艦艇不足に対応するため、北部同盟である合衆国は、艦艇の一大増産計画を策定し、即座に実行に移した。また艦艇の建造以外にも民間船舶が多数買い上げられ、さらに拿捕された南部連合の船舶がこれに加わり、開戦後の 1 年間で 140 隻が追加され、艦隊は急速な拡充振りを示した。そして翌 1862 年に、艦隊規模は 384 隻の体制となり、1865 年の終戦時には、北部同盟（合衆国海軍）は実に 671 隻の艦艇を擁する世界最大の海軍に急成長するに到っていた。

　封鎖作戦には最大で約 500 隻の艦艇が従事し、南部連合諸州に対し甚大な経済的打撃を与えることで戦略的効果を発揮した。南部経済の基幹産業であった奴隷による綿花栽培は、輸出により外貨を稼ぐ経済の原動力であったが、海上封鎖の影響により、綿花の輸出量は一時、戦前の 5％ にまで減少するに到った。こうして海上封鎖は南部連合の経済を徹底的に蝕み、その戦争継続能力を奪った。輸入貿易も同様に大打撃を受けたことで南部連合諸州では食糧、医薬品、日用品が著しく欠乏する。

　また、南部は塩の供給地が少なく、その多くを北部の塩湖からの供給に頼っていた。人間の生命維持に不可欠な塩の欠乏は重大事態であり、南部諸州は海

水による製塩を開始するが、こうした海岸の施設も北部同盟海軍の砲撃によって破壊されることが繰り返された。

ミシシッピ水系も北部同盟軍が上流から侵攻して流域沿岸を制圧し、制河権を掌握した。ミシシッピ川は、源流であるミズーリ川を含めた長さは6,000キロ近くに及び、日本列島の約2倍の長さを誇る大河である。ミシシッピ川は現在もアメリカ中央部を縦断する物流の大動脈であり、10の州に接しながら穀物などの輸出貨物を集める水運経路であるが、自動車もなく鉄道も未発達であった当時は、綿花の輸出経路であるとともに生活必需品の輸入経路でもあり、河川物流の幹線が封鎖されたことは、南部諸州の物流に致命的ともいえる打撃を与えた。

ところで、南北戦争は内戦であるが、海上封鎖という国際法上の行為が宣言され、実行されている。内戦であるにもかかわらず、戦時国際法が適用されたのは交戦団体の承認による。交戦団体の承認とは、内戦であっても一定の条件を満たすことで国際的な戦争とみなされることであり、つまり内戦が法律上において国際化することである。南北戦争はその先例であり、北部同盟であるアメリカ合衆国政府が、南部連合すなわちアメリカ連合国を交戦者として扱った。

リンカーンは、海上封鎖を宣言することによって戦時国際法上の戦争であることを対外的に示し、これに対してイギリスが中立を宣言したことで、南部連合が国際法上の交戦団体として第三国からも承認される形となった。

南部連合の海軍力は小規模であり、北部同盟の合衆国海軍に正面から対抗する規模の戦力を持ち合わせていなかった。そのため南部連合海軍は、不利となる海戦は避け、北部同盟側の商船を捕獲することによる通商破壊作戦や、南部連合側の商船が封鎖線を突破するための支援（封鎖従事中の北部同盟艦艇への襲撃）などを戦略の中心に据えた。

1861年の開戦後まもなく、南軍海軍の戦略が商船捕獲にあることが明らかになり、ニューヨーク保険業者協会は直ちに北部同盟である合衆国海軍に対して商船護送を要請した。しかし合衆国海軍の艦艇は、当面の優先事項である南部沿岸の封鎖作戦に振り向けられていた。

こうした情勢下において、南部連合がイギリスの造船所に多数の軍艦を発注

し、建造が進んでいるという確度の高い情報が、1861年の暮れに協会にもたらされた。

　元来、アメリカ南部とイギリスの間には強い経済的紐帯が存在した。イギリスにとって南部アメリカ諸州は、アフリカ黒人奴隷の大口需要家が集積する重要な奴隷貿易の相手であった。イギリスは、南北戦争当時は奴隷貿易を廃止していたが、一方で産業革命によって綿紡績工業国となり、綿花の供給を南部アメリカ諸州に依存していた。またアメリカ南部諸州にとっても、イギリスは綿花の最大の買い手であり、両者は互いに経済的に依存する関係にあった。こうした南部アメリカとイギリスとの経済的紐帯の存在に加え、北部同盟が綿花生産の基盤である奴隷制を否定していることからも、イギリスが南部連合をひそかに支援する可能性は考えられることであった。

　イギリスの造船所が、南部連合のために多数の軍艦を建造していることが事実だとすれば、いずれ南部連合の捕獲作戦に拍車がかかることが想定され、ニューヨークの海上保険者らは、北部同盟海軍による商船の護送が見込めないなかでは、近い将来に海上保険の引受を謝絶せざるを得なくなる状況が現出することに言及するようになった。南部連合による捕獲が増加するとの情報および海上保険者が引受謝絶をするとの観測は、北部州の海運業界や貿易業界を恐慌状況に陥らせた。

　一方、合衆国政府としても、ただでさえ戦争遂行中の厳しい経済運営を迫られるなか、貿易が途絶するようなことは何としても回避しなくてはならなかった。戦時経済を回していくための急所は海上保険にあると感得した合衆国政府は、ニューヨーク保険業者協会に協議を申し入れた。

　協議は、リンカーン大統領とニューヨーク保険業者協会の会頭であるジョン・ディヴァイン・ジョーンズとの直接会談によって行われた。この席でリンカーンは次のような提案をした。すなわち、南部連合がイギリスに発注した軍艦によって生じた損害に伴う保険金支払については、中立法規を破ったイギリスに対して合衆国政府が損害賠償を請求し、そして合衆国政府が得たイギリスからの賠償金を、保険填補を行った海上保険者に対する補填に充当するという内容であった。ニューヨーク保険業者協会のジョーンズ会頭は、このリンカー

ンの提案内容の確約と引き換えに、保険の引受継続を了解した。

　この合意が公表され、保険による補償の継続が明らかになることで、海運業界や貿易業界は落ち着きを取り戻し、北部同盟諸州においては戦時の重要物資輸送が継続されることとなった。

　ニューヨーク保険業者協会が、リンカーン大統領からの提案に合意することは、政府の保証を得たものと捉えることができるが、これは同時に賭けであったともいえる。なぜならば、アメリカ政府がイギリス政府に対して損害賠償請求を行うことは、北軍が勝つことが条件だからである。もし南軍が勝った場合には、アメリカ政府にとってのイギリスとは、中立法規を搔い潜って助けてくれた恩人と化してしまうこととなる。

　ところで、イギリスの造船所では、はたして南部連合からの海軍艦艇の発注によって複数の艦艇の建造が行われていた。これは南北戦争に対して中立を宣言している国として、国際法上の中立義務に違背するおそれのある行為であった[61]。

　国際法のみならずイギリス国内にも、イギリスの中立の地位を害するおそれのある私人の行為を禁じる法律があり、交戦当事者が敵対行為に使用する船舶をイギリス国内で艤装・武装することを明示的に禁じていた[62]。

　南部連合およびイギリスの造船所は、こうした法の網を搔い潜るために商船建造の発注を装っていたが、合衆国政府は、建造中の商船が艤装後にイギリス国外で武装され、南部連合の艦艇として合衆国への私掠行為に従事する予定であるとの情報を得ていた。ロンドンに駐在する合衆国政府のアダムズ公使は、1862年6月23日にイギリス政府に対してその情報を伝え、建造中の船舶の一隻であるアラバマ号について、国内法に基づく対処を促した。

　しかし、イギリス政府は、出港阻止という強制措置をとるには十分な証拠が必要であるとの法務官の見解を受け、対応に踏み切らなかった。アダムズ公使は7月21日付で証拠を提出したが、イギリス政府は、それは一人の証人の証言に過ぎないとして認めなかったため、アメリカ側は7月23日と25日にそれぞれ追加の証拠を提出した。イギリス政府は再び法務官に意見を求め、法務官は7月29日付で船を差し押さえるべきとの意見書を提示した。これを受けて

イギリス政府は、7月31日にアラバマ号の差し押さえ命令を発出したが、アラバマ号は7月29日に試運転と称して出港してしまっていた。

出港したアラバマ号は大西洋のアゾレス諸島に寄港し、イギリスから別の船で運ばれてきた武器・弾薬で武装し、兵員を載せ、南部連合の海軍艦艇として就役した。

他にも、フロリダ号はイギリスで建造された後、バハマ諸島のナッソーにおいて武装し、兵員を乗せた。フロリダ号の南部連合海軍への引渡しには、イギリス海軍のジョージ・ウィレス・ワトソン提督が協力をしていた。その他にも同様の手口で複数の船が南部連合の海軍艦艇として就役した。

これらの艦艇は戦艦ではなく、Commerce Raider（商船捕獲による通商破壊を目的とする巡洋艦）で、南部連合海軍の戦略である商船捕獲による通商破壊戦に従事した。Commerce Raider はその特徴として、戦艦より戦闘能力は劣るが、航速があり遠洋航行能力もあるため、商船には追及することができ、戦艦からは逃れることができた。このなかでも、とりわけアラバマ号は、1864年に撃沈されるまでの間に58隻の合衆国商船を捕獲し、通商破壊作戦において著しい功績をあげた[63]。

1865年に南軍を率いたリー将軍が降伏し、南北戦争は北軍の勝利によって終結した。

戦後、アメリカ合衆国政府はイギリス政府に対し、戦争中にイギリスが国際法上の中立義務に違反し、南部連合の艦艇を建造し引き渡したことによって生じた捕獲損害について損害賠償請求を行った。これは、リンカーン大統領が行ったニューヨーク保険業者協会との約束の履行であった。

しかし、イギリス政府はアメリカからの損害賠償請求を拒否する。イギリス政府の主張としては、たしかに、イギリスには中立の地位を害するおそれのある行為を禁じる法律があり、交戦当事者が敵対行為に使用する船舶をイギリス国内で艤装・武装することを禁じている。一方で、これを根拠に船を差し押さえるには、違反についての厳密な証明を要する。イギリスとしては国内法に基づき、こうした手続きを踏んだ後に出港禁止の措置をとる必要があり、アラバマ号については手続きが整ったときに船は出港してしまっていたが、国内法の

制約内ででき得る限りの対応をしたというものであった。

両国間の交渉は8年間に及んだが決着せず、1871年にアメリカとイギリスの間で結ばれたワシントン条約において、本件を仲裁裁判に付託することが合意された。

アメリカ政府は裁判に先立ち、国内向けに公示を行い、イギリスの中立義務違反によって建造された南軍艦艇からの被害の賠償を求める事由を持つ者を募った。アメリカ政府は、とりわけ捕獲損害に関する保険金を支払っていた保険業界に対しては、全ての会社宛に、捕獲による損失があれば請求するよう通知し、これに従って保険会社各社は、請求すべき事件の一覧とともに、証拠書類として事件ごとの一件書類を提出した。

裁判はジュネーブで行われ、アメリカ側は、①保険会社からの請求、②無保険だった船主および荷主からの請求、③捕獲された船の乗組員の給与等、に分類して請求を行った。これらの損失等は、それぞれ複数の南軍の艦艇に起因しており、裁判では、各艦艇による捕獲事案毎にイギリスの中立義務違反があったかどうかが精査された。

1872年に下された判決は、イギリスが複数の艦艇に関連して戦時国際法上の中立義務に違反したことを認め、賠償金の支払いを命じた。ワシントン条約では、仲裁裁判で適用される国際法上の原則が裁判準則として掲げられ、そのなかには、中立国は交戦国のための艦艇の艤装および武装またはその出航を防止すること、そして違反を防止するためにdue diligence（相当の注意）を払わねばならないことなどがあった（仲裁裁判における裁判準則は、両当事国が仲裁裁判に付託することを合意する際に合意した）。判決は、これらの裁判準則に照らし、アラバマ号、フロリダ号、シェナンドー号等についてイギリスが中立義務を果たすためのdue diligenceを怠ったことを認めた[64]。

イギリスが、国内法の制約内でできる限りの措置をとったことからdue diligenceを欠いたことにならないと主張したことに対して裁判所は、国内法の不備を援用して国際法上の義務を免れることはできないと判断した。この判断は、国際法上の義務が国内法よりも優越すること、そして国際法上の争いにおける国内法援用の禁止を示したリーディングケースとなった[65]。

第 7 章　アメリカ合衆国創建後の海上保険

　裁判所の判決によりイギリスに命じられた賠償額は、アメリカからの請求が精査された結果、イギリスの中立義務違反が認められなかった船による損害が除かれ、その結果の賠償金総額は 1,550 万ドルであった。
　イギリスは判決に従って賠償金をアメリカに支払い、その金は信託基金としてアメリカ政府が保管したが、ここで新たな問題が発生する。それは賠償金の配分を巡る問題であり、リンカーン大統領が約束した保険者に対する損失補填が暗礁に乗り上げてしまうのである。
　損害保険には、請求権代位という制度がある。これは各国の法律による異同はあるが、概していうならば、有体物を保険の客体とする場合であれば、保険給付が行われると保険の目的物に対して被保険者の持つ権利などが保険者に移転するという制度である。これを本件捕獲損害に当てはめると、船や積荷の捕獲損害について、アメリカの保険会社が、被保険者である船主や荷主に対して全損保険金を支払うことで、保険会社が船と貨物の上にある権利を取得するということである。
　請求権代位は、（日本法とは異なる点があるものの）英米法にも認められる制度であり、法律上当然に代位的な請求権が発生する。本件は、イギリスの中立義務違反によって発生した損害であり、外国政府の国際法上の違法行為に対して私人の損害賠償請求権が認められるかという問題はあるものの、一方で保険法上の論理としては、捕獲損害に対して保険金を支払ったアメリカの保険者には、イギリス政府の違法行為に伴う不当な損害に対する代位請求権が発生していた。そしてその請求は、リンカーン大統領の約束によってアメリカ政府がアメリカの保険者の代わりに行っているはずであった。
　ニューヨーク保険業者協会は、こうした認識に基づき、アメリカ政府が保険者の代理人としてイギリス政府に損害賠償請求を行い、イギリスによって支払われた賠償金は代理人たるアメリカ政府が保管しているものであると理解していた。なかんずくアメリカ政府が保険会社に対して、ジュネーブでの仲裁裁判の前に捕獲損害の保険金支払に伴う損失について請求を行うよう通達し、各社はその指示に応じて保険金支払に関する書類を政府に提出していた経緯もあることから、イギリスからの賠償金の一部は自らに帰属すべきものであると考え

るのは至極当然であった。

しかし、保険会社に対して賠償金を分配することについて、連邦議会において異論が噴出するのである。

その背景には、次のような事情があった。南北戦争中に船舶保険および貨物保険の主な引受手であったニューヨークの8つの保険会社は、戦争中の5か年（1861～1865）に利益を出していた。それは戦後の5か年（1866～1871）と比較して、利益額が大きかったため、保険会社が戦時中に普段よりも儲けていたという批判的な言論が形成されたのである。戦時中は、戦争保険料が高騰し、高額な保険料を払わされているという保険契約者らの不満は見られたものの、一方で実際に南軍による捕獲の被害が多数発生しており、社会的批判には結びついていなかった。しかし戦後になり、保険会社は利益を得ていたということに焦点が当たり、にわかに批判が生じたのである。

議会は全米各州からの代表で構成されるが、ほとんどの州から見れば、大都市ニューヨークの保険会社は、強欲な資本の権化のごとく仕立て上げるに適した存在であった。そして、強欲な資本に対する補填をやめさせることは、議員としての点数稼ぎになる面があった。肝心なリンカーンは、南北戦争終結の直後に暗殺されていた。

1874年に連邦議会は、ジュネーブでの仲裁裁判によるイギリスからの賠償金の配分についての法律を制定した。これによって、イギリスの中立義務違反が認められたアラバマ号、フロリダ号、シェナンドー号等による損害を被った者はその損害が填補された。これには3つの類型があった。第一類型は無保険であった船主や荷主であり、船舶または貨物の損害の全額が填補された。第二類型は、保険で填補を得ていても、保険契約上の控除等によって自己負担した金額があった船主および荷主であり、当該自己負担金額分が填補された。そして第三類型は保険会社を対象としたが、次の条件が添えられた。すなわち、保険者については、戦争期間中の戦争危険に起因する保険金支払が、戦争危険の保険料収入を超過した場合に限り、その超過額を請求できるというものであった。この条件下で、填補請求を行った保険会社は5社で、その支払額の合計は16万ドルに過ぎなかった[66]。

こうして保険会社への支払いが、当初の予定を大幅に下回った結果、イギリスからの賠償金1,550万ドルのうち955万ドルが行き場を失ってしまった。1,550万ドルは、イギリスの中立義務違反による損害を次の分類ごとに合計したもの、すなわち①保険会社からの請求、②無保険だった船主および荷主からの請求、③その他（捕獲された船の乗組員の給与等）の分類であり、残存した955万ドルの大部分は、①の未払分であった。

その後も保険会社は、議会に対して支払いを度々求めたが、議会はこれを認めなかった。

保険会社への支払いに反対する議員は、アメリカ合衆国は国民に対する防衛義務を負うが、私人の戦争被害についての補償義務は負わないので、元来保険会社は国に対する補償請求権を持たないと主張した。これはつまり、船や貨物が敵国に捕獲されても、その損害について私人は賠償請求権を持たないので、請求権が存在しないところに請求権代位は存在しないという論理である。

また、イギリスの判例法[67]により、国家が私人の代理人となって賠償金を得ることは無く、外国からの賠償金の処分は国の意思によるという法理を援用し、保険会社が国を代理人とみなすことは誤りであって、国に対する請求権を持たないとも主張した。

ところで、他にも余った賠償金の配分を求める勢力がいた。これは、戦時中の割高な戦争保険料を還元すべきと主張する保険契約者の一群であった。これらの者の論理は、南軍による商船捕獲の損害が頻々と起こることで保険料が高騰し、普段では考えられないような高額な戦争保険料を負担したが、これはイギリスの中立義務違反が一因であり、イギリスからの損害賠償は、高騰した保険料の負担を強いられた保険契約者の経済的損失の補填に充当されるべきというものであった。この議会への請願も、一定の議員からの支持を得ていたが、その請求は1876年に議会の法務委員会が棄却をした[68]。

1882年に、未だ行き場がなく宙に浮いたままになっている955万ドルの信託基金の支払先について、改めて議会の法務委員会で検討が行われた。そこで検討された残額の処分方法に関する法案は、1876年の時点では棄却された①割高な戦争保険料負担による経済的損失についてイギリスからの賠償を受ける

権利があると訴える集団、そして②イギリスが建造した南部連合海軍船による捕獲損害のうち、イギリスの中立義務違反がなかった（ジュネーブの裁判でイギリスの責任が認められず賠償の対象とならなかった）無保険の被害者への支払いに振り向ける内容であった。

　審議の中では、「剰余金の支払先がないのであれば、戦争税を払っていた北部同盟の州に分配すべきである」とか、「一層のことイギリスに返還すればよい」などという突飛な意見もあったが、その反面、論理的には保険会社へ支払われるべきであって、保険会社を無視した法案に反対する議員の声も複数記録されている。しかし、結果的には法案どおりで下院上院の両方で可決された。

　一連の議会議事録には、リンカーン大統領とジョーンズ会頭との約束が取り上げられた形跡はない。長広舌を披露する法務委員会の議員の演説には、強欲なニューヨークの保険会社が戦争で儲けたうえ、なおもって賠償金を欲しているという印象操作が感じられる。こうした議会でのやりとりは新聞紙上で報じられており、ニューヨーク保険業者協会も情勢上、静観することが得策であると判断し、公には異論を唱えなかった。

　かくしてリンカーンの約束は、その死後反故にされ、保険業界はわずかに15万ドルの補償を得て事態は終結した。

　ニューヨークの保険者が南北戦争中に利益を出したという結果を改めて眺めるとき、そこには戦時に危険が急激に高まり、保険料率が高騰したという背景がある。アラバマ号だけでも58隻もの商船の捕獲を行ったように船舶の損害は多発しており、これに伴う貨物の捕獲損害も膨大であったと推定することが可能である。

　保険金支払が急増するなか、保険者は収支のバランスをとるために保険料率を上げざるを得ず、そうすると保険金、保険料、収益のすべてが、いわば戦時インフレーションを起こす。ニューヨークの保険者らは、本来であれば保険の引受を停止していた可能性が高かったところ、リンカーンとの約束から保険の引受を続け、偶々利益を残し、インフレーションによってその額が平時より膨らんだに過ぎない。

そもそも、損害保険契約の引受とは利益を出すこともあれば損失を出すこともある。結果的に利益を出したという側面だけを捉えて「戦争で儲けた」というのは適当とはいえない。

　同じ戦時のビジネスでも、たとえば軍需品を政府に納めるビジネスなどは、相当の確率で利益が予見可能である。一方で、どうなるかわからない他人の戦争リスクを代わりに引き受ける保険は、損失を出す可能性も十分にあり、戦時ビジネスとして同列に論じられるべき性質のものではない。

　もし、戦時下の海上保険者が利益を残したことについて批判することを許される者がいるとすれば、それは、戦時下にあってもリスクを転嫁することなくこれを甘受しながら貿易や海上運送に従事した者であろう。

第 8 章
捕　　獲（Capture）

1　捕獲は起き得るか

　現代においても、保険上の危険として捕獲は考慮されるべきかという問に接することがある。拿捕はしばしば発生するが、たしかに捕獲を聞くことは極めて少ない。第 3 章「捕獲免許状および報復捕獲免許状」で述べたが、パリ宣言による国際的な私掠行為廃止の国際合意に伴い、現代における捕獲は、海軍等の軍事力の行使によって実行される場合に実質的に限られている。したがって捕獲は原則として武力紛争下で発生するものであり、平時に発生するものではない。

　捕獲とは、私有財産の没収を可能とする武力紛争法上の強制的措置であり、具体的には、交戦国が交戦海域内において船舶を停船させ、臨検のうえ捜索し、必要に応じてこれを拿捕し、その後に捕獲審検所における審決を経て当該貨物を没収するという一連の行為によって成る。

　国連体制のもとの現行の国際法では、武力行使は、例外的な類型を除いて禁止されているので、宣戦が行われるような戦争は見られなくなっている。ところが、「紛争」「衝突」「侵攻」「特別軍事作戦」などと呼ばれる事実上の戦争というべき事象は生起し続けている。たとえば、日本の外航貨物海上保険においては、文言解釈の準拠法はイギリス法が適用されるところ、イギリス保険法上の war とは事実上の戦争を指す（詳細は「第 11 章 戦争とは何か」参照）が、第二次大戦後もこうした事実上の戦争において、敵国の通商を妨害する目的で捕獲は行われてきた[69]。

　しかし、捕獲はこれからも起こり得るのかという疑問は依然として残る。なぜなら、捕獲法の基本概念として「敵国船」・「敵国貨物」・「中立国船」・「中立国貨物」という分類がある。船舶に関しては、かつては船舶の国籍、船主の国

第 8 章　捕獲（Capture）

籍、船長や船員の国籍が一致することが通常であり、すなわち A 国人の船主が保有する××号に A 国国旗が掲揚され、ここに A 国人船長が乗務するという組み合わせが一般的であった。しかし第二次大戦後以降の外航海運の商慣習を通じ、船舶の便宜置籍が一般化し、傭船契約も国際的に複雑化し、往昔とは状況が一変している。たとえば、船籍は A 国で、船主は B 国、傭船者は C 国、オペレーターは D 国、船長は E 国から、船員は F 国および G 国から、というように利益関係者の国際化が当たり前になっているなか、捕獲法上の「敵国船」・「中立国船」という概念は、その意味を失っているのではないかという疑問が生じる。

　この疑問については、国際法もこうした海運実務の現代的状況を考慮するようになっており、現代においては、かつてのような船籍一辺倒ではなく、所有者、傭船者およびその他の基準によって敵性・中立国性を決定すべきという見解[70]が国際的に有力となっている。したがって、「敵国船」・「中立国船」という概念は、判断要素が複数になったことで一定の有効性を維持しているといえる。近時、紅海で頻発していたイエメンのフーシ派による船に対するテロ攻撃からは、テロリストが船籍やオペレーターの所在国などには関心を示さず、船主の実質的な国籍によって敵性を判定していることが看取される。テロリズムは無論国際法に認められない不法な行為であるが、一方でこうした非合法活動からも「敵国船」の概念が変化していることが窺われ、またその判断は複雑な面があるものの、依然として船に対する敵性は観念され得ることを示している。

　積荷についてはどうか。積荷については、敵船上または中立船上の貨物の拿捕の可否について、貨物が敵国貨物または中立国貨物であるか、あるいは戦時禁制品である場合などのケースに応じて慣習国際法が明文化されている[71]。そして、捕獲に到る手続も同様に国際法が規律し、すなわち船舶を停船させ、臨検のうえ捜索し、必要に応じてこれを拿捕する場合など、それぞれの方法についての規律が存在する。しかし、敵貨が積まれているのか、または中立貨が積まれているのかという判断を行う場合に、現在就航しているコンテナ船の多くは、荷主の数も貨物の数も膨大であり、往時のように、臨検のうえ B/L や原産地証明書等を提出させ、ホールド内の現物と照合するような捜索は到底不可

能である。現代の外航コンテナ船は 20 フィートコンテナ換算で 1 万本程度のコンテナ積載能力を有することは一般的であり、大きなものであれば 2 万本を超えるコンテナを積載する。さらに、コンテナは混載すなわち一本のコンテナに複数の荷主の貨物が積載されていることもあるので、一つの船に関わる荷主の数は推して知るべきものとなる。

また、コンテナは船上に立体的に積み上げられており、専用のガントリークレーン等による積み下ろしを要するので、その構造からも貨物を洋上で捜索することが不可能である。そのため、船舶の敵性・中立性の判別は仮にできたとしても、その積荷については、敵性・中立性、あるいは戦時禁制品であるかの判別については、貨物の数の膨大さという問題と、実物の確認ができないという現実的な問題がある。

それでは、現代においては貨物の捕獲は発生しないのか。著者は、捕獲は海上経済戦の有効な手段として、合法的に実施される可能性があると考える。その可能性の最たるは、不定期船に対する捕獲である。外航海運は、定期航路を就航する定期船と、不特定の航路を不定期に就航する不定期船に大別される。現代の定期船はほぼコンテナ船であり、不定期船は特定の貨物を大量に運送する専用船である。

不定期船は、海上経済戦の目的であるところの供給遮断という観点からは、一種類の貨物を一度に大量に運ぶというわかり易い特徴を持つ。しかもそれらは石油、天然ガス、鉱物、化学品、食糧、自動車などのように軍需利用される可能性のある貨物が多いので、通商破壊という戦略上の有効な目標となり得る。さらに、こうした不定期船として利用される専用船は、臨検の際に貨物の現物の捜索が容易であり、また荷主の数も一荷主、または複数であってもその数は限られるので、B/L、原産地証明書などの確認も可能であり、つまり「どの国が、どこの国に向けて、どこの何を輸送しているのか」を把握することができるので、現場の臨検および捜索に基づいて適法に拿捕をし得る。

加えて、こうした不定期船上の貨物の捕獲においては、船舶が敵国船か中立国船かという判別すら問題にならない可能性がある。なぜなら、交戦国は、軍事利用できる物資が敵国に運送されるのであれば、これを戦時禁制品として没

第8章　捕獲（Capture）

収することができる。戦時禁制品は敵国船積み・中立国船積みを問わず没収することが可能である。没収は所有権の剥奪であるから、海上保険上の危険としては一般的に拿捕ではなく捕獲損害に相当する。両次大戦を通じては軍需品のみならず、ほぼすべての貨物が戦時禁制品と化した。

　国際法は、中立国が、交戦国に戦時禁制品の輸出を行うことを禁じてはいないが、一方で、交戦国には戦時禁制品を捕獲する権利が認められ、中立国には捕獲により没収された場合に、これを受忍する義務があるとされる。そして、こうした捕獲や戦時禁制品などを規律する武力紛争法は、その武力行使が国際法上において合法か違法かを問わず適用される。なぜなら、武力行使自体が違法であっても、一旦武力の行使が始まれば、その行使の方法には一定の規律が求められるからであって、そのために交戦法規は存在している。海上であればそれは海戦法規である。

　戦時禁制品制度は、単なる歴史上のものではなく、第二次大戦以降も発動しており、1994年に海戦法規に関する慣習国際法を明文化したサンレモ・マニュアルからも、現代の海戦法規上の有効性を確認することができる。

　同じ交戦法規であっても、陸戦法規は、現代においては文民の保護など人道的な配慮が重視されてきているが、文民が居住しない海上においては、現在も通商破壊戦を規定する伝統的な戦時国際法が適用される。そして、陸戦法規では禁止されている私有財産の没収が、海戦法規上では捕獲制度として認められている。

　また、現行の海戦法規上における海上経済戦の手段として、海上封鎖がある。海上封鎖は、武力紛争時に敵国の沿岸などに封鎖線を設定することで敵国の貿易を遮断し、通航する船舶を拿捕することを可能とする制度である。海上封鎖においては、敵国船や中立国船などの区別によらず通航する船舶およびその積荷すべてが没収される。

　海上封鎖は、船舶および貨物が敵性・中立性にかかわらずすべて没収されるという強力な措置であることから、その構成要件が規定され、たとえば封鎖には実効性が必要であり、封鎖を宣言するだけでなく、艦艇の配置によって実効的な封鎖が行われなくてはならない。こうした海上封鎖に伴う没収による損害

も、海上保険においては捕獲による損害に相当することが一般的である。なお、海上封鎖は、Blocking & Trapping と呼ばれる船舶の不稼働損失等に関する保険や、Trade Disruption Insurance と呼ばれる貨物の輸送途絶に伴う費用損失や逸失利益に関する保険における代表的な危険である。

現代においても、国家が政治的目的を貫徹するために武力を行使することがあるのは、残念ながらも紛れもない事実である。そして、自らの要求を相手に受け容れさせるためには、相手国を屈服される必要があり、こうした武力紛争の際のルールとして、輸入による供給を遮断する海上経済戦、つまり捕獲、戦時禁制品制度、海上封鎖などの手段が存在している。

2　捕獲の沿革

陸上の軍隊に私有財産の没収が認められるとすれば、兵隊が市民の財産を略奪するなどの強盗的行動に発展する可能性があり、市民の身体的危害につながる危険性もある。その反面、海上には住民がおらず、捕獲による私有財産の没収は、敵国の戦争遂行を妨げるために貿易を遮断する軍事戦略として行われてきた。これは古くから続く海上に特有の作戦であり、貨物のみならず船舶もその対象となった。

海軍が現代のような統制された公的組織に発達するまでは、私掠船による捕獲の実行も多く、捕獲の歴史は私掠の歴史と重複することが多い。そのため、第3章「捕獲免許状および報復捕獲免許状」でも捕獲については多く触れている。

イギリスの海上捕獲に関する記録を見ると、13世紀には、王室所有船による捕獲の実行、また私掠船への捕獲免許状、報復捕獲免許状、拘留令状の発行およびこれらの実行などについて文書が残されている。

14世紀に編纂された地中海沿岸の海商法の法典であるコンソラート・デル・マーレに、捕獲権の行使に関する規定が明文化されたことは既述した。同法には、現代の捕獲法の底礎となる考え方が含まれ、戦時における交戦国および中立国の権利義務関係が規律されている。たとえば、中立国船に積まれた敵国貨

第8章　捕獲（Capture）

物は捕獲可能であること、この場合に運送人は原仕向港までの運賃を捕獲者に対して要求できること、敵国船に積まれた中立国貨物を捕獲することはできないこと、敵国船を捕獲し自国に引致した捕獲者は、積載されている中立国貨物について原仕向港までの運賃を荷主に要求できること、などを規定する。ここで適用される捕獲に関する原則は、「中立国船に積まれた敵国貨物は捕獲可能であって、敵国船に積まれた中立国貨物を捕獲することはできない」という論理であり、つまり、処分の基準が貨物（荷主）によって決まるものであった。この原則を貨物標準主義という。

　15世紀になると、オランダが船舶を処分の基準とする規則を唱えた。これは「自由船自由貨」と呼ばれ、すなわち中立船であれば積荷が敵国貨物であっても捕獲をされないとする原則（ただし、戦時禁制品でない限りにおいて）である。自由船自由貨の論拠は、船はその所属国の浮動的領土であって、中立国領土を交戦国は侵略できないのと同様に、その船も不可侵であるという論理に求められる。後に、敵国船であれば積荷が中立国貨物であっても捕獲され得るという原則も付加され、その原則は「自由船自由貨、敵船敵貨」と呼ばれた。この原則は、船舶の敵性または中立性が、積荷の処分をも決めることから船舶標準主義という。

　貨物標準主義と船舶標準主義とは、歴史上において対立があった。イギリスは、一時的に船舶標準主義である自由船自由貨を条約上で合意することなどもあったが、基本的には貨物標準主義国であり、中立国船に対する臨検捜索は交戦国の権利であって、そこに敵性貨物が積載されている場合にこれを捕獲する権利があるとの立場を取った。

　一方で欧州の大陸国の多くは船舶標準主義を採ることが多く見られた。それは次のような事情によるものであった。たとえば、英仏間の戦争時に、両国の商船が、互いに相手国に捕獲されることをおそれて出航を控えている間隙を縫って、局外中立であるオランダ商船が、両国が必要としている海上運送を取り込んだ。このような、いわば漁夫の利を得るために、オランダは中立国船に有利な自由船自由貨つまり船舶標準主義を支持した。また。このとき、イギリスとの戦争の推移にともない自国商船隊を護衛することが困難な状況に陥った

フランスは、他国船に運送を委託することに貿易を継続するための活路を見出し、そうした観点からフランスも中立国船が保護される船舶標準主義を主張した。

これに対し、イギリスは海軍力において優勢であり、その艦隊規模は他国の海軍よりも捕獲を大規模に行うことを可能とした。つまり、イギリスはその海軍力によって、対象が中立国商船であろうとも敵性貨物の摘発を行って敵国の通商を遮断する実力を持ち、その実力を持たない国に対して優位な立場にあったので、その優位性を活かすことのできる貨物標準主義を主張した。

こうした貨物標準主義と船舶標準主義との対立に終止符を打ち、海上捕獲に関する規則を国際的に統一したのが1856年のパリ宣言である。パリ宣言は、クリミア戦争の講和会議において宣言され、4カ条からなる。すなわち、①中立国船上の敵国貨物は、戦時禁制品を除き捕獲できないこと（＝自由船自由貨主義）、②敵国船上の中立国貨物は戦時禁制品を除き捕獲できないこと（敵船敵貨主義の放棄）、③私掠の禁止、④紙面封鎖（実力の伴わない宣言のみの海上封鎖）の禁止、の4点である。パリ宣言は、日本も1886年に加盟し、国際条約として存続している。

元々、この4つの合意事項は、1854年に始まったクリミア戦争においてイギリスとフランスがオスマン帝国と同盟してロシアと戦った際に、英仏間の合意として宣言されたものである。イギリスは、ロシアとの戦争において中立国であったスウェーデンやデンマークとの関係を重視し、中立国にとって有利な自由船自由貨主義を受け容れ、中立国船上の敵国貨物を捕獲し得るとするそれまでの主張を放棄した。

またクリミア戦争では、ロシアがイギリスの背後を脅かす作戦として、アメリカの私掠船に対して、イギリス船を捕獲することの捕獲免許状を発行することを企図していた。ロシアのこうした動きを察知したイギリスは、私掠について、前近代的で野蛮な海賊的行為であると非難する立場に転じ、その自粛を各国に求めた。

そのような経緯から、私掠の廃止もクリミア戦争での合意事項となり、これらはいずれも終戦後にパリ宣言として採択された。私掠の廃止については第3

第 8 章　捕獲（Capture）

章でふれたが、私掠廃止とは、すなわち正規の海軍力のみによる戦力の枠組みを構築することにほかならず、世界最大の海軍を擁するイギリスに有利な戦力バランスの実現であった。そしてイギリスは私掠の廃止のために自由貿易の旗幟を掲げ、巧妙に国際世論を形成した。

　パリ宣言は海上封鎖についても規定をし、封鎖は紙面上での宣言だけではなく、その実効性が構成要件として合意された。

　海上封鎖は、16 世紀のオランダ独立戦争において、スペインによって占領されていたフランドル港に対して、オランダが封鎖を宣言したことが嚆矢とされる[72]。

　歴史上に知られる海上封鎖としては、イギリスがアメリカ独立戦争においてアメリカ 13 州に対して行った海上封鎖や、後年の米英戦争でイギリスがアメリカの主要港に対して実施した封鎖、またアメリカ南北戦争で北軍が南軍に対して実施した封鎖等が挙げられる。フランス革命戦争においても、イギリスはフランス革命政権の経済封鎖を目的として海上封鎖を行った。また、ナポレオン戦争においてもイギリスはフランスに対してエルベ川河口からブレストまでの線の海上封鎖を実施し、これに対抗したフランス側は、報復的にイギリス諸島全部についての封鎖宣言を行い、中立国によるイギリスとの貿易を実質的に禁止した。さらにこれに対してイギリスは、フランス・その同盟国・植民地のすべてについて封鎖を宣言した。

　海上封鎖は先述のとおり、敵国船や中立国船などの区別によらず、通航する船舶およびその積荷のすべてが没収される強力な措置であるが、ナポレオン戦争における英仏間の封鎖の対抗的応酬に見られるような遠大な封鎖線は、実際上は封鎖ができていないにもかかわらず、封鎖実行国の艦艇が中立国船を拿捕し、積荷諸共没収できることから、パリ宣言において、このような宣言のみの封鎖は「紙面封鎖」として禁止されるに到った。

　ところで、「紙面」の封鎖を禁止し、「実効性」を海上封鎖の要件とすることは、すなわち封鎖に相応の艦隊規模が要求されることを意味する。その結果、海軍力の小さな国は長大な封鎖線を設けることが難しくなり、反対に大きな海軍力を擁する国はそれが可能となる。つまり、紙面封鎖の禁止も、世界最大の

海軍を擁するイギリスにとって有利な決着であった。

　パリ宣言に基づく海上封鎖制度は、国際法の一部を構成するが、20世紀に入ってからの両次大戦を通じては、パリ宣言に拠らない新たな国家実行が出現する。これは、それまでの封鎖が敵国沿岸や港湾に対する近接封鎖であったのに対し、広大な水域を対象に無警告攻撃などを宣言するものであり、戦争水域や軍事海域と呼ばれた。この背景には、両次大戦を通じて艦艇技術の発達が進み、また潜水艦や航空機の運用により軍隊の機動力が高まり、これに伴い海上経済戦の様相が大きく変化したことがある。そして戦争自体も局地戦から国家総力戦へと変貌する。

　第一次大戦でイギリスは、北海全域を軍事海域に指定し、また地中海を含むヨーロッパ全体を包囲する海域に長距離封鎖を宣言した。対するドイツはイギリス周辺海域を戦争水域と設定し、敵国商船については臨検手続きを経ない無警告攻撃の対象とした。アメリカは、こうしたイギリスなどの実行を国際法に違反するものとして抗議したが、第二次大戦においてはアメリカも太平洋海域全体で無制限潜水艦戦を実施する。こうした伝統的な海戦法規から離反したアメリカの無制限潜水艦戦は、日本の商船隊に壊滅的な打撃を与え、膨大な数の船員や民間人の犠牲者を出す惨禍を招いた。

　第二次大戦後の主な海上封鎖としては、朝鮮戦争時の北朝鮮封鎖、第三次中東戦争におけるアカバ湾封鎖、ベトナム戦争における北ベトナム封鎖、インドによるパキスタン封鎖、エジプトによるマンダブ海峡封鎖、イラン・イラク戦争における戦争水域の設定、フォークランド紛争における戦争水域の設定、イスラエルによるパレスチナ沿岸封鎖などがある。

　捕獲は、パリ宣言以降も引き続き各国により行われてきている。両次大戦に到るまでに幾多の事例があるが、第二次大戦以降に大規模な捕獲が行われた事例として、第一次〜第四次の中東戦争、第二次および第三次のインド・パキスタン戦争、イラン・イラク戦争がある。

第8章 捕獲(Capture)

3 捕獲審検

　捕獲審検の目的は、拿捕された船舶および貨物について、その権利を確定することにある。つまり、拿捕されたことによって船舶および貨物は拿捕国に占有されても、その所有は拿捕国に移ったわけではなく、捕獲審検所の検定によって没収か解放かが確定する。

　捕獲審検所は一種の裁判所であり、その国の法律に基づいて捕獲か解放かの検定を行うが、その国内法は国際法に基づくものである。旧日本海軍であれば、国内法として海戦法規があり、そのなかに、敵性・中立性に関する規定や、捕獲、封鎖、戦時禁制品輸送などに関する各規定があった。国内法としての海戦法規が準拠する国際法は、既出のパリ宣言のほかロンドン宣言(未発効)などの国際条約のほか慣習国際法などである。

　捕獲審検所の嚆矢は、1357年に創設されたイギリスの海事裁判所である。そして、現代的な捕獲法の論理は、捕獲事件が多数発生したナポレオン戦争において、イギリスの裁判官ストウェルによって確立され、主要海軍国はこれに追随した。なお、現在のイギリスの捕獲審検は、海事裁判所ではなく高等法院が第一審の管轄権を持っている。

　日本では、日清戦争において初めて捕獲審検令が公布された。これに基づき捕獲審検所および高等捕獲審検所が開設され、その職権や手続きが定められた。また実体法として、国際法に基づく捕獲の根拠法である捕獲規程が設けられた。

　その後、関係法規の改正が重ねられ、たとえば不法な拿捕による損害賠償の提起に関する規定の新設や、手続規定の修正などが行われ、1914年には、当時の国際条約や国際法の諸原則に基づき、新たに海戦法規が発令された。さらに、第二次大戦の開戦に伴い、海戦法規は当時のイギリスを始めとする主要海軍国の最新の動向に倣って、大幅な修正が行われている。

　第二次大戦においては、捕獲審検所が横須賀と佐世保に、そして高等捕獲審検所が東京に設けられた。横須賀捕獲審検所は海軍横須賀鎮守府軍法会議内に、佐世保捕獲審検所は海軍佐世保鎮守府軍法会議内に設けられ、高等捕獲審

検所は枢密院事務所内に設けられた。捕獲審検所および高等捕獲審検所の評定官や検察官には、判事、検察官、海軍法務将校、外務官僚、国際法学者などが就いている。

現行憲法の下においては戦争放棄（9条）および特別裁判所設置の禁止（76条2項）により、捕獲審検所は設置できないとされるが、平成16年通常国会で成立したいわゆる有事法制七法の一つである「武力攻撃事態及び存立危険事態における外国軍用品等の海上輸送の規制に関する法律」によって捕獲審検所に類似する「外国軍用品審判所」の設置が可能となった。しかし、外国軍用品審判所は、自衛の範囲内の措置として、審判の客体を軍用品に限り、このうち没収の認められる物品は大量破壊兵器などに限定され、その他の軍用品も必要と認められる期間だけ留置され、国際法上の捕獲とは異なった規律が適用される。

捕獲審検の歴史を遡ると、イギリスの最初の捕獲審検記録（1357年）では、ポルトガルの貨物を積んだポルトガル船がフランスの私掠船に捕獲され、これをイギリスの私掠船が再捕獲し、イギリスの海事裁判所にフランスからの捕獲物として持ち込まれている。当時、英仏間は戦争中であったが、英葡間は友好関係にあった。ポルトガルの船主からの抗議を海事裁判所は却下し、敵国たるフランスからの捕獲物と認めたが、その後エドワード三世が介入し、英葡間の同盟条約に基づき捕獲物を返還させたと記録されている[73]。

イギリスでは私掠船への捕獲免許状の発行も海事裁判所で行われており、私掠船が拿捕した捕獲物については、免許された範囲内であるかが検定された。

私掠または海軍力による捕獲はスペイン、オランダ、フランスなどでも行われ、同様の捕獲審検所は各国に設けられ、捕獲物の検定制度についても国際慣習が形成されていく。

日本が当事者となった戦争では、たとえば日露戦争であれば、日本海軍によって拿捕された船舶は64隻、このうち捕獲と検定されたものが50隻、8隻が解放と検定され、6隻は戦争終結により釈放されている。第一次大戦では、敵国であったドイツの船舶3隻が審検に付されており、うち1隻が解放されている。

第8章　捕獲（Capture）

第二次大戦になるとその数は激増する。日本海軍が拿捕した船舶は1,150隻、このうち捕獲と検定されたものが1,068隻、解放検定は10隻、その他誤った送致による取り消しや、終戦に伴って釈放されたものがある。

海上保険における捕獲危険の前提となる国際法上の捕獲の規整や、捕獲に関係する制度について紙幅を割いたが、次に実際の事件をもとに、海上保険上の取り扱いについてふれたい。*Andersen v. Marten*[74]という1908年のイギリスの海上保険判例は、捕獲損害の特徴をよく表しており、またこの判例は歴史的にも興味深い側面があるので、以下に記述する。

4　Andersen v. Marten 事件 − 保険の内容

本事件は、ハンブルグのクラウス・ペーター・アンダーゼン（Claus Peter Andersen）が所有するドイツ船籍の蒸気船ロマラス号（Romulus）の捕獲損害に関するものである。

船主たるアンダーゼンは、1905年1月12日から1年間の保険期間でロマラス号に対する船舶保険をロイズに付保した。

保険契約には一般的な保険証券本文が使用され、すなわち海固有の危険である Perils of the Seas に続き、戦争危険であるところの Men-of-War（軍艦）、Enemies（外敵）、Suprisals（襲撃）、Takings at Sea（海上における占有奪取）、Arrests, Restraints and Detainments of all Kings, Princes, and People, of what Nation, Condition, or Quality soever（いかなる国籍・状況または性質であるとを問わずすべての国王・君主および人民の強留・抑止および抑留）などの危険が列挙されていた。

また、この保険契約には全損のみ担保の条件が付加されており、加えて次の条項も付加されていた；Warranted free from capture, seizure and detention, and the consequences of hostilities.（捕獲、拿捕、留置、敵対行為の結果を担保せず）。

以上を要するに、ロマラス号の船舶保険契約は、戦争危険が免責され、海上

144

危険の全損のみが填補され得る契約となっていた。

このような引受が行われたことの背景には、日露戦争の発生がある。

5　Andersen v. Marten 事件－事件の背景および経緯

　日露戦争は、日清戦争後に日本とロシアが満州や朝鮮の権益を巡って対立を続けてきた結果として発生し、1904年2月8日に日本海軍がロシアの旅順艦隊を奇襲攻撃したことによって戦端が開かれた。

　旅順艦隊は、ロシア太平洋艦隊の主力であり、日本海軍の連合艦隊は、旅順艦隊への奇襲攻撃のあとに旅順港の港口の閉塞を試み、また同年8月には黄海海戦で旅順艦隊に大きな損害を与えた。

　ロシアは、戦勢を挽回するためにヨーロッパからバルチック艦隊を太平洋に派遣することを決め、バルチック艦隊は1904年10月にバルト海のリビウ軍港を出港した。

　ウラジオストックを目指す(当時のロシア太平洋艦隊の根拠地は、主力の旅順の他にウラジオストックがあった)バルチック艦隊は、北海を抜けてから大西洋を南下して喜望峰を超えた後、インド洋を渡洋し、マラッカ海峡を経て南シナ海を北上するという大回航を余儀なくされ、その航路の多くはイギリスの制海権下にあった。当時は日英同盟が維持されており、石炭の補給が必要となるものの、イギリス植民地への寄港ができないためにバルチック艦隊は補給に苦労をする。また、当時軍事用に使われた最高品質の石炭はイギリス産であり、こうした良質な石炭を入手することの困難にも直面した。

　ウラジオストックを目指すバルチック艦隊が、ドイツ領南西アフリカ(現在のナミビア)に寄港中だった12月11日に、イギリスのカーディフでは、カーディフ産の石炭3500トンを積み込んだドイツ船籍の貨物船ロマラス号が静かに出港した。

　このカーディフ産石炭の荷送人はカーディフ在のコーリー・ブラザーズ会社で、B/Lは荷受人が指定されていない指図式B/L[75]であり、仕向地は香港で

第8章　捕獲（Capture）

あった。

　同船は、イギリスのカーディフを出航後、地中海およびスエズ運河を経由してインド洋を通航し、東南アジアに到る。途中、補給のためにアルジェ（アルジェリア）、ポートサイド（エジプト）、サバン（スマトラ島）、ラブアン（ボルネオ島）に順次寄港した。

　ラブアンから南シナ海を北上すると目的地である香港に到達するが、同船は南シナ海を北上することなく東に向かい、フィリピン群島を抜けて太平洋に出た。

　同船の目的地とされた香港は偽装であり、真の目的地はロシアのウラジオストックであった。

　この石炭輸送には次のような事情があった。敵を先に発見することは、古今を問わず戦闘を有利に展開するための必要条件であるが、レーダーや航空機がまだ使われていなかった当時の海戦では、敵船の発見は目視によって行われた。艦艇の燃料である石炭は、燃焼により煙を発生させるため、その立ち昇る煤煙は敵を発見するための目印となった。黒煙を濛々と吐き出せば、遠くからでも敵に発見されやすく、そのため石炭の煤煙の量は、海戦を制するための重要な要素であった。

　この点において、ウェールズのカーディフ炭は、無煙炭に近いうえに発熱量が多いという良質な特性を有していたため、各国海軍はカーディフ炭の入手を争い、日露戦争において日本の連合艦隊もカーディフ炭を使用した。ロマラス号の積荷であるカーディフ炭も、3重に篩に掛けて粉塵や破片を徹底的に除去した精選品であった。

　極東ロシア向けの貿易は、日本列島付近を船が通過しなければならないため、日露戦争の開戦とともに、各国は日本海軍による船や貨物の捕獲をおそれて極東ロシア向け貿易を中止し、ロシア太平洋艦隊は困難な状況のなか、石炭をはじめとする軍需品の調達に全力を傾けていた。

　ロシア太平洋艦隊の主力根拠地である旅順は日本陸海軍の攻撃にさらされており、ロマラス号は、ロシア太平洋艦隊のもう一つの根拠地であるウラジオストックに向けて隠密裡にカーディフ炭を輸送していたのである。

当時の戦時国際法のもとでは、中立国には中立義務があり、交戦国に対して軍需品を供給することは禁じられていたが、これは中立国政府の行為が禁止されているのであって私人が供給することは差し支えないと解されていた。一方、ロシアに対する石炭輸出については日本軍が戦時禁制品と指定し公表しており、つまり中立国たるイギリスの荷主による輸出であっても、また中立国たるドイツ船による輸送であっても没収の対象となるものであった。

ところで、ウラジオストック港は日本海に面しているが、太平洋から日本海に進入するには、津軽海峡を通航するか、千島列島の間を通過してオホーツク海に入り宗谷海峡を通航するか、東シナ海から進入するのであれば対馬海峡を通航しなくてはならない。ロマラス号はラブアン出港後、香港に向かって北上せずに、フィリピン群島を東に抜けて太平洋に進出すると、日本海軍艦艇との遭遇を避けるために日本の東方を迂回しながら太平洋を北上し、千島列島を目指して航海を続けた。そして、千島列島の得撫島の北端にある得撫海峡を通過してオホーツク海に入り、宗谷海峡に向かう。ところが、宗谷海峡を目指す航海の途上の1905年2月21日に、同船は流氷と衝突する事故に遭う。

衝突による船体の損傷は大きく、浸水もあり、自力航行はできたものの流氷の浮かぶ厳寒期のオホーツク海をさらに進むことは危険な状況であった。

こうした状況においても船長はウラジオストックへの航海続行を指示したが、航海の安全性に不安を感じた下級船員らの反抗に遭う。そして、船長はやむなく避難のために日本の函館港に向かうことを決断する。

同船は同じ航路を引き返すこととなり、2月23日に得撫海峡を西に向かって通過し、太平洋に戻った。同船は浸水を排水しながら航行したが、途中で安全のために石炭約100トン分を洋上で投棄した。

そして2月26日、函館に向けて航行中の津軽海峡において、同船は日本海軍巡洋艦の磐手に発見され、停船命令を受ける。

磐手の記録によると、同日午前5時50分に北海道恵山岬の南東海域で同船を発見、6時20分には停船信号を掲げ、汽笛を鳴らして停船を命じたが、同船はこれに応じず、6時35分には長間隔で空砲を発したがなおも応じず、6時42分には「停レ然ラサレハ我汝ヲ砲撃ス」と信号を送った。しかし、なおも

第 8 章　捕獲（Capture）

応じなかったため 6 時 48 分に実弾 1 発の威嚇砲撃を行い、ようやく日浦崎の南約 2 海里の地点でロマラス号は停船した。磐手とロマラス号の間は 2 海里ないし 4 海里の距離があったため、汽笛や空砲は聞こえても信号は見えてなかった可能性があり、後のロマラス号船長の弁明によれば、日本軍艦は南行していると思い、砲声を聞いて驚いて機関を停止したということであった。捕獲審検調査書は、逃走の企図は明らかではないとしている。

停船したロマラス号には、磐手の士官が乗り込み、所定の臨検が行われた。

乗船した士官による臨検および捜索の結果、船積書類の偽装が疑われ、また積荷が実質的に軍用であるカーディフ炭であることが判明したため、同船および貨物は戦時禁制品輸送の嫌疑で拿捕された。

磐手の川島令次郎艦長は、拿捕をしたロマラス号を回航するにあたり、磐手の機関士を同船に送って船体破損の状況を調査させた。調査の結果、その損傷状態とこれまでの航行実績からすれば、捕獲審検所のある横須賀までは航海続行可能と判断されたため、川島艦長はロマラス号の横須賀への回航を命じた。

横須賀へ向けての回航開始後、損傷部からの浸水の排水が継続的に行われた。しかし、同日午後 3 時ごろから浸水の増加傾向が見られ、また同時に海上の風が急激に強くなり、回航指揮官としてロマラス号に同乗していた士官は、宮古港への避難と応急修理を要すると判断する。午後 9 時には浸水が一層増加し、機関部の焚火室にも水が浸入し始め、焚火に支障が生じ、加えて船体の傾きが顕著となった。船長は宮古港よりも近い久慈港への避難を申し立てたが、士官は久慈港への航行も難しいと判断し、最寄りの海岸を目指すことを指示し、船は午後 10 時 10 分、海岸からおよそ 22 海里沖合で針路を西に転じ、最寄りの陸地に向けて航行を始めた。そして、翌 27 日の 0 時 50 分に青森県上北郡三澤村の海岸に到達し、ロマラス号は沿岸に擱座した。

3 月 2 日に、船長以下の乗組員は横須賀捕獲審検所に引致された。船長をはじめとする複数の乗組員が取り調べを受け、調査書が作成された。

そして 5 月 16 日に捕獲審検法廷は、偽装による戦時禁制品輸送を理由に船舶および貨物の捕獲を宣告した。

6　Andersen v. Marten 事件－捕獲審検

本事件に関する横須賀捕獲審検所の検定書の主文は次のとおりである。

　獨逸國汽船「ロームルス」及ヒ同船ニ積載セル「カーヂフ」石炭約三千四百噸ハ捕獲ト検定ス

　主文に対する「事實及理由」には次のようなことが記されている。すなわち、日露交戦以降、ロシアの東洋における枢要な軍港であるウラジオストックへの貿易は途絶状態にあるが、こうした状況において石炭のような貨物がウラジオストックに向けて輸送される場合、明白な反証がない限り軍用に供用されるものと認定せざるを得ない。殊に海軍専用と称される精選のカーディフ炭であれば実際上軍用に供されることは疑いのないところであり、戦時禁制品と認められる。

　船長は、当初カーディフを出発する際にはウラジオストックに航行することは予期しておらず、ラブアン寄港の際に船主からの電報を受け取り、はじめてウラジオストックに向かうべきことを指示されたと供述する。一方で、流氷との衝突後に反抗した下級船員との交渉に関する尋問に際しては、ウラジオストックに向かうことは船主との「約束」であったと答弁している。さらに、津軽海峡における拿捕時に乗船した士官に対しては、「ウラジオストック港に寄ったのちに香港に向かう」などと答弁をし、船長の供述には矛盾がある。本輸送は、ウラジオストック行きを目的としながら香港行きという虚偽の表示を為したものと認められる。

　また、ラブアン出港後はログブックに目的地を記載せず、さらにラブアン出港証書は紛失したとして提出をせず、加えて日本近海航行中は故意に船燈を消すなどの拿捕を免れるための行動があった。

　船員に対する尋問を通じては次のような事実も確認されている。すなわち、津軽海峡にて拿捕される前日の2月25日には、船長は乗組員の代表1名を自室に招き、函館に向かわずに津軽海峡経由でウラジオストックに向かうならば、乗組員には1か月分の増給金を与え、反対にもし函館に入港する場合には

船長に対する反抗行為があった廉によって乗組員を入牢させるという条件交渉を行った。この事実から、船長は津軽海峡を航進中もなおウラジオストック行きの意思を捨てずに、目的を遂行しようとしていたと認定せざるを得ない。

そして、「事實及理由」の最後は、次のように締めくくられている。

> 之ヲ要スルニ汽船『ロームルス』ハ虚偽ノ行為ヲ以テ戦時禁制品ヲ輸送シタル船舶ニシテ其船体ヲ損傷シタル后ニ於ヒテモ尚其目的ヲ抛棄シタルモノニ非ズトス而シテ斯クノ如キ虚偽ノ行為アリタル船舶ハ禁制品タル載貨ト所有者ヲ同ジクスルヲ以テ両者其運命ヲ共ニスヘキコトハ国際法上学説慣例ノ共ニ承認スル所ナリ依テ主文ノ如ク検定ス
> 明治三十八年五月十六日横須賀捕獲審検所に於ヒテ横須賀捕獲審検所検察官ノ意見ヲ聴キ検定ス　横須賀捕獲審検所長官　長谷川香（以下、評定官等の関係諸官名は省略）

上記には、貨物所有者は船舶所有者と同じであることが記載されているが、これは本事件の担当評定官であった下岡忠治氏の調査書に基づいている。

下岡評定官は、船長に対して貨物所有者について尋問したところ、載貨は船舶所有者の所有に属する旨明答を得たが、この裏付けを取るため、船長に、関係会社「ドレッドウェル商会」宛に同じ質問を電報にて照会させたところ、同社からの復報によってこれが確認された。

貨物所有者が船舶所有者と同じであるならば、本件のB/Lは、荷送人をイギリスのコーリー・ブラザーズ会社とする指図式B/Lであるから、荷受人は船主たるハンブルグのアンダーゼンが指定されたことになる。これはイレギュラーな貿易形態であるが、隠密裡の戦時禁制品輸送であったことから、B/Lにロシア側の本来の荷受人の名前は記載せず、たとえばウラジオストック到着後に船主アンダーゼンからロシア側の荷受人に売却するなどの方法が予定されていた可能性が考えられる。

国際的に売買される貨物の所有者の特定は複雑であり、すなわちどの時点で所有権移転が行われるかは売買によって千差万別であって、厳密にいえば津軽海峡上の捕獲の時点における貨物所有者が、荷送人であるコーリー・ブラザー

ズまたは荷受人のアンダーゼンのいずれであったかは明らかである必要がある。こうした輸出の途上における貨物の所有権を判別するには、売買契約およびその準拠法、B/L の引渡しなど勘案すべき事項が多くあり、このような調査まで行われた形跡はない。

他方、貨物が戦時禁制品である以上は、敵国荷主または中立国荷主いずれの所有物であったとしても没収という処分に変わりはない。つまり、没収をする側は、厳密な所有者が誰であろうと敵国への軍需品輸送を差し止めるという目的を達成できればよく、没収される側が誰であれ結果は同じであった。

同船拿捕後の擱座に到るまでの船長の行動について、調査書は次のとおり報告している。すなわち、ロマラス号は拿捕されたことに伴い、日本海軍士官が回航指揮官として乗船し、同士官の求めに応じ、船長は横須賀への航行のために引き続き船長としての職を執ることとなった。その後、浸水と船の傾きが顕著となり、港への避難をあきらめ、三澤村の沖合で西に進路をとって沿岸を目指したが、この陸地に向けての航行中、船長の行動には問題があったとする。船長は、沿岸に向かって航行している際、陸地に近づいてきているにもかかわらず投錨の準備を命じず、停船を命令する時機を逸したためにロマラス号は座礁をするに到った。しかも陸地に接近中にもかかわらず、船長は船室内に居て船員らとビールを飲んでおり、その結果として座礁に到った。つまり船長としての職責について問題が指摘されている。

しかし、こうした一連の行動等について尋問を受けた船長は、自己には全く責任がなく、座礁は偶然の出来事であると主張した。また、この主張とは矛盾をするが、座礁をしていなければ船は沈没を免れ得ず、自己および乗船した士官の措置は共に相当であり過失はないとも申述している。こうした主張について下岡評定官は、「事後ノ結果ヲ以テ事前ノ過失ヲ蔽ハント欲スルカ如キ形跡アリ」と調査書に報告している。そして船長の行動については、結論として「以上ノ事実ニ依リ回航中船長ノ為シタル行為ハ船体ノ保安ニ関シ船長タル職責ノ上ニ於テ怠慢ノ廉アリタルモノト認定ス」と結んでいる。

第 8 章　捕獲（Capture）

7　Andersen v. Marten 事件 − 保険填補責任

　ロマラス号は、1905 年 2 月 26 日に青森県上北郡三澤村沿岸に座礁した。5 月初旬に、サーベイヤーによってロマラス号の現実全損が報告された。この後、5 月 16 日に横須賀捕獲審検所が、偽装による戦時禁制品輸送を理由に船舶および貨物の捕獲を宣告した。

　ロマラス号の船舶保険契約は、ロイズの証券様式に基づき、海固有の危険に加えて多数の戦争危険事象が列挙されており、これに「全損のみ担保」という条件が付加され、さらにこれらを上書きする形で、「捕獲、拿捕、留置、敵対行為の結果」が免責されていた。

　この船舶保険契約を巡り、保険金請求権を主張する被保険者たるドイツ人船主アンダーゼンと、これを認めないロイズアンダーライターたるマーテンとが対立し、イギリスで裁判が提起された。原告たる被保険者は、損害は海固有の危険によるものであるとし、つまり座礁によって起こった全損であることを主張した。しかし、一審、控訴審はいずれも、損害は免責事由として規定された捕獲によるもので、被保険者は損害填補を得ないことを判決した。

　これを不服とした被保険者は 1908 年に貴族院に上訴した。貴族院において原告側のハミルトン弁護士は、船舶は中立国に属するものであり、また日本海軍による拿捕が行われた後も、所有および占有のいずれも失われておらず、捕獲による没収が宣告されたことによって全損になるまでは、填補責任は継続すると説明した。ハミルトン弁護士のこの論理は、貨物は戦時禁制品であるから没収されることが当然であるとしても、中立国船舶であるロマラス号については、没収が宣告されるまでは解放される可能性が存在したというものであった。

　これに対して、被告たる保険者の主張は、損害は免責危険である「捕獲、拿捕、留置、敵対行為の結果」によって起きたものであって、捕獲の後に、捕獲者である日本海軍が捕獲物を座礁によって失ったに過ぎないというものであった。

　捕獲に関する判例は数多くあるが、本件のように捕獲と他の危険との競合があった事件は 18 世紀以降幾つか発生しており、こうした過去の判例をもとに

貴族院は次のような見解を示す。

"in this case, the possession was taken by the hostile force and an adjudication of condemnation as prize by the proper tribunal followed on grounds recognized by the general consent of nations to be lawful cause of capture, the rightfulness of the seizure and consequently the change of property related back to the time of capture."

すなわち、保険の目的である船が日本軍によって占有され、続いて捕獲物としての没収の宣告が適正な捕獲審検法廷にて行われ、これらはいずれも適法な捕獲として国際法に妥当していると裁判官は評価する。そして、捕獲審検法廷の宣告により、拿捕の正当性および所有権の移転は、津軽海峡において拿捕された時点に遡及したという論理が示されている。つまり、5月16日の横須賀捕獲審検所の捕獲検定の結果によって、2月26日に捕獲による全損が発生したことが確定したということであり、損害は、契約上の免責危険である捕獲によるものと判断され、原告の敗訴となった。

もし、これを日本軍側から見るならば、5月16日の捕獲決定により、2月26日時点で捕獲物を喪失したことになる。

かくして、捕獲審検所の検定によって捕獲が決定すると、捕獲損害の発生は、拿捕が行われた時点に遡及するということがこの判例で示された。

なお、国際法において、戦時禁制品を輸送することは違法ではない。国際法は、中立国が、交戦国に戦時禁制品の輸出を行うことを禁じておらず、一方で、交戦国には戦時禁制品を捕獲する権利が認められ、中立国は捕獲により没収された場合に、これを受忍する義務を負う。したがって、当事者が国際法上の戦時禁制品輸送に従事していることをもって直ちに保険契約上に要求されるところの航海の適法性が失われるわけではない[76]。

ところで、本件判決を読むと、イギリスの裁判官が、日本海軍が行った捕獲の手続きや捕獲審検所の判断の適正さを殊更に強調している感がある。たしかに、巡洋艦磐手がロマラス号を停船させるまでの行動や、臨検、捜索、拿捕手続きなどはいずれも国際法に厳格に従っており模範的であるといえる。捕獲審検所での取り調べも、調書を読む限り合理的かつ厳密である。

第 8 章　捕獲（Capture）

　しかし、この日本海軍による捕獲権行使の適正さが強調される背景には、ある国際問題が存在していたと考えられる。当時のイギリスは、日露戦争において中立国であったにもかかわらず、ロシア海軍の艦艇に自国船舶を捕獲され、これを不当としてロシアの捕獲審検所に抗議をしたが、棄却されていた。こうしたロシアによる不当な捕獲に対する不満から、イギリスは「国際捕獲審検所」を創設して国際的な規則を設けるべきとする主張し、1908 年にロンドンで主要海軍国が集まり、海上捕獲等に関する合意であるロンドン宣言（未発効）が取りまとめられた。

　このようにイギリスは、日露戦争中のロシア海軍による国際法に妥当しない捕獲行為に対して強い問題意識を示し、そのイギリスから見ると日本の捕獲がとりわけ適正なものとして浮き彫りになっていたことが考えられる。この海上捕獲に関するロンドン宣言が取りまとめられた 1908 年は、本事件の貴族院判決と同年であり、捕獲の適法性に対する関係者の関心も高かったと想定することは合理的であろう。

　Andersen v. Marten というイギリスの保険判例は、日本では知る人もいないが、この判例は当時の日本にとっては、単なる保険判例以上の意味を持っていた。これを説明するには、時代を少々遡る必要がある。

　日本は、江戸末期に欧米列強との間で関税制限や領事裁判権についての不平等条約を結ぶに到った。明治維新以後の日本において、不平等条約を解消することは、国家としての政治的課題であると同時に、「文明国として認められる」という宿願の象徴でもあった。

　日本が不平等条約を結んだ当時は、欧米列強による植民地統治が全盛であり、文明国と非文明国という差別観が明確であった。当時の「文明国」とは、欧米諸国間で形成された国際法を理解し遵守する能力を持つ主権国家のことであり、すなわち欧米諸国であった。そして、国際法の主体となり得るのは、法の遵守能力を持つ欧米諸国であるのに対し、国際法を理解しない非文明国は、国際法の主体としての資格がなく、植民地統治の対象とされた。

　つまり、こうした白人の他人種に対する差別観に基づく特権的意識によって

「非文明国」とされた国々は、貿易に関する慣習国際法を理解していないことがあるので関税制限が必要であるとされ、また非文明国は野蛮である場合もあるので、列強は、非文明国内の自国の利益を守るために領事裁判権を要求したのである。

日本が、屈辱的な差別待遇である不平等条約を解消するためには、非白人国であっても文明国であることを示す必要があった。そして、非白人国であっても文明国たり得ることを客観的に示すには、欧米諸国の間で外交や戦時における国家間のルールとして認識されている国際法を理解し遵守することこそが、その証左となった。国際法は、16世紀頃からヨーロッパ諸国が主権国家化していくなかで、絶え間なく発生し続けた国家間の戦争や権力闘争を規律する法として形成され、その結果、当時の国際法の中心となっていたのが外交と戦争に関する法規範であった。

つまり、日本にとって、外交および戦争の局面とは文明国の当否が試される舞台でもあった。そのため、日本はとりわけ外交と戦争において国際法遵守に意を配し、日清戦争および日露戦争では、開戦の詔勅で明治天皇自らが国際法の範囲内で戦うよう訓示し、また、日本軍は将校に戦時国際法のマニュアルを持たせ、実戦でも戦時国際法の遵守が徹底された。日本の有力な国際法学者は、日清・日露戦争の直後に両戦争でいかに日本が国際法を遵守したかを詳細に記した欧文の著書を欧州の出版社で刊行し、日本が文明国であることの広報・宣伝に努めた[77]。

このような、国を挙げての国際法遵守の努力のなか、*Andersen v. Marten* 事件における "proper tribunal followed on grounds recognized by the general consent of nations" であるとか、"lawful cause of capture" や "rightfulness of the seizure" などの表現は、イギリス貴族院（当時の最高裁判所）が日本海軍の捕獲手続きや捕獲審検を高く評価しているもので、それはとりも直さず国際法の遵守に対する高い評価である。

この裁判所による評価は、私人間の保険填補に関する裁判において、偶々国際法の遵守状況に対する評価が必要となったために言及されたものであり、政治的意図とは無関係であるがゆえに客観性が高いといえる。日本の国際法遵守

がこのように評価されていた事実は、日本の国家的宿願が達成されつつあったことを示していると考えることができよう。

なお、日本は日露戦争後の1911年に各国との不平等条約をすべて解消し、宿望を遂げる。さらに、第一次大戦後に設立された国際連盟においては、イギリス、フランス、イタリアと並ぶ4か国の常任理事国に列することになり、一等国と目された国々に伍する地位に上り詰めることとなる。

Andersen v. Marten は、私人間の保険填補に関する判例に過ぎず、日本では認識されることもないが、明治期の日本が欧米列強に比肩すべく払っていた努力の結実という歴史の断面を示している。

8　捕獲と便宜置籍

捕獲における便宜置籍の問題は、本章の冒頭にもふれた。この問題は、捕獲法の基本概念である「敵性」・「中立性」という分類に起因している。

以下に、実際の捕獲事件の例を通じて、便宜置籍船に対する捕獲の問題について考えてみたい。

(1) フォッチ号事件

この事件は、第二次大戦中のパナマ籍船の捕獲事件である。フォッチ号はノルウェーのベルゲンに本社を置くワーレム・アンド・カンパニー社が所有する貨物船で、国籍はパナマであり、これを山下汽船が傭船し日本－中国間を航行していた。

1941年12月8日の日本対米英間の開戦当日に、横浜港に停泊していたフォッチ号は、日本海軍の掃海艇に拿捕された。

これに関して、船舶の実質的所有者である上海に本社を置く利民公司の代表者鄭良斌およびその代理人である岩田宙造弁護士ならびに竹内元三弁護士は、横須賀捕獲審検所に解放の訴願を行った。

まず、両弁護士によって背景的事情が説明された。フォッチ号は元々海文号という船名で、利民公司の前身企業である恆安承記輪船公司が所有者であった

が、日中戦争の勃発により同船が重慶政府から徴発される可能性が生じ、これを免れるために所有をノルウェーのワーレム社に移し、船籍もパナマに移すことにした。つまり、徴発されないよう便宜的に外国船に仕立て上げたのである。

弁護側の主張は次のようなものであった。すなわち、所有者名義および船籍の変更が行われた理由は、重慶政府の徴発を免れるための偽装であって、事実上は依然として利民公司の所有物である。しかも利民公司は日本と同盟国である中華民国の法人で、代表者の鄭良斌も親日的中華民国人である。現に拿捕当時、同船は山下汽船に傭船され、日本の利益のために使用されていた。真の所有者および表見名義人のいずれも敵性を有しておらず、船の監督または使用による利益も、敵国や敵性を有する者に帰属していない。したって同船は海戦法規18条に規定される敵船に該当しない。さらに、1941年12月8日の拿捕当時の日本はパナマとは戦争状態にはないので敵国国旗を掲揚していたとはいえず、たとえ12月17日にパナマが日本へ宣戦を布告した後の拿捕であったとしても、パナマ国旗の掲揚は、船主および傭船者のいずれの意思によるものでもなく、同船は実質的に同盟国の船舶であることから、パナマ国旗を掲揚していても海戦法規18条1項の適用はされない。

以上のように、利民公司の代理人である岩田弁護士と竹内弁護士は、同船は徴発を免れる目的で便宜的に名義人と船籍を変更したに過ぎず、捕獲が不当であると主張した。

これに対して、検察官である山田亀之助海軍法務中佐の意見は次のようなものであった。

パナマとアメリカの関係は、パナマ運河に関する条約により、アメリカが交戦国になるときはパナマもまた共同作戦国として戦闘行為を為すことを得、アメリカの保護国たる地位にあることを定めている。したがって、日本がアメリカに対して宣戦を行ったことでパナマに対しても同一の結果が生じた。12月17日に、パナマから日本に対して戦争状態の発生の通告が行われたのは、単に正式通告が行われたに過ぎない。もし、正式通告の17日をもって戦争状態に入ったと解釈する場合であっても、12月8日から17日の間は抑留状態にあり、17日に拿捕が行われたと解することで支障はない。

第 8 章　捕獲（Capture）

両者の主張を踏まえた横須賀捕獲審検所は、次のとおり検定した。

主文「汽船『フォッチ』號ハ之ヲ捕獲トス」

検定の理由の多くは、検察官の主張に沿っている。便宜置籍であったとしてもパナマはアメリカとの条約上において軍事的には不可分の関係にあることから、アメリカとの戦争開始によりパナマ国籍の船は敵国を利する行動をとる可能性があり、12月8日の同船に対する措置は拿捕ではなく抑留であり、戦争の必要上やむを得ない自衛上の措置であること、また12月17日にはパナマ公使が日本政府に対して戦争状態の通告をしているので、以降パナマは敵国となり、適法な拿捕であるとする。そして、国籍変更は重慶政府の徴発を免れるための偽装であるという主張に対しては、当事者はパナマ国籍を取得する意思をもって取得したのであって、真意と事実との間に齟齬はなく、よって偽装ではないとする。真の所有者の問題については、海戦法規の条文規定上は、あくまでも船籍が問われているのであって、真の所有者が何人であるかは認定を左右しないことなどを述べている。

この検定を不服とした船主の利民公司は抗議をし、東京の高等捕獲審検所に上訴した。

訴願代理人は、引き続き岩田・竹内の両弁護士が務め、検察官は堀江季雄枢密院書記官長および大森洪太司法次官であった。

岩田・竹内両弁護士は、本船が山下汽船の傭船であって日本の利益のために利用されており、たとえば12月8日の時点では横浜において青島から貨物の荷揚げ中であったこと、また船主、傭船者、荷主などの関係者がいずれも日中関係者であって、パナマとは実質的な関係はなく、便宜的な船籍に過ぎないと論陣を張ったが、抗議は棄却された。

本事件は、船主にとって不運な事件であったといえる。もし、恆安承記輪船公司が船籍を変更していなければ、船は重慶政府に徴発されていた可能性があった。徴発とは私人による軍需の負担であり、有り態にいえば船が取り上げられることである。対価の支払いが行われる場合でもその金額も一方的に決められてしまうものであり、船主にとっては重大な事態であるといえる。こうした事態を回避するために行った船籍変更であったが、結果的にパナマがアメリ

カと軍事的に緊密不可分な関係にあったために、日米間の戦端が開かれたことにより捕獲の対象となったのである。

(2) モラザン号事件

　この事件も、第二次大戦中のパナマ籍船の捕獲事件で、モラザン号はフォッチ号と同じくノルウェーのベルゲンに本社を置くワーレム・アンド・カンパニー社が所有する船舶（貨客船）であった。

　同船は、1941年12月8日の日本対米英間の開戦当日に、パナマ国旗を掲揚して上海港に停泊していたところを日本海軍に拿捕された。これに関して、訴願人であるイラン国籍のモハメッド・ネマジーおよびその代理人である木村篤太郎、鎌田英次、横田雄俊の三人の弁護士が、佐世保捕獲審検所に解放の訴願を行った。

　イラン人のネマジーは、香港に本拠を構え、上海に支店を設けて貿易業と海運業を営んでいた。ネマジーは、1940年にモラザン号を含む2隻の船を購入しそれらの所有者となった。両船はいずれもアメリカ国籍であり、ネマジーはこれをアメリカからイランに変更しようとしたが、どういうわけかイラン政府が船籍登録を拒絶したためこれを断念せざるを得ず、便宜的にパナマ船籍の登録を行った。当時は既に日米関係に不穏な兆しがあった時期であり、アメリカ船籍のままで置くことは、もし戦端が開かれた場合に日本軍から捕獲される危険があった。また、2隻の所有権はワーレム・アンド・カンパニー社に移転された。

　木村弁護士らは、ネマジーはパナマ共和国との関係が全くなく、単にパナマが外国人所有船の登録を認める国であったことから、パナマ船籍を選択したものであり、母国の船籍登録拒絶という偶然の支障に伴う窮余の策であって、仮の措置に過ぎないことを主張した。所有者名義を変更した理由は、ネマジーは貿易業を専門としてきた経緯があり、海運業は始めてまだ日も浅かったことから、ワーレム社の名義で船舶を所有するほうが何かと便利であったためであった。そのため、ワーレム社からは信託証書を徴し、ネマジーが事実上の所有者として、傭船料等の利益をすべて取得していた。

第 8 章　捕獲（Capture）

　弁護側は、こうした事実から、パナマ船籍というのはあくまでも形式上のものであって、事実上の所有者は、中立国であるイラン人民であって、船舶は何ら敵性を有していないと主張した。加えて、12月8日の時点でパナマと日本との間は戦争状態にはなく、そのため本件拿捕は違法であり、その後の戦争布告によって戦争状態になったとしても、過去の違法な拿捕が適法と認められるわけではなく、解放をすべきと主張した。
　しかし、これについて佐世保捕獲審検所は捕獲の検定を下した。検察官である中村盛夫検事の所見と、佐世保捕獲審検所の見解は、フォッチ号事件の際のものとその論点は同じであるので省略する。
　この検定を不服とした訴願人は抗議し、東京の高等捕獲審検所に上訴した。高等捕獲審検所でも木村弁護士らがパナマは便宜的な国籍に過ぎず、本来はイラン国旗を掲揚すべき船であることは明らかであるなどと訴えたが、抗議は棄却された。

(3) モラザン号載貨事件

　モラザン号には多くの貨物が積載されており、同船の拿捕と併せて貨物も拿捕された。これらの貨物は、佐世保捕獲審検所によって検定のうえ二つの目録に分類され、第一号目録記載の物件は捕獲、第二号目録記載の物件については解放と検定された。
　海戦法規20条は、「敵船内ニ在ル貨物ニシテ中立性ヲ有スルコトヲ立証スルヲ得サルトキハ該貨物ハ敵性ヲ有スト推定ス」と規定しており、佐世保捕獲審検所は本規定に従い、貨物の中立性の立証がない限り、敵性貨物と検定した。
　貨物の中立性の調査に関し、本件拿捕船舶の取扱主任であった前田清海少佐が「拿捕船舶載貨ヲ陸揚シタルコトニ関スル調書」を作成し、三井物産株式会社上海支店次長の梶山幹六が、船積書類をもとに中立性を調査した評価書を作成した。
　荷主の聴取も行われ、上海製造絹糸株式会社取引係長青木茂、永盛薄荷股份有限公司店員張鈞耕、美亜織綢廠股份有限公司営業部員王元照などの関係者が聴取を受け、証拠書類の提出を行っている。そしてその結果、上海製造絹糸株

式会社の絹紡糸や、永盛薄荷股份有限公司の薄荷（ハッカ）や樟脳など多くの貨物について中立性が立証され、これらは第二号目録に記載されて解放された。

　反対に捕獲と検定され、第一号目録に記載された没収貨物も多数に上った。外国製のビール合計4,270箱、外国煙草2,142箱、人造バター（マーガリン）840箱、紡績器具146箱など、いずれも敵性貨物であったか、中立性の立証ができなかったものである。

　当時の貨物の敵性と中立性の判断について、海戦法規19条は、敵船内にある貨物の中立性または敵性の判定は、貨物所有者の国籍が中立か敵かによって定めることを規定し、また同21条は、敵船内にある貨物の敵性は、戦争開始後その航海中に所有権の移転を行っても、目的地到着までその敵性が存続することを定めている。こうした諸々の規定は、戦時国際法として国際的にほぼ共通していた。

　三井物産上海支店は、歴史上にその政治的な活動がよく知られるが、捕獲審検においても貨物の船積書類の解析などを海軍から依頼されていた。なお、本船の大口荷主であり貨物が解放された上海製造絹糸株式会社は、鐘紡の現地法人である。

　これらの事例が示すように、当時のパナマは、外国人所有船の登録を便宜的に認める数少ない国であり、船籍変更が容易にできる制度を有していた。その制度の実質的な開始が1936年であり、同国は海運会社について法人税を免除することとし、以降パナマ籍船の船腹量は急増する。パナマ政府は、代わりに船舶登録料と年間手数料を徴収したが、船主に対する法人税免除の訴求力は強力であった。法人税を免除することによって、パナマ政府は所得の実態すなわち船舶所有会社の有り様を詮索する必要もなくなり、徴税コストが極小化され、一方では手数料などの安定した歳入源を得ることになった[78]。

　また、1937年のアメリカ中立法（国内法）が、「現金・自国船主義」の規制を設けたことを受け、アメリカ海運業界は、戦略的にパナマ船籍を利用するようになる。この法律のもとでは、アメリカ大統領が戦争と認定すれば、交戦国はアメリカから物資を調達する場合に、現金前払いと当該交戦国が自国船でア

第8章　捕獲（Capture）

メリカに買いに来ることを要した。その結果、満足な商船隊を持たない中国との貿易に際しては、アメリカ船がパナマ船籍を取得して輸出貿易に従事するようになった。

　一方、当時の外航海運の国際慣習としては、今日のように便宜置籍船が一般的に見られるような状況からは程遠かった。したがって、社会通念上も便宜置籍船は例外的であり、加えて、海戦法規にはこうした特殊事情を斟酌すべき余地もなかった。法の執行が、軍事力によって行われることもさることながら、捕獲審検所の検定書は、軍事的要請が私人の権利を圧倒する感を読む者に与える。

　なお、第11章「戦争とは何か」でふれるが、太平洋戦争が始まるまでの日中間の紛争は、国際法上の戦争ではなく事変として扱われ（支那事変）、そのため海戦法規上の行為である捕獲や封鎖は行われていなかった。日本海軍は代わりに「交通遮断」という制度を宣言し、これに基づいて遮断を侵破する中国船を拿捕していた。そのため、国際法上の戦争に移行する前のいわゆる支那事変の期間中においても、多くの中国船舶が日本海軍からの拿捕を逃れるために便宜置籍をしていた実態があった。

　今日においては、便宜置籍について、国際法も海運実務を考慮するように変化してきており、船籍のみではなく、所有者、傭船者およびその他の基準によって敵性・中立性を決定すべきものとされる。しかし、外航海運の商慣習上において、これだけ船舶の便宜置籍が一般化し、また傭船契約や利用運送契約も国際的に複雑化しているところ、果たして敵国船や中立国船という概念に実際的な意味があるのか、という疑問も払拭し難いのものとして残る。

　たとえば、2024年2月に、紅海上でイエメンの反政府組織フーシに攻撃され、3月に沈没したルビーマール号という船があった。当時、フーシはイスラエルによるパレスチナ攻撃に反対し、イスラエルに関係する船や、イスラエルの立場に同調する米英などの国々の船を攻撃すると宣言し、サプライチェーン上の隘路であるバブアルマンダブ海峡付近で攻撃を繰り返していた。ルビーマール号はそうしたなかで撃沈された最初の船であったが、その攻撃は同船がイギリス船であるという理由によるものであった。しかし、その実態は次のと

おりであった。すなわち、船籍はベリーズにあり、レバノンの会社が運航し、乗組員はシリア人で、所有者はマーシャル諸島に登記された会社であり、その会社の連絡先としての住所がイギリスのサウザンプトンにある集合住宅の一室であった。そして、攻撃されたときは、サウジアラビアからブルガリアに向けに肥料の運送に従事中であった。

　本事件は、捕獲ではなく攻撃の例であるが、このような船は果たしてフーシが敵とみなすイギリスの船といえるのだろうか。本例のように、多くの国々の利益が複雑に関係する海上運送がごく普通となっているなか、「敵性」の判断とは、容易ならぬ問題であるといわなくてはならない。たしかに、旗国がベリーズのような便宜置籍国である場合に、次に所有者に着目することは自然であり、その所有会社がまたマーシャル諸島のようなペーパーカンパニーや便宜置籍で知られる国にあれば、その会社の連絡先の所在する国を実質的な敵国と観念することに、一定の妥当性を見出すことはできる。しかし、その連絡先の実態がアパートメントの一室に過ぎないとすれば、これも実質的な拠点ではなく、会社を所有している実体は他にあると推定することも可能である。そして何といってもイギリスに対する攻撃と言いながら必然的に命の危険にさらされる船員は、全員シリア人であることも不条理である。この一例を見てもわかるとおり「敵性」とは何かという問題は、近時の商慣習に鑑みると非常に難しい問題である。

　しかし、敵性の判断が難しいからといって、武力紛争時に捕獲がなくなるわけではない。敵国を屈服させるために、軍需物資等の輸入を遮断するという戦略は、今後も発生し得るし、海上武力紛争法の一手段として国際的に認識されている。

　有事が発生した際に、いかなる形態の運送や貿易であれば許容され得るか、または反対に敵性が認められ捕獲され得るかが、貿易関係者にとって重大な関心事となるであろうことはいうを俟たない。つまるところ、捕獲の規律には、現行の海上運送実務および貿易実務に則した合理性が求められよう。合理的な規律や判断規準は、実務関係者にとっての予見可能性にも資する。

163

第9章
アヘン貿易

1 アヘン貿易とアヘン戦争

　18世紀のイギリスの貿易における代表的貨物が、奴隷、砂糖、綿製品であったのに対し、19世紀には原綿、茶、アヘンが代表的な貨物となる。

　アヘン貿易は、密輸が貿易の大動脈を形成するという歴史上に特異な現象であるが、アヘン貿易にも貨物保険が不可欠な役割を果たした。密輸される禁制品がこのように大々的に保険の目的物とされた例は、保険史上に類を見ない。

　アヘン貿易は、イギリスにおいて茶の飲用が習慣化したことに起因する。元々、イギリスの上流階級で飲用された茶は、19世紀に入ると下層階級にまで普及し、その効用も病気の治癒など実態以上に宣伝され、茶の日常的な飲用が国民的習慣として定着する。しかし、冷涼なイギリスの気候は茶の栽培に適さないため、その供給は輸入に頼らざるを得ず、中国南部で生産される茶葉が大量に輸入されるようになった。

　中国からの茶の輸入は、東インド会社によって行われた。当初東インド会社は、中国に対する輸出物としてイギリスの毛織物、のちに綿織物の販売を試みたが、これらに対する需要はなかったため、茶の売買は専ら銀によって決済された。

　イギリス国民の日常的な需要を満たすための大量の茶の購入が銀によって行われ、対中貿易が輸入一辺倒となると、産業革命後にあって資金需要が旺盛なイギリスの産業界からは、銀を大量に流出させている東インド会社の無策に対して批判が巻き起こった。

　当時はアメリカ独立戦争の戦費確保のためにも国内の銀の流出は抑制されなければならず、東インド会社の対中輸入超過による銀の国外流出は、議会でも問題視されるようになった。このような批判にさらされた東インド会社は、輸

第 9 章　アヘン貿易

出すべき目ぼしい産品がないなか、中国が輸入を禁止しているアヘンの密輸に活路を見出す。

　中国には、元来アヘン使用の文化が存在していた。アヘンは中国においては、古来より医療用に処方される場合があったが、明代には上流階級の嗜好品としてタバコに混ぜて吸煙する習慣が生まれた。アヘンを吸煙するという習慣は次第に広まり、医師は苛烈な痛みに苦しむ病人に対してアヘン吸煙をさせ、痛みや苦しみの緩和に使用されることが増加する。しかし、嗜好品としてのアヘンが全階層に行き渡り、その流通量が増加するにつれ、吸煙者の多くが廃人と化し死に到るアヘン依存症が社会問題化していく。

　中国に対するアヘン輸出については、17 世紀にポルトガルが、自国のインド植民地であるゴアおよびダマーンからアヘンを積み出し、マカオを通じて中国国内に販売していた経緯があった。イギリス東インド会社は、過去のポルトガルの例に倣ってインド産アヘンの輸出を計画し、インドにおいてアヘンの専売制度を設け、現地でケシの生産を促進し、アヘンを買い上げた。

　中国へのアヘン輸出は、東インド会社の country trade として行われた。初期段階の東インド会社では、アジアとイギリス本国との間の貿易は東インド会社の業務として行われ、これに対してアジア域内の貿易は、社員の個人の勘定で行うことが可能であり、このアジア域内の個人貿易は country trade と呼ばれた。その後、country trade は社員の副業から、東インド会社からの免許を得た民間商人が行う貿易制度となり、これらの商人は country trader と呼ばれ、アジア域内で大規模に貿易を行うようになった。アヘンの country trader として歴史上に知られる商社として、ジャーディン・マセソン商会やデント商会がある。

　アヘン貿易はアジア域内の貿易であるので country trader によって行われたが、茶は中国とイギリス本国との間の貿易であるため、country trade の範疇ではなく、東インド会社の業務であった。

　民間商人である country trader がアヘンを輸出することは、イギリス本国および東インド会社にとって好都合であった。当時の清国はアヘン輸入を禁止していたため、東インド会社のように本国から多くの権能を与えられ、いわば

本国の分身のような組織が、禁制品を輸出することは、国家間の問題に発展しかねない危険性があった。国民的嗜好品となった茶の供給を清国に全面的に依存していたイギリスは、清国による輸出管理体制の下で茶の輸出禁止等の措置が起こり得ることを恐れており、アヘンの売買が私人間で行われていることはイギリスに弁解の余地を残した。

　イギリスは、国民にとって不可欠となった茶を全面的に清国に依存する反面、清国との間には何らの条約もなく、国家間の外交関係がなかった。そのためイギリスから18世紀末に、ジョージ三世の使節としてジョージ・マカートニーが派遣され、乾隆帝への謁見を試みる。マカートニー使節団の目的は、清国との条約締結による国家間の外交関係を構築することと、茶の安定的な購入体制を確保するための自由貿易交渉であった。

　ところが、当時の清国からすれば、貿易交渉や条約締結などは非常識で論外な要望であった。当時、全盛期にあった清国は、中華思想の理念によって世界を捉えており、これに基づく世界観とは、高度な文化とあり余る富を持つ中華と、その周囲を取り巻く野蛮で未熟な夷狄によって構成されるものであった。こうした世界秩序の認識においては、皇帝は天から権能を委ねられた地上世界の中心であって、各国の王とはその世界の中の一つの国の王に過ぎなかった。そのため、はるか辺境の「英夷」の王が、天子たる皇帝に対して貿易交渉を行ったり、対等な立場で条約を結ぼうとすることは、分不相応で甚だしい無礼と捉えられた。そもそも、中華思想において外交という概念は存在せず、他国との関係とはすなわち朝貢関係であって、上下の秩序を前提としていた。清国から見ればイギリスも朝貢国の一つに過ぎず、マカートニーらは外交使節ではなく朝貢使節であった。

　また貿易は、天子の徳を慕ってきた国への恩寵として認められるものであると観念されていた。したがって、マカートニー使節団に対する乾隆帝の回答は、中華は不足している物産がないので貿易を必要とせず、イギリスは、皇帝の恩恵により茶などの物産の援助を受け、余沢に潤うことを認めてもらっていることが記され、そして皇帝の撫育を受ける立場を理解していないイギリス国王の無知と不見識を咎めるものであった。条約締結というイギリスの要求は、

このような認識の違いにより一蹴された。

　ところで、マカートニー使節団は、清国からアヘンの密輸について指弾されることを想定し、本国の外務大臣からもアヘン密輸が問題化した場合の対応について指示を受けていたが、清国側はアヘンについて何も言及をしなかった。なぜなら、アヘンは禁制品であり、清国の建前上は貿易も流通もしていないものであった。

　ところが実際は、当時の清国の官僚組織の腐敗は甚だしく、役人への贈賄によって大規模な輸入および国内流通が組織的に行われていた。清国の唯一の貿易港であった広州では、珠江河口沖にアヘンの洋上保管船が停泊し、船上で売買が行われた。洋上保管船はイギリス側の船舶であり「躉船」と呼ばれた。躉船上で売買されたアヘンは、「快蟹」または「快蛙」と呼ばれる海上運送人が瀬取りし、目的地に運送する。そして、「窰口」と呼ばれるブローカーが売買の仲介を行った。

　快蟹や快蛙には広州の港湾を管理する官僚が裏で関与をしており、なかには、巡視船がアヘンの運送を行う例すらあった。本来行われるべき躉船の捜索や、快蟹や快蛙の拿捕はこのような背景から捗らなかった。

　船上で売却されるアヘンは銀で決済され、これによって茶の輸入で流出した銀は再びイギリスに還流するようになった。しかし、銀は東インド会社ではなくアヘン商人に渡ってしまうため、東インド会社は一計を案じ、イギリスのアヘン商人が得た銀正貨（specie）を、東インド会社広東財務局が買い取って為替手形と交換する業務を始めた。為替手形への交換は、運賃や保険料を払って銀正貨を船で持ち帰るよりも、利便性も高く安全であったので、アヘン商人は銀を東インド会社広東財務局で手形に交換するようになった。このようにして東インド会社は、茶の対価として支払った銀を回収するスキームを拵えることに成功した。

　かくしてイギリスの対中貿易において、ようやく茶の輸入に匹敵するアヘン輸出が軌道に乗り、大量のアヘンがインドから清国に供給され、国内に流通するようになる。容易に入手できるようになったアヘンに人々は安易に手を出すようになり、アヘン吸引の悪習は国内に蔓延した。

1　アヘン貿易とアヘン戦争

　アヘン戦争勃発前の1838年のアヘン輸入量は、実に400万人の1年分の使用量に達し、広範に拡大したアヘンの悪弊は、風紀を紊乱する害毒となり、社会に深刻な影響を及ぼした。やがて、アヘン貿易の規模は茶貿易をしのぐ規模となり、それまでとは反対に清国からの銀の流出という現象が目立つようになる。

　この当時、ロンドンは国際的な金融市場へと変貌していく過程にあった。それは貿易決済を中心とした金融市場であり、その契機となったのがアメリカの商人が振り出したロンドンで交換可能な為替手形の存在である。

　当時、アメリカでは黒人奴隷を使った綿花のプランテーションがアメリカ南部の経済を牽引し、アメリカで生産された原綿は、紡績の機械化によって世界最強の工業国となったイギリス向けに巨大な商流を形成していた。そして、アメリカの商人の綿花売却に係る債権は、為替手形として国際的に流通するようになる。アメリカもイギリス同様に茶の一大輸入国であったが、アメリカ商人の綿花売却債権に係る為替手形が裏書きされ、アメリカが清から購入する茶の支払いに充てられるようになるのである。それまでアメリカは茶の購入を銀で決済していたが、手形によって決済されることで清はアメリカからの銀の収入も得られなくなり、銀の流出傾向に拍車がかかる。そして、清のアヘン商人もイギリスのアヘン商人に対する支払いにアメリカの綿花債権の為替手形を利用するようになり、このように連続的に裏書きされていく手形は最終的にロンドンで決済された。

　こうしてイギリス紡績業の産業資本を信用の基盤として、ロンドンは貿易金融と貿易決済における世界の中心地としての地位を確立していく。

　一方の清国においては、銀の流出の影響が顕著となって問題化する。清国における通貨は、一般に銅銭が使用されたが、租税は銀両での納付を要するため、民衆は納税のために銅銭を銀両に交換する必要があった。ところが、銀はアヘンの支払いのためにイギリスに流出し続け、その価格は高騰の一途をたどり、銀による納税は実質的な増税となって民衆を苦しめるようになるのである。

　アヘンの害毒は、人々の健康を蝕み、生活を破壊するばかりでなく、経済や財政をも悪化させる諸問題の元凶として看過できないものとなっていった。

第9章　アヘン貿易

　このような状況に到り、清国政府は漸くアヘン対策に本腰を入れるようになり、林則徐を広州に派遣しアヘンを取り締まらせた。林は、取り締まりの一環として、国内の在庫のみならず、イギリスのアヘン商人からも大量のアヘンを没収し、焼却処分したため、イギリスとの間では緊張状態が高まった。

　イギリスにとっても巨大な商流と化したアヘン貿易を失うことは大問題であった。インド植民地におけるアヘンの専売体制は莫大な利益を生み、財政上の重要な収入源となっていた。また、イギリス経済を牽引する紡績業界が負う綿花購入代金債務の先には、清のアヘン購入代金債務が連なっていた。アヘン貿易がなくなることは莫大な財政収入の喪失であるのみならず、連続する為替手形の引渡しによって連環的に成り立っているイギリスの金融経済の破綻を招きかねない重大な問題と認識された。

　こうして中国とイギリスはそれぞれが切迫した事情を抱え、イギリスは自由貿易の大義名分のもとにアヘン戦争を惹き起こすことになる。

　しかし、イギリス国内でもアヘンを買わせるために戦争という手段に訴えることについては強い反対があり、議会では激論が交わされた。後年首相となるグラッドストーンは、議会において「これほど原因が不正義で、これほどわが国に永遠の不名誉を残す戦争」に反対する演説を行っている。後世の評価はまさしくグラッドストーンの言ったとおりとなったが、結果的にこのときのイギリス議会は僅差で戦争を可決した。

　イギリスは、本国からの軍艦と東インド会社の武装商船からなる艦隊を清国に派遣し、広州の海上封鎖を行い、その後北京に近い渤海湾に進出する。1840年に始まった第一次アヘン戦争は、イギリスが一貫して圧倒的優位に戦局を展開し、イギリス艦隊が長江を遡上して南京攻撃を通告したところで、清国は降伏した。

　そして和平交渉の末に1842年に南京条約が調印され、自由貿易制度の導入、広州以外に厦門、福州、寧波、上海の開港、香港島の割譲、没収されたアヘンの損害賠償などが合意された。

　一方で、イギリス国内ではアヘン戦争の背徳性に対する激しい非難が継続しており、こうした世論に配慮して、イギリスは南京条約上にはアヘン売買に関

する条文を設けることを避けた。

　他方、アヘン戦争に懲りた清国はアヘンの輸入を黙認するようになる。また、イギリスは、南京条約に加えて五港通商章程と虎門寨条約を締結し、清国のイギリスに対する片務的最恵国待遇を認めさせた。

　これらの条約締結は、ヨーロッパ諸国が形成した国際法に基づく条約体制へ清国が組み入れられたことを意味するものであり、すなわち上下の秩序を前提とした中華思想が崩壊していくことにほかならなかった。

　そして、中国の実力は弱体であると判断したアメリカやフランスも条約の締結を迫り、清国は両国とも条約を締結した。

　しかし、中華思想と朝貢体制は、屈辱的な条約によって崩れつつも存続した。もともと朝貢体制は、近隣諸国が中国の徳を慕ってきているのに対して、中国が恩恵を与えるという関係性を基本とした。そして、朝貢体制に組み込まれていた近隣諸国には、真の臣下としての忠誠が求められるわけではなく、儀礼的な要求さえ履行していれば、中国から政治的に干渉されることなく独立を保つことができた。このように、朝貢体制とは実効的な関係というよりも理念的な関係であり主観的であった。

　こうした主観のもとでは、戦争に敗北して結ばされた片務的最恵国待遇などを含む条約についても、それは皇帝が恩恵を施したものとして説明ができた。領事裁判権や租界の設定についても、それは主権が侵害されたということではなく、野蛮な夷狄との接触を回避するために設けた区画であるという論理となった。

　一方で、中国の実力を知ったイギリスは、1856年にアロー号での清国官憲による国旗侮辱問題を口実に、第二次アヘン戦争を惹き起こす。

　イギリスは、フランスにも出兵を持ち掛け、フランスもこれに呼応して1857年に英仏連合軍が攻撃を開始する。英仏連合軍は広州を占領、続いて北京に近い天津が陥落したことによって清国政府は和平交渉に入った。和平交渉には、戦争に参加していないアメリカとロシアが加わり、英仏米露の4か国は既存条約のさらなる改正のために清国政府と天津条約を締結する。

　1859年に天津条約の批准書交換のために北京を訪問する各国の全権に対し、

第9章 アヘン貿易

清国は陸路の通行を要求したが、英仏の全権はこれに従わずに河を通航したために清国側からの砲撃に遭った。この清国の敵対的行動に対する反撃として、翌1860年には増強された英仏連合軍が上陸し、北京に向けての進撃を開始する。北京への進撃途上で行われた和平交渉は決裂し、英仏連合軍は北京に迫り、皇帝は熱河へ避難した。北京が陥落すると英仏連合軍は円明園で大略奪を行ったのち、これを破壊して焼き払った。

こうして度重なる敗北を喫した清国は、北京条約によってさらに諸般の要求をのまされ、イギリスとフランスは中国における権益を一層拡大した。

アヘン貿易もついに合法化されるに到った。イギリスは、アヘン貿易の合法化の合意について、世界の目が注がれる条約にこれを盛り込むことを避け、目が届きにくい税則の変更によって行った。アヘン貿易の合法化に伴い、清国内ではアヘン吸引が解禁された。

アヘンの貿易量は更なる増加を続け、イギリス商社の活動も活発化する。中国からの輸出は茶以外に生糸などの輸出も増加したが、イギリスからの工業製品である綿織物は依然として中国に需要がなく、輸出額においてはアヘンが引き続き主要な品目であった。

両次アヘン戦争の後、20世紀にかけて、列強は中国に対する従属的要求を増大させ、中国国内の各種権益は列強各国によって蚕食される。第二次アヘン戦争の敗戦に伴う条約により、清国はそれまで外務を「夷務」と呼称していたことを改めることを求められ、夷務は「洋務」と改称された。そして19世紀後半にかけて、それまで朝貢関係が比較的明確であった東南アジア諸国や中央アジア諸国、琉球などが相次いで列強諸国に併合されたり植民地となっていく。なかんずく強い朝貢関係を維持していた朝鮮との関係も、日清戦争の敗北により失われた。朝貢国の消失は、朝貢体制の真の終焉を意味するところとなった。

度重なる列強との戦争も、清国の政治および経済を崩壊寸前に追い込んだ。両次アヘン戦争、清仏戦争に続いて発生した日清戦争の敗戦は、清国にとってとりわけ甚大な打撃となった。下関条約で取り決められた日本への賠償金2億3千万両は、清国の国庫収入の3年分に相当する巨額であり、これを4年間で

支払うことを約束させられた清国は、英仏独露などの各国からの借款によってこれを賄わざるを得ず、その結果、列強は清国を債務奴隷として追い込み、多くの特権を要求するようになる。

その後、列強の対中国侵略はさらに激しさを増し、租借地の取得、鉱山採掘権や鉄道施設権の獲得、果ては軍隊の駐留が行われ、中国は列強の半植民地と化した。

2 商社・銀行・船会社の活動

産業革命によるイギリス紡績業の飛躍的発展は、イギリスの綿貿易を、それまでのインド産綿織物の輸入貿易体制から、アメリカ産綿花を原料とする綿織物の輸出貿易体制へと一変させた。

これに伴いインドにおいても、19世紀初頭に綿織物の輸出入が逆転し、安価な工業製品であるイギリスの綿織物が輸入されるようになり、インドの綿織物工業は壊滅的な打撃を受け、その窮乏ぶりは、綿織物職工の骨がインド平原を白くするとまで言われた。

同じ頃に東インド会社は、インド綿輸出を中心とした業務体制から、インド植民地支配のための組織へと変貌し、茶をはじめとした貿易業務の民間への移譲が進展する。

アヘン貿易で歴史上に最も名を残した商社がジャーディン・マセソン商会（Jardine, Matheson & Co., Ltd.）である。同社はもともと、東インド会社で船医をしていたウィリアム・ジャーディン（William Jardine）が自己のcountry tradeとしてアヘン貿易を開始したことを原点とし、その後インドから清国へアヘン輸出を行う商社の最大手として台頭する。第一次アヘン戦争前後の清国官憲は、創業者のウィリアム・ジャーディンをアヘン密輸の最大の頭目として問題視し、"Jardine, William"は、漢字で「鉄頭老鼠」と表記された。

同社は、南京条約後に香港に本店を置き、広州と上海には支店を開設し、さまざまな商品を扱ったが、とくにアヘンを通じて莫大な利益を稼いだ。その利益は、極東における海運、保険、造船、埠頭、倉庫、鉄道、不動産、製糸など

の領域の投資に振り向けられ、商圏を拡大していく。日本においても、ジャーディン・マセソン商会横浜支店が江戸時代末期に開設されている。

　同社の事業は、第二次大戦による日本軍の香港侵攻を受けて一時中断を余儀なくされるが、1954年に香港で業務を再開し、現在も不動産事業などを中心に事業を展開している。

　19世紀半ばになると上海には多くの外国船が出入りするようになり、ジャーディン・マセソンのような商社、また海運、保険、銀行などの貿易関係者が上海に拠点を設け、いわゆる上海バンド（外灘）にはこれらの会社のビルが軒を連ねた。こうして集った各国の企業関係者はそれぞれの母国が上海に設定した租界に居住し、上海は国際都市として発展する。19世紀末には600社を超える商社が上海に集結し、とりわけアヘンと茶の大きな商いを行うイギリス商社が取引量で優位に立っていたが、20世紀に入ると日本商社の存在がそれに迫るようになる。

　両次アヘン戦争後の、アヘン貿易の拡大は、貿易金融の需要の増大をもたらし、1865年に香港上海銀行（The Hong Kong and Shanghai Banking Corporation（現HSBC））が設立される。香港上海銀行のビジネスの中心となったのは、極東・インド・イギリス相互間の貨物の輸出入を対象とする短期信用の貿易金融であり、同行は荷為替手形決済のための信用状を発行した。

　イギリスでは19世紀初頭に、ベアリングやブラウンなどの貿易手形引受を行うマーチャントバンクが出現するが、ブラウンは外国為替の他に海運業と保険業も営んでいたことから、初めて荷為替手形を使った貿易金融を行うようになり、これが荷為替信用状の誕生へとつながる。これによって輸出者は、為替手形を振り出し、船荷証券および貨物保険証券を併せ引き渡すことで、銀行から代金を回収することが可能となった。貨物の上にある権利が化体された船荷証券は、貨物の引渡しのために利用されるが、加えて金融の担保となった。保険証券は貨物の滅失等に伴う損害を補償することで売買を補完し、また銀行にとっては担保物の経済価値を補償する役割を担った。これらの書類を組み合わせた貿易取引は、書類売買の形式で商慣習化され、CIF（Cost, Insurance and Freight（運賃保険料込み渡し））取引と呼ばれるようになる。

イギリスを発祥とする CIF 取引は、19 世紀後半には国際的に普及するに到った。また、定期航路が開設されていくにしたがい、輸入地の買い手が船や保険の手配をすることも可能となり、FOB（Free on Board（本船渡し））取引が出現する。

インドや中国との東方貿易のための貿易金融を行うイギリスの銀行は、香港上海銀行の他に、チャータード銀行、オリエンタル銀行、マーカンタイル銀行などが設立され、これらの東洋為替銀行はイースタンバンクと呼ばれた。これらの銀行はいずれも本店をロンドンに置いたが、香港上海銀行のみは東アジアを本拠地とし、同地域の貿易関係者の利益のための銀行としての性格が特に強かった。また、香港上海銀行は、後に中華民国の関税管理銀行となって政府財政に大きな影響を及ぼし、さらに後には香港ドルの発行銀行となり、現在に到るもなお香港ドルの通貨発行権を保持している。

1898 年には、香港上海銀行はジャーディン・マセソンとの共同出資により中国国内の鉄道事業に着手するなど、中国国内への巨額の投資を開始する。

当時、中国国内の鉄道等へのインフラ投資には、日本を含む列強が利権を獲得するために殺到していた。いずれも借款による資本輸出であり、中国は巨額の債務を負った。こうしたインフラなどを担保とする債務は、債権国である列強と債務国である中国との間で支配・従属関係を生んだ。債権保全の名目で金融が支配され、鉄道とこれに付随する土地をはじめとする財産は抵当にされ、各国の軍隊は強制執行機関の役割を果たし、中国は日清戦争敗戦に伴う巨額債務に加え、列強のインフラ投資に伴う債務を抱え、一層の財政的苦境に陥った。

この時代のイギリスの東洋貿易は、海運の観点からも変革期を迎える。

1869 年のスエズ運河開通によって東洋航路は大幅に短縮され、スエズ運河は帆船を通さなかったことから、海運は汽船の時代へ移行する。

また、この時期に船会社は大規模化をしていく。これは、イギリスの世界中の植民地を結ぶ郵船事業が、郵政省から海軍省へ移管され、その後海軍省が郵船事業の民間移管を進めたことを端緒とする。民間への郵船事業の移譲に伴い、インド・中国などの東洋航路は 1837 年に開業した P&O（Peninsular & Oriental Steam Navigation Company（現 Maersk））が請け負うこととなり、郵便

汽船契約会社としての政府助成金を得、茶、アヘン、銀、綿製品などの運送を手中に収めた。これは、イギリスの新たな三角貿易すなわち、イギリスからインドへの綿製品、インドから中国へのアヘン、中国からイギリスへの茶と銀という巨大かつ効率的な物流の掌握であった。

こうした郵船会社が汽船の運航を始めたことでイギリスの多くの中小海運会社は淘汰されていく。汽船は、それまでの帆船と比較して建造費も運航費も著しく高額であるため不経済であった。しかし、風向きや潮流と関係なく最短距離を結ぶことができる汽船の能力は、国力の源泉たる海運および貿易の競争力に資すると観取したイギリス政府は、郵船会社が帆船に対抗し得るだけの助成金を与えて汽船化を推し進めた。その一方でイギリス政府は、郵船会社に対して助成を行う代わりに船の軍事的艤装や有事の傭船などを求め、民間郵船を予備戦力化した。

やがてP&Oは、アヘンと茶の輸送を独占するようになるが、その他に中国やインドの銀行がロンドンに送る金・銀などの正貨（specie）の輸送も極めて重要な業務であり、これによってロンドンのシティのみならずイギリスの金融システムが支えられていた。

このように、当時のイギリス経済において海運と銀行は相互に頼り合う密接な関係にあり、香港上海銀行もP&Oの関係者が中心となって設立されたものであった。

3　東洋貿易における保険の状況

イギリスの東洋貿易において、商社・海運・銀行は、それぞれが自己のビジネスの遂行のために他の2つの業種を必要とする相互依存関係があった。それは単なる事業者とそのサービス利用者という関係にとどまらず、自己の事業遂行にあたり相手を不可欠な存在とする強い関係性であった。

たとえば、通信や送金が不便であった当時、商社は隔地間の国際売買を確実に行うために荷為替手形と信用状を組み合わせた貿易金融を切実に必要とした。売買の相手方との交信を船に託した手紙で行っていた当時、代金回収や貨

物受領の不確実性は重大な課題であり、銀行の発行する信用状を用いた取引の考案は、不確実性が伴っていた取引を極めて高い確度で成立させる画期的な仕組みであった。銀行の発行する信用状によって支えられて拡大する貿易から利益を享受したのは、荷主のみならず、貿易に関わる船会社や保険会社も同様であった。

荷主である商社と貨物を運送する船会社が互いに相手を不可欠とする関係性にあることはいうまでもないが、銀行にとっても船会社は不可欠な存在であった。インドや中国からロンドンに送られる金や銀の正貨は、当時のイギリス金融システムの核心であり、銀行が船会社に託す正貨輸送の重要性とは、一企業のための輸送にとどまらず、国際的な金融・決済市場となっていたロンドンの信用の源泉が運ばれることにほかならなかった。

そして、商社・海運・銀行のそれぞれが海上保険を必要とした。

貨物の国際売買を行う商社は貨物保険を必要とした。当時の保険料率は現在とは比較にならないほど高く、1%を超えることが普通に見られ、戦時などには10%程度の保険料率も多かった。10%の保険料率とは、非常に大雑把にいえば、ある航海において10%程度の確率で全損となるので相応の料率を課徴する必要があるわけであり、その損害をもたらす拿捕や海難の危険度は現在とは比べ物にならなかったことがわかる。

また、10%の保険料率ということは、貿易に伴う売買額の10%程度を保険料として支払うことであり、これは現在の保険料の感覚からするといかにも高額であるが、当時はそれでも貨物保険は不可欠とされていた。こうした事実は、リスク移転の切実な要請を言外に物語っているといえよう。イギリスを世界に冠たる貿易国および海運国たらしめたのは、海上保険が発達していたからであるといわれことがあるが、それは、換言すれば事業者がリスクを移転することができる仕組みが発達していたということである。そして、その源泉は、商人らが共同してリスクを負うシンジケートに求められ、この仕組みは現在に到るまでイギリスで引き継がれている。

船会社や船主にとっての船舶保険の必要性は、荷主の貨物保険に対するそれを超えるものがあったといってよいであろう。船主の虎の子である船は高額で

あり、保険なくして航海に出すことは通常は考えられず、それは今日においても同様である。船舶の保険料率も貨物と同じ様なレベルであったので、船価の10%ということも珍しくなく、これは現代に置き換えて考えても、保険料コストが如何に大きな負担であったかが理解できる。こうしたコストはつまるところ運賃に転嫁されるしかないが、高額な貨物保険料と併せて考えると、当時の貿易における保険料コストの占める割合は現在の比ではなく、最終的には輸入国における輸入品の値段にそれは反映された。

荷為替手形と信用状を組み合わせることで貿易金融を行う銀行は、貨物を担保として与信を行うため、信用状上に、輸出者が船荷証券を提出することを条件としていた。イギリスの船会社が発行する船荷証券はイギリス法に準拠し、イギリス法における船荷証券は貨物に関する権原証券であることから、金融に対する担保として有効であった。しかし、貿易代金の回収不能リスクに対する担保を確保しても、上述のとおり危険が多かった当時の航海においては、貨物が頻繁に失われた。そのため銀行は、与信を行うにあたり、担保物の経済価値を確保しておくために貨物保険を必ず要求し、銀行が指定した保険条件が充足されていない限り、荷為替手形を割ることはなかった。

さらに、東洋の為替銀行がインドや中国からロンドンに送る正貨は、貨物輸送というだけでなく、金融や決済の国際的な中心地となっていたロンドンの金融システムの裏付けとなる財産であったので、輸送中に海難、盗難、捕獲などに遭うことは、一事業者たる銀行の損失では済まない波及性を内包する問題であった。そのため、正貨の滅失を補償する貨物保険は、国際金融センターとなったロンドン金融市場にとっても重要な意味を持っていた。

このように海上保険は、貿易、海上運送、銀行の各業務の遂行に不可欠な機能を果たし、そのリスク移転機能は、イギリス経済を支えていたという言い方をしてもあながち過言ではなかった。

保険については、P&Oや香港上海銀行の設立よりもかなり以前から、東洋で引受が行われていた。その嚆矢が、1805年に、ジャーディン・マセソン商会等の出資によって広州に設立されたCanton Insurance Company（広州保険行）である。同社には、ジャーディン・マセソン商会のライバル的な商社で

あったイギリスのデント商会も出資し、両社が5年交代でその経営を担うという運営が行われた。

　Canton Insurance Company は配当性向が安定していたことから、その後、他のヨーロッパ諸国の商社も出資し、こうした増資は財務基盤の安定に寄与した。さらにインドと中国の商社からの出資もあり、非ヨーロッパ資本が5分の1程度を占めるようになった。

　古今不変な保険業の常として、資本の多寡は保険者のキャパシティ（引受能力）の多寡と強い相関関係があり、互いにライバルである商社同士といえども、共同出資を行うことは互いにとってメリットがあったことが推測される。こうした保険会社運営は、実質的に複数の商社がリスクをプールし、プールされているリスクを共同で分担していることにほかならず、商人等の出資によるシンジケートによりリスクを引き受けていた当時のロイズと同じ構造である。

　1831年の同社の貨物保険料率タリフによれば、広州仕出しのロンドン仕向けの一般貨物（茶、生糸など）が東インド会社船積みであれば2.5%、東インド会社船以外であれば3.5%である。同じく、広州仕出しのロンドン仕向けの貨物でも正貨については東インド会社船積みであれば2%、東インド会社船以外であれば2.5%であり、一般貨物よりも廉価である。現行実務も同じ傾向があるが、貨紙幣や貴金属などは、輸送がことさら厳重であることから、結果としてリスクが良好となる傾向があること、またその保険金額が巨額であるので、一定のボリュームディスカウントも可能となることが反映されている。一方で、広州からペナン、シンガポール、バタヴィア、マニラなどへの輸送は一般貨物、正貨に関わらず1%であり、ここからは航行距離によってロスコストが大きく異なっていたことが看取される。

　Canton Insurance Company の保険料率は、ロイズより高いこともあったが、東洋に拠点を置く被保険者にとっては、事故が発生した場合にロンドンと手紙でやりとりをすることは大変な時間が掛かり、こうした煩わしさを考慮すると、多少の料率の差があっても利便性が選ばれた。海上保険はそのリスクも国際的であり、引受についても国を跨いで自在に行われることがあるが、こうした地元に根差した営業体制は、交信が不便であった往時においては大きな意

味があり、そのため中国のみならずインド植民地にもイギリス系の保険会社群が存在し、現地の輸出入の貿易において不可欠な存在となっていた。

　一方、アメリカ植民地の商人はロイズに頼っていたことで知られる。アメリカは独立するまで保険会社は生まれず、植民地時代は一貫して現地のブローカーがロイズに保険を付保していた。このように同じイギリスの植民地でありながら保険に関する慣習が異なっていた理由は正確なところは不明であるが、事実として言えることは、その距離の違いであろう。すなわち、アメリカ大陸からイギリスまでは大西洋の横断であるのに対して、東洋からであると、南シナ海やインド洋を航行し、さらに喜望峰からは大西洋を縦断することになる。このように、交信に掛かる日数にはかなりの違いがあり、利便に相当の差があったことは想像するに難くない。

　当時は、ヨーロッパ諸国間の戦争が頻々と発生していたが、戦争期間中における保険料率は急騰する。たとえば、いずれもイギリスが交戦国であったフランス革命戦争（1792-1802）およびナポレオン戦争（1803-1815）期間中の、ボンベイ仕出し、広州仕向けの航海について、インドにあるイギリス系保険会社の引き受けた保険料率は8%〜16%の間で推移しており、護送船団による輸送の場合は8%程度であった。また、3%程度の無事故戻しも頻繁に行われている。無事故戻しについては第3章でもふれたが、実務上はno claim bonus, no claim return, profit sharingなどと呼称され、保険事故が発生せずに航海を完遂した場合に、予め定めた料率分の返戻を行う制度であり、リスクの高い案件の引受に際して被保険者・保険者双方にとって有効な制度である。

　フランス革命戦争期間中の1797年にロイズが提示したある契約の見積りでは、イギリス仕出し中国仕向けの保険料率が12.6%であり、反対の中国仕出しイギリス仕向けは15.75%であった。この料率の違いは、イギリス仕出しであれば、船舶や貨物に関する詳しい情報をロイズアンダーライターが得られるのに対して、中国からイギリスへの輸入の場合には、イギリスでは多くの情報が不確定のまま暫定的に保険の引受が行われる（provisional insurance（予定保険）と呼ばれる）ため、保険者として想定外のリスクに備えるためである。

　ナポレオン戦争中の1809年にロイズが提示しているある船舶保険料率は、

ロンドンからインドまでの航海が7%であり、反対のインドからロンドンまでの航海が9.45%～10.5%であった。

　Canton Insurance Companyは1805年に設立されたが、1810年までにマニラ、マカオ、シンガポール、カルカッタ、ボンベイ、マドラス、メルボルンに代理店を設けた。代理店は、保険会社から一定の範囲のアンダーライティング権限を与えられて引受を行い、収受する保険料に対して5％の手数料を得た（今日では、こうしたアンダーライティング権限を付与された代理店をマネージング・ジェネラル・エージェント（Managing General Agent）と呼ぶ）。これらの代理店は、現地のブローカーなどが持ち込む案件を吟味して引き受けの判断を行った。現地の保険案件に一定のシェアで参入することも多くみられ、こうした引受はCanton Insurance Companyのリスクポートフォリオの国際的分散に役立った。

　両次アヘン戦争前後のアヘン貿易については、ジャーディン・マセソン商会とデント商会とでアヘンの貿易量全体の3分の2を占め、他の商社を圧倒した。アヘン戦争前のボンベイの海上保険に関する記録には、ジャーディン・マセソン商会の中国向けのアヘン輸出と同社の中国からの銀の輸入が数多く記録されており、また当時は広州しか開港されていなかったにもかかわらず、福州や杭州などにも隠密裡にアヘンの輸出を行っていたことが記録されている。つまり貨物自体も禁制である密輸品であり、さらに閉鎖されている港への密輸という二重の禁制を犯しての輸出が行われていた。

　近年のジャーディン・マセソン社の保険関連事業としては、Jardine Insurance Brokersがイギリスに上場会社として存在していた。同社は1997年にLloyd Thomsonとの会社合併によりJardine Lloyd Thomson（通称JLT）となり、2019年にMarshに吸収合併されている。

　往時の保険証券を渉猟したところ、ジャーディン・マセソン商会が出資したCanton Insurance Companyが、1863年に引き受けたカルカッタ仕出し、香港仕向けのアヘンを保険の目的とする貨物保険証券が現存していた。

　1863年は、二度のアヘン戦争の結果、香港がイギリスに割譲された後であ

るので、アヘン輸出は広州に代わって香港仕向けとなっている。証券の文言は、日本でも近年まで使用されていた Lloyd's SG form が印刷されており、欄外には当該引受のために個別に付帯された特約文言が流麗なカリグラフィーで書き込まれている。

　カリグラフィーの特約文言は次のとおりである。

　"*Ten days after the arrival of the Vessel at Hong Kong, are allowed for landing or transhipping the Opium in any good ship or ships, provided the office has not a full risk on such vessel.*（中略）*An exception is hereby declared against any detention or embargo caused by the U.K or order of any Government whatsoever in China.*"

　すなわち、香港到着後、アヘンの陸揚げまたは積み替えのために10日間に限って保険期間を延長する旨の特約である。

　香港は今日でも沖荷役が行われることで知られる。香港はその貿易量に比して接岸して荷役を行うことができる港湾施設が少なかったため、本船は港湾内の泊地に投錨し、艀（はしけ）や台船などに貨物を積み替えることが行われており、こうした荷役を沖荷役と呼ぶ（通俗的には瀬取りと呼ばれる）。コンテナ荷役は岸壁荷役であることが一般的である今日においては、台船にコンテナを積み替える沖荷役は、稀に小規模な港湾などで見るだけであるが、香港は世界有数のコンテナ数を扱う港湾としては例外的に今日においても沖荷役が残る港湾である。なお、当時は香港に限らず、世界中で接岸して荷役できる港湾は限られており、沖荷役は一般的であった。

　沖荷役の場合には、貨物保険の始終を取り決めておく必要があり、たとえば終期についてであれば、本船が目的港の泊地へ到着するまでか、あるいは、積み替えた後に陸揚げされるまでの輸送も含めるのか、さらには陸上の倉庫搬入までとするのかなどの取り決めを要する。

　この特約では、landing という単語に見られるように陸揚げのための輸送、すなわち香港で陸揚げするための短距離の艀輸送の場合と、transhipping という単語が指し示すように、別な船に積み替えて別な港まで搬送する場合とが対

象とされている（本特約は10日間の延長であるので、比較的近隣の港までの中継搬送を想定していることが看取される）。積み替えられる対象船は any good ship or ships と指定されており、輸送に堪え得る良好な状態の船であることを条件としている。

　そして、この特約の特徴的なのが、別船に積み替えての10日間の延長は、当該別船の船舶保険を Canton Insurance Company が100％の割合で引き受けていないことを条件としている（provided the office has not a full risk on such vessel.）点である。これは、保険者が船とその積荷の両方を同時に知らぬ間に引き受けてしまうことで、想定を超える危険が集積することを避けるためである。当時も現在も、保険者が一つの事故で許容し得る危険の集積を制御することはアンダーライティングの要諦である。一方で、被保険者たる荷主が自らの貨物が積み替えられる船の船舶保険者が誰であるかなどの情報を得ることは難しく、このような条件の設定は、被保険者にとって不意打ち的な免責となってしまう可能性があるという問題も看取される。

　次いで、An exception is hereby declared として、この10日間の延長規定が適用されない事象、つまり保険者に填補責任がない事象を挙げている。それは detention or embargo caused by the U.K or order of any Government whatsoever in China である。detention は貨物の抑留や留置を意味し、embargo も同様に解釈する場合があるが、輸入禁止命令をも意味する。

　第一次アヘン戦争は、清朝によって密輸アヘンが没収されたことが直接的な発端となり、このとき荷主は、清朝の官憲によってアヘンの所有を奪われた。本保険契約が結ばれた1863年は、アヘン貿易が自由化された後ではあるが、このような政治的な事件が再び起こることがあれば、本契約のみならず、同様の契約で一斉に貨物が失われる事態となる。これは先述の一事故における危険の集積の例であって、こうした規模が予測できない集積を引き受けてしまうことを避けるためにこの例外規定は設けられている。

　detention or embargo の命令を発する主体は、イギリスと中国が併記されている。本証券の発行された1863年は、イギリスが香港を統治し始めた時期であるので、おそらく中国のみの記載であったところに U.K が追記されるよう

183

になったものではないかと推定される。

　この記載から読み取ることができる点として、清朝の統治能力の弱体化がある。order of any Government whatsoever in China という文言であるが、これはつまり「中国におけるすべての政府、それがいかなるものであろうとも」という具合に、統治体について幅を持たせている。末期清朝の斜陽ぶりは、イギリスに屈してアヘン貿易を合法化させられたり、列強によって国内の利権を良いように喰い荒らされていたことに象徴されるが、こうした外圧への屈服のみならず、清朝は内政的にも南京に政権を樹立した太平天国の乱の鎮圧に手を焼き、その統治能力の弱体化は覆うべくもない状況となっていた。太平天国の乱は1851年に起こったが、この保険契約の結ばれた1863年は、太平天国の乱の末期に相当する時期であった。こうした時代背景と照合すると、order of any Government whatsoever in China という文言には、Canton Insurance Company のアンダーライターが、中国の統治主体が変わり得る可能性もあると想定していたことが理解される。

　このように、契約に応じて個別特約を作成して付帯する実務は、現在の貨物保険でも同様であり、使用されている英語表現なども含め、今日の日本の実務とも変わるところがない。

　また、第一次アヘン戦争のきっかけとなった、清朝によるアヘンの没収に関する貨物保険上の損害填補の記録も探したが、残念ながら見つけることはできなかった。

　第一次アヘン戦争後の南京条約で、イギリスが没収されたアヘンについて清国に対して損害賠償を求め、これが履行された事実を考えると、没収されたアヘンの損害は保険填補の対象とならなかった可能性がある。なぜなら、仮にアヘン商人が被った損害が保険契約上で既に填補されていたとすれば、イギリスが清国に賠償請求を行う根拠が乏しく、仮に賠償金を得られたとしても、その行先がないからである。つまり、被保険者の損害が保険で填補されているならば、国が損害填補を行う必要性はない。

　反対に、もしアヘン商人に保険金が支払われていたとすれば、被保険者からの請求権の代位を得た保険者が、清国からの賠償金を得たイギリス政府に対

し、補償を求める可能性が考えられる。つまり、清国からの賠償金をイギリス政府が得ているのであれば、没収によって損害を被った所有者である荷主の損害賠償請求権を代位した保険者が、イギリス政府に対して代位請求することは理論上において有り得る。これと同じ構図である国家間賠償と保険者の代位請求に関する問題は、前述のアメリカ南北戦争時のアラバマ号事件で実際に発生している(「第7章 アメリカ合衆国創建後の海上保険」参照)。

なお、イギリス法上の請求権代位(subrogation)は、日本の請求権代位と異なり、請求権自体の移転はなく、保険者は被保険者の立場に立ち、被保険者の名のもとで請求権を行使するので、日本法の立場からすれば厳密には代位ではない。

4　アヘンサプライヤーの変化

アヘン貿易のサプライチェーンは、インドにおける生産とその調達・専売に始まり、輸出を担う商社、これに連携する船会社・保険会社・銀行などの関係者によって構成され、清国側では躉船からの瀬取りと内航運送を担う快蟹・快蛙、ブローカーである窯口などが連携し、密輸品であった当時から、国際輸送の大動脈が形成されていた。

アヘンの組織的な貿易を行っていたのはイギリスだけではなかった。ポルトガルがインドから中国にアヘンを輸出していたことはふれたが、オランダもアヘン貿易に力を注ぎ、インドネシア植民地にアヘンを輸入してその害毒を撒き散らした。

18世紀末にオランダ東インド会社は破産し、その後インドネシアは一旦イギリスに占領されるが、1810年代半ばにオランダに返還されると、オランダ東インド政府は財政収入とするために、インドからのアヘン輸入を再開する。オランダ東インド政府は、領内のアヘンの独占販売権を入札に付し、落札した業者は毎月請負料を納めてアヘンを販売した。請負業者は中国人商人が多く、その下請けである行商人によってアヘンは農民に売りさばかれた。

オランダ東インド政府はアヘンの輸入業務を独占し、仕入値の数倍の値段を

第9章　アヘン貿易

民間への卸売価格とすることで巨利を得たが、こうした実態とかけ離れた価格統制は、密輸による廉価なアヘンの流入を招くことにつながった。

一方、両次アヘン戦争に敗北した清国では、イギリスの要求により合法化されたアヘン貿易によって深刻なアヘン禍に見舞われた。アヘン窟が到るところに設けられ、アヘン依存症患者はアヘンを買う金のために家財を売り払い、果ては子や親をも売り、なおもってアヘンを買う金を得ようとするために犯罪が絶えなかった。亡霊のような姿の依存症患者が街を彷徨し、中毒の果てに死んだ者の死体はアヘン窟から路上に投げ出された。死人の持ち物は他の依存症患者によって即座に盗まれるために死体は裸で放置された。街は殺伐たる雰囲気に包まれ、アヘン吸引は次第に子供にまで拡がるなど、悲惨な状況を招来した。しかし、イギリスは自由貿易の旗幟を掲げてアヘン輸出に拍車をかけ、流入を断つことができない清国政府は、蔓延するアヘン禍に対して弥縫策しか打てずに難渋していた。

20世紀に入ると、凄惨なアヘン禍に喘ぐ清国の状況を尻目に輸出を続けるイギリスの行動は看過し得ぬものとなり、これに対する国際的批判が強まり、アメリカの提唱により1909年に上海で国際アヘン会議が開催された。続いて1912年ハーグ会議では国際アヘン条約が締結されたが、この条約は実効性に乏しく、アヘン貿易を終わらせるには程遠いものであった。

1924年に国際連盟によって、ジュネーブ国際アヘン会議が開催される。ここでは英米の主張が対立し会議は紛糾したが、ジュネーブアヘン条約という成果が見られた。ジュネーブ第一アヘン条約は、アヘンの輸入および分配を政府独占事業としてアヘン依存症患者以外への使用を禁止し、ジュネーブ第二アヘン条約は、麻薬およびその原料の生産・輸出入・販売等の取締りに関するものであった。1931年にはジュネーブで麻薬製造制限分配取締条約が成立し、とくにヘロインについて厳重に制限をした（ヘロインやモルヒネはアヘンから精製される麻薬である）。

清朝末期の中国は、20世紀に入っても深刻なアヘン禍に呻吟していたが、ジュネーブアヘン条約の発効などの国際的機運もあり、1927年に中国国民政府は3年以内にアヘンおよび類似薬品を根絶する計画を発表し、1928年には

禁煙法および同施行条例が公布された。国民政府の実権が及んだ地域では、アヘン吸煙に対して死刑や終身刑などの刑罰が科される厳格な禁圧措置が行われ、首都南京をはじめとした都市部では禁煙を実現するに到った。しかし、広大な国土を持つ中国では禁煙法の効果には地域差があり、軍閥支配地域では依然としてケシの栽培が公然と行われていた。高価で軽量なアヘンは、通貨同様に流通することから、軍閥は支配地域内でアヘン栽培を奨励し、アヘンから大きな収益を得ていた。

　他方、都市部では、禁圧政策の奏功によるアヘン禍からの脱却が明らかな状況となり、こうした情報は都市部に居住する外国人を通じて諸外国にも伝わっていった。

　ところが、ここに新たなアヘンサプライヤーが出現し、中国国内を再びアヘン禍が席捲することになる。この次なるサプライヤーは、中国へのアヘン供給に官民をあげて傾注した日本であった。

　1931年に日本軍は満州事変を起こし、天津の日本租界から清朝の廃帝溥儀を連れ出し、翌1932年に溥儀を擁立して満州国を樹立した。満州国が関東軍や日系官僚による傀儡国家であったことはよく知られるところである。

　満州を形成する遼寧・吉林・黒竜江の各省は、依然としてアヘン吸煙の習慣が残り、隣接していた熱河省は中国有数のケシ栽培地であった。満州国政府はアヘン法を制定し、アヘンの漸禁政策と専売制を敷いた。漸禁政策とは、次のようなことである。すなわち、アヘンは突然禁止をしても、アヘン依存症患者はその意思にかかわらずアヘンを急に断つことはできないので、必然的に密売が横行することになる。それならば、政府が専売制度を設けて流通を統制し、新たなアヘン吸煙は禁止する一方で、登録されたアヘン依存症患者に対してはアヘンを供給しつつ治療を施してアヘン依存を矯正し、全体の流通量を漸減させながらアヘン根絶を図るという政策である。この政策はジュネーブ第一アヘン条約にも妥当する。

　しかし、満州国政府の漸禁政策は建前であって、その真の狙いは、アヘンの専売制によってアヘン売買の収益を財源化することにあった。そして、実態は禁止どころかむしろアヘンの増産と新たな輸入が推し進められ、市中への投入

第 9 章　アヘン貿易

量は増加の一途をたどることとなる。

　日本は、それまでもアヘンの専売制度設置による漸禁政策を行った実績があった。その嚆矢は台湾であり、日清戦争の勝利により台湾を獲得したところ、現地はアヘン吸煙の悪習が蔓延しており、既に現地行政は、収入の大半をアヘンから得ている有り様であった。日本は 1897 年に台湾アヘン令を公布し、アヘンの漸禁政策を掲げて専売制度を設け、莫大な財政収入を得た。アヘンは、専売当局によってインド、イラン、トルコ、中国から輸入された。一方、台湾ではアヘン漸禁政策は実効的に運営され、アヘン流通は漸減し、太平洋戦争当時はその悪習が根絶されるに到った。

　日露戦争後の 1905 年に日本が得た関東州ならびに南満州鉄道付属地も、アヘン吸煙が盛んに行われていた。ここでも関東州アヘン令が制定されて漸禁政策がとられ、大連には関東専売局が設置され、アヘンの輸入および販売を独占した。

　日本は、1910 年には朝鮮併合を行うが、朝鮮の中国国境付近もアヘン吸煙の習慣があり、朝鮮総督府は朝鮮アヘン取締令を制定し、専売制度と漸禁政策を行った。しかし、その後、朝鮮は、満州国・関東州・台湾向けのアヘン生産地として利用され、最大で 8 万人の農民がケシの栽培に従事し、生産されたアヘンは満州国、関東州、台湾の各専売局向けに輸出される。

　事実上の植民地である満州国におけるアヘン政策は、実質的には無制限の公認と吸煙の拡大によって専売利益を得るためのものであった。国際的には前述の 4 つのアヘン関連条約が存在し、日本はいずれの条約にも批准していたことから、建前上は漸禁のための専売制度であるが、市中のアヘン流通量の増大は、弊害の増加状況から明らかであり、こうした実態は諸外国からも指弾されるようになった。

　生アヘンから製造されるモルヒネ、さらにモルヒネから製造されるヘロインも、日本の製薬会社が製造したものの多くが中国に密輸出されていた。ジュネーブの国際アヘン会議では、常設アヘン中央委員会があり、麻薬もアヘン同様に国際的に管理されていたが、日本はモルヒネ類の生産量は世界一であった。一方で、これらの医療用のモルヒネ類の生産量に対して、日本国内での使

用量および輸出量を合計した数字が大きな乖離を示しており、不正輸出が疑われていた。そして、実際に中国各地の日本租界では麻薬の密売が横行していた。それが最も顕著であった天津は麻薬天国と称され、日本租界は、憲兵隊本部以外は皆アヘン・モルヒネ屋などと言われ[79]、その売買はほぼ野放しにされていた。当時の日中間は不平等条約によって中国国内における日本の領事裁判権が認められており、こうした治外法権に守られた在留邦人は、麻薬を中国人に売ることで儲けを得ていた。

こうした儲けが大きくなるにつれ、医療用麻薬を製造していた大阪の製薬会社群も中国に進出して現地でヘロインとモルヒネの製造を行うようになり、生産量はますます増加した。後に、東京裁判にも提出されることになる国際連盟の議事録からは、当時の世界の非合法ヘロイン・モルヒネの9割が日本製であり、天津が流通における世界の中心地となっているという報告があり、日本は国際的に非難されていた。

1937年の盧溝橋事件を機に日中戦争が勃発すると、関東軍は、満州国の東方に位置する内蒙古へ侵攻し、同地域を占領する。そして察南自治政府・晋北自治政府・蒙古連盟自治政府の傀儡政権を次々と樹立し、1939年には3政権を統合する政体である蒙古連合自治政府を成立させる。この一連の行動は、蒙疆を第二の満州国として日本の武力支配下に置くことを目的としたが、その背景の一つとして、広大な中国のなかでも屈指のアヘン産地である綏遠省を手中に収めることができるという点があった。

日中戦争が本格化していくなかで、華北、華中、華南の各地域にも日本軍は侵攻する。

華北では北支那方面軍が河北省・山東省、山西省に侵攻し、主な都市と鉄道を占領下に置き、北京に傀儡政権である中華民国臨時政府を設立した。華中では、中支那方面軍が上海の攻防を巡る激戦を制したのちに南京に向けて進撃し、南京を攻略すると傀儡政権である中華民国維新政府を設置した。1940年に中華民国臨時政府と中華民国維新政府は統合し、中華民国国民政府（汪兆銘政権）となる。

日本軍はこうして日中戦争で侵攻した各地域に、日本の意を体した傀儡政権

を次々と樹立していったが、こうした急拵えの傀儡政権にとって、アヘンは安易な財政収入となった。傀儡政権には、いずれも戒煙局などの取締機関が設けられたが、その実際の目的はアヘン専売を政府財源とすることであった。

上海や南京に居た外国人記者によって、日本の侵攻後、にわかにアヘンやヘロインなどが市中に出回り始めたことが現地英字新聞で報じられ、さらにアメリカではニューヨーク・タイムズなどでもこうした実情が取り上げられた。日本軍侵攻後のアヘンやヘロインの流入急増の実態は、中国各地に居住していた外国人から東京裁判でも証言されている。

華中では、中支那方面軍のあとに編成された中支那派遣軍の指示により、中華民国維新政府向けに、イラン産アヘンの輸入が行われた。維新政府が成立する前から、三菱商事と三井物産は、陸軍発注の上海向けイラン産アヘンの輸入の受注をめぐって競争を繰り広げていた。

この事情については江口圭一[80]が詳しく、これによると[81]、両社のイラン産アヘンの輸入受注競争が激化したことから、1937年に駐イランの浅田代理公使が仲裁し、向こう1年間は三菱商事の扱いとし、同期間終了後は別途協議とすることを協定した。ところが、期間終了が近づくにつれ、三井物産は自由競争を主張し、三菱商事は独占輸入契約の延長を主張し、対立に収まりがつかなくなる。売り手のイラン側は輸出を一手に取り仕切る専売会社であることから、日本の2商社間で競争が激しくなれば、イラン側は有利な条件で売ることができる。反対に日本側は競争によって買付条件が不利になり、そのため中国国内での販売利益が減少してしまう。中山イラン公使は、広田弘毅外相あてに、両商社が巨額取引の受注に執着し、大局的利害が損なわれると電報を発している。

ところが、その後三菱商事は、イランの専売会社との間で独占輸入契約を無断で更改してしまう。三井物産はこの協定違反について日本公使館に激しく抗議するとともに、三菱商事による輸入を阻止するために、陸軍から三井物産を指名したアヘン輸入受注を取りつけるという反撃に打って出る。こうして三井物産は1938年に上海仕向のイラン産アヘンの輸入を開始し、さらに翌年もこれを継続することについて陸軍から約束を取りつけてしまう。

4 アヘンサプライヤーの変化

　この一連の抗争を整理すべく、外務省が一旦三井物産の輸入を制止する。すると、たまたまこの時期に、満州国が主要なアヘンの調達先としていた熱河省でケシの凶作が明らかになり、満州国がイラン産アヘンの輸入を行う必要が生じた。この満州国納めの輸入は、三菱商事が取り込むことに成功し、これを踏まえて外務省は停止をさせていた三井物産の上海仕向け（陸軍納め）アヘン輸入を再開させた。三井物産は、外務省に対し、三菱商事が満州に納めるのであれば、支那は三井物産のテリトリーとすること、そして三菱商事のアヘンが大連などで陸揚げされた後に、支那に向けて輸送されることがないよう監視することを要求するなど、引き続き両社は火花を散らした。

　両商社が鎬を削る巨額のアヘン輸入取引を巡り、外務省は抗争の調停をすすめ、1939年にイラン産アヘンの買い付けは両社共同で行うことの合意がようやく成立し、イラン産アヘン買付組合に関する協定が結ばれて両社等分の取り扱いとなった。

　そして、同年には昭和通商が、三井物産・三菱商事・大倉組の共同出資により設立されている。昭和通商は、武器などの軍用物資の調達を目的として陸軍の意向により設立された商社であり、アヘンも取り扱った。

　上海仕向けのイラン産アヘンは華南にも流通した。厦門も日本の侵攻を受ける前はアヘンが下火になっていたが、日本海軍による占領後にアヘン売買が活発になり、傀儡である厦門市政府が財源確保のためにイラン産アヘンを取り扱った。広東においても、イラン産アヘンが流通し始め、これは日本軍に密接に協力していた台湾の商社が専売権を得て販売をした。

　ところが、その後、第二次大戦が勃発し、イラン産アヘンの輸入は徐々に困難になっていく。イラン産の輸入が難しくなるにつれ、代わって台頭するのが蒙疆アヘンである。海外からのアヘン輸入が困難になると、興亜院（中国における日本占領地の行政指導を担う日本政府機関）は、蒙疆アヘンをもって満州および中国のアヘン需要を賄うべく増産を計画する。広大な綏遠省には、飛行機でパンフレットが撒かれ、ケシの栽培が奨励された。そして、農民へのケシ栽培の奨励は次第に強制へと変化していく。

　蒙疆政権の1940年の政府会計は、一般会計の歳出が5,971万円であるのに

対して、アヘン収入が1,562万円に上る。貿易統計上もアヘンが輸出品の第一位で、その輸出額は6,434万円である。輸出先は圧倒的に中国であり、仕向地は上海、北京、天津の順であった。

上海は、イランアヘンの輸入がなくなった後においても華中および華南におけるアヘン流通のハブとしての機能を維持し、華北においては北京がアヘン流通のハブであった。蒙疆政府は、中華航空の所有機で上海向けと北京向けにアヘンを積み出し、両都市からさらにそれぞれの域内に向けてアヘンが分配されて積み出された。

上海では、中華航空機から積み下ろされた蒙疆アヘンが、政府の戒煙総局が管理する倉庫に保管され、流通および販売を担った商社の宏済善堂が、戒煙総局の許可を得て積み出した。蒙疆政府としての売り値は興亜院が決定し、宏済善堂はこの値段に運賃・貨物保険料・税を加算し、これに宏済善堂の利益として最大で8％を上乗せしたものを売り値とした。宏済善堂は、実質的な支配人であった里見甫（はじめ）の名前にちなんで里見機関と呼ばれ、巨額の売買を差配した。

こうしてイランアヘンの輸入が途絶えたのち、蒙疆アヘンの増産による中国への供給が行われたが、それでも中国全土のアヘン需要を充たすには到らなかった。アヘン禍の再来による需要の急増に供給が追い付かなくなると、必然的に密栽培が増加した。専売制のもとでは、生産体制が確実に把握されている必要があるため、密栽培は取り締まられたが、取り締まりが追いつかない程に各地で密栽培が横行し、在中国の外国人から「全国到るところ野はケシの花盛り」と報告される始末であった。

戦後の東京裁判に提出された北京市の資料は、日中戦争開始以降の、市内のアヘン店や吸煙者の増加を報告しており、「日軍の毒化政策」によって蒙疆政権のアヘンが日本や朝鮮の浪人によって売られ、吸煙によって貧窮するものが増加し「毒気が蔓延し全市を覆う」と表現されている。日本人や朝鮮人のアヘン販売人は、治外法権を示すために日の丸の旗を掲げて販売したため、民衆には日の丸をアヘンの商標と理解していた者さえいた。

東京裁判では、日本政府および軍部が諸条約に違反してアヘンおよびその他の麻薬を中国の民衆に売り込み、使用を促進させることで抗戦力を弱体化さ

せ、一方でその収入を戦争の財源や傀儡政権の資金としたことなどが、「平和に対する罪」の訴因とされた。実際にアヘンは満州国をはじめとする傀儡政権の貴重な財源であり、日本軍の機密費の財源にもなり特務機関の謀略工作資金などと化した。さらに日中戦争が進むと、日本軍が占領地における補給物資の購買時にアヘンで対価を支払うなど、次第に日本は公然とアヘンを通貨代わりに使用するまでになる。

　当時の日本の政府・軍部・民間が協同して、中国においてアヘンや麻薬の売買を組織的に行って収益し、アヘン禍を再来させたことは、日本ではあまり認識されていない。しかし、日本が満州や中国で行ったアヘンやヘロインなどの販売は条約違反であり、国際連盟において非難を浴びるほどに目に余るものであった。

　アメリカはハル・ノートにおいて、日本に対して中国からの全面撤兵を求めたが、この時代の一側面として、日本の非人道的なアヘン政策が国際的に非難されていたことは見落とされてはならない事実である。ハル・ノートは太平洋戦争の引き金となった実質的な最後通牒と捉えられ、アメリカが、石油輸出継続との引き換え条件として、中国からの日本軍の全面撤兵を含め、当時の日本としては到底了解し得ない複数の要求を行い、これは日本が対米開戦に踏み切らざるを得なくなるようにアメリカが仕向けた策略であるという見解が通説化している。他方で、日本が中国大陸でアヘンを権益化して害毒を撒き散らしていたことに対し、アメリカをはじめとした国際社会からの厳しい批判があったことは、今日の日本ではほとんど認識されていない。

　シンガポールもアヘン流通のハブであった。シンガポールおよびマレーシアの一帯は、イギリスの海峡植民地としてイギリス東インド会社の管轄下に置かれ、1858年の同社解散後はイギリス政府インド省、次いで植民地省の所管となった。

　シンガポールは、自由貿易港として発展し、イギリスの東南アジアにおける貿易の一大拠点となった。しかし、自由貿易港ゆえに関税収入が無いことから、イギリス海峡植民地政府はアヘンの専売制度を敷いて収入の柱とした。シ

ンガポールには多くの中国人が移住し経済活動を行っており、中国人が入札によってアヘンの独占販売を請け負った。

シンガポールにはインドとイランからアヘンが輸入され、シンガポールのみならず近隣の国や地域にも輸出された。こうして、イギリス海峡植民地政府の歳入に占めるアヘン収入の割合は40%から45%の規模に達した。

太平洋戦争が始まると、日本軍はイギリス東洋艦隊の主力を撃沈した後、シンガポールのイギリス軍要塞を爆撃し、またマレー半島に上陸した部隊も陸上からシンガポール要塞に猛攻を加え、イギリス軍は降伏する。シンガポールの失陥は、イギリスによるシンガポール支配終焉の伏線となった。

シンガポールを制圧し占領した第25軍は、イギリスが残した大量のアヘンを押収し、精製工場も接収した。日本もイギリスと同様にシンガポール内でのアヘンの流通および輸出を行い、アヘンによる収入は、第25軍軍政部の歳入の50%に達した。

インドネシアでは、オランダ東インド政府がアヘンの専売政策を行っていたことは既述した。オランダ東インド政府は、インド産アヘンの買値の数倍の値段を民間への卸売価格として巨利を得ていたが、実態とかけ離れた価格統制は密輸を誘引し、密輸されるアヘンは、イギリス海峡植民地すなわちシンガポールからのアヘンであった。

インドネシアにも太平洋戦争の開戦によって日本軍が侵攻し、1942年にオランダ軍は降伏した。インドネシアも、日本軍の進出によって、1602年のオランダ東インド会社の進出以来のオランダによる支配体制が実質的な終焉を迎えた。そして、オランダの残したアヘンおよび精製工場は日本軍に接収された。

5　日本の貨物保険の状況

1912年の国際アヘン条約、そして1925年の第一アヘン会議協定および議定書ならびに第二アヘン会議協定および議定書（ジュネーブアヘン条約）の発効を受け、イギリス内務省は同国の保険業者に対して、非合法に売買されるアヘン等の貨物保険を引き受けないように通達をした。

これを受けロンドン保険業者協会（Institute of London Underwriters）の約款委員会（Technical and Clause Committee）は、Institute Dangerous Drug Clause（協会危険薬品約款）を制定し、ここに政府が許可する正式な輸入品である場合を除き、貨物たるアヘン等について保険金が支払われないことが規定された。そして 1926 年 4 月 1 日以降、イギリスで発行されるすべての貨物保険証券に同約款が挿入された。

　1926 年の IUMI（国際海上保険連合）貨物保険委員会では、イギリス代表が、Institute Dangerous Drug Clause と同じ趣旨の協定を IUMI においても行うことを提案し、採択された。同年にヘーグで開催された IUMI 年次総会において、貨物保険委員会の決議が審議された結果、採択されるに到り、アヘン等について損害の填補を行わないことは保険者間の国際協定となった。こうして、世界最大のアヘン輸出国であったイギリスは、アヘン貿易の幕引きも主導した。

　その後、1931 年の麻薬の製造制限および分配の取締に関する条約、同年のアヘン吸引防止に関する協定、1936 年の危険薬品の不正取引の防止に関する条約の成立を経て、イギリスの Institute Dangerous Drug Clause が 1937 年 5 月 1 日で改定された。この 1937 年の Institute Dangerous Drug Clause は、日本でも近年まで使用され、すべての契約に自動的に付帯されるため、保険会社が発行する証券に予め印刷されていた。

　貨物保険において、アヘン等を引受対象外とし、保険金も支払わないことが IUMI で協定された当時、IUMI の関係国は、欧州諸国がほとんどであり、たとえば 1939 年の IUMI 関係国は 24 か国のうち 21 か国が欧州国（他の 3 か国はアメリカ、アルゼンチン、イラン）であった（第二次大戦後の IUMI は、国を単位とする加盟に移行したが、戦前は保険会社単位での加盟であった（当時の加盟会社数は 203 社で、その結果としての関係国が 24 か国））。

　戦前の日本においては、いずれの保険会社も IUMI に加盟していなかったので、アヘン等に関する国際協定には加盟していなかった。また、そもそも日本の占領地行政におけるアヘンの取扱は、建前上はあくまでも漸禁政策の実施であって、すなわち行政の管理による専売制度下で統制された流通が行われ、依存症患者のアヘン依存を矯正するためのものであった。したがって、表向きは

法的根拠に基づく合法アヘンの流通であり、アヘンを保険の目的とする貨物保険の引受もかかる前提のもとで行われていた。

日本が中国大陸を侵略していた当時の中国の国土は軍閥が割拠し、地方の多くが軍閥に支配されていた。軍閥は、個人が首領となり、中央政府の統制に服さずに私兵を養う、いわば私的な王国のような支配体制であるが、アヘンはこうした軍閥にとっても重要な産物であった。高価で軽量なアヘンは通貨同様に流通することから、自己の支配地域内でのケシ栽培も盛んに行われた。経済的価値が高いアヘンは争奪の的となり易く、輸送途上において馬賊や匪賊から狙われることが多かった。

アヘンの流通には襲撃による強奪などの危険が伴うため、輸送には陸軍が直接護衛をして輸送する場合もあったが、一方で民間会社が自らのリスクのもとで輸送することもあった。たとえば、満鉄出身で、関東軍の嘱託として満蒙の交通政策などを研究した阪田誠盛は、のちに阪田組を経営するが、同社は熱河産アヘンの自動車輸送を請け負っていた。

満州事変および第一次上海事変の発生によって、貨物戦争保険に関する諸事項をついて保険会社間で迅速に審議する必要が生じ、1932年に保険会社17社によって東京海上を幹事とする戦争保険協議会が発足した。

保険の引受においては、1社では負担しきれないリスクを複数の保険会社で分担して引き受ける共同保険のような契約形態や、一つの保険会社が引き受けたリスクを、再保険として別な保険会社に拠出する取引が行われることから、契約条件を保険会社が互いに揃えることが必要となることがある。そして、戦争のような危急の状況下においては、こうした連絡体制が一層重要となり得る。戦争保険協議会は、1935年に設立された海上保険一木会に引き継がれ、海上保険一木会は、さらに戦争保険に関する政府との連絡、ロンドン市場との再保険交渉、荷主団体への対応なども一括して担うこととなった。海上保険一木会は東京海上を幹事とし、保険会社25社で構成された。

戦争保険協議会において、馬賊や匪賊という中国大陸に特有の危険の取り扱いについても検討が行われた。馬賊や匪賊は、南満州鉄道や華北交通（実質的に日本が支配していた北支那方面の鉄道）の列車や駅を襲撃し、貨物の略奪を

行った。その実態は騎馬の武装軍事集団であり、その手口には、線路に工作をして列車を脱線させ、そこに 150 名の匪賊が射撃しながら襲いかかるといった事例もあり、こうした襲撃に対処するために重火器で武装した陸軍の先導車が付くこともあった。当時、鉄道により各地に供給されることが多かった高価品であるアヘンは、匪賊にとって恰好の目標となっていた。そして、現地に駐留する日本軍の守備隊にとって、匪賊討伐は重要な任務であった。戦争保険協議会で加盟各社は、満州事変の発生に伴う戦時における匪賊等の危険については戦争危険に包含することで合意をしている。その後、やがて満州国の基礎が確立し治安維持も進捗すると、1936 年に海上保険一木会では、兵匪（軍閥の私兵が賊徒化したもの）および匪賊危険については独立して担保することとした。

　兵匪および匪賊の危険とは、政治的な目的に伴う武力の発動ではなく、一般的には海賊行為と同様に私欲のための略奪等であるので、戦争危険として担保することは、本来的には不適当であることは確かである。反面、この中国に特有の危険は、一般の海上危険（陸上であっても海上危険は担保される）とするには軍事的性向が強いこともあり、リスク管理上の観点から独立危険として扱ったものと推定される。

　この決定は「満州国及び中華民国に於ける兵匪および匪賊保険に係る取極」として合意され、海上危険や戦争危険に並列して、兵匪および匪賊危険が別途に独立して引き受けられる形式となった。この取決めでは、兵匪および匪賊危険が担保される保険区間について、一般貨物は Warehouse to Warehouse（仕出地倉庫から仕向地倉庫まで）の条件とし、地金・貨紙幣・有価証券については Bank to Bank の条件とし、アヘンについては Door to Door としている。Door to Door の意義については、当時使用された約款本文が現存していないので不明である（Warehouse to Warehouse については日本でも近年までこれを含む約款が使用され、イギリス法に基づく意義が確立されている）。

　このアヘンに対する兵匪および匪賊危険に関する取り決め事項は、著者が探し得た日本の保険会社がアヘンを引き受けていたことを示す唯一の記録である。

　元来、日本の中国大陸におけるアヘンへの関与を示す資料は極端に少ない。終戦前に軍の官衙で文書が徹底的に焼却されたことはよく知られるが、一般の

第 9 章　アヘン貿易

　行政機関であってもアヘン関係ともなれば、その政策の実態は人倫に反し、諸外国から非難されていたのであるから、終戦時に資料を残さないようにしたことは多かったであろう。保険会社は、アヘン政策を遂行した行政当局ではないので、終戦時に書類を隠滅する必要はないが、一方で行政だけが証拠を隠滅して、民間に証拠が残存していたのでは意味がないので、貿易・運送・保険といったアヘンに関係した業界に対して当局から何らかの指示や暗示があった可能性は考えられる。

　アヘン政策に関与し、アヘンから収益した民間企業には、その背徳性について多少なりとも後ろめたさがあったのか、あるいは、商社がアヘン輸入を取り込むべく熾烈な競争を繰り広げていたように、保険会社も目の色を変えていたのであろうか。いずれにせよ、今となっては「満州国及び中華民国に於ける兵匪および匪賊保険に係る取極」の書類中に「阿片にありては From Door to Door の條件とす」という一節を残すのみである。

　満州事変から日中戦争にかけての日本の保険会社による戦争保険引受の状況についても、併せて触れておきたい。

　1931 年 9 月に満州事変が勃発すると、当時の貨物戦争保険料率が概ね 0.05%から 0.25% 程度のなか、南満州鉄道沿線の汽車積み貨物は 0.5% に上昇している。これは 11 月に 1.5% 程度まで上昇し、同時に汽船積み貨物についても天津発着貨物が 0.4% 程度となっている。翌 1932 年には、第一次上海事変が起き、漢口までの戦争保険料率が汽船積み 0.5%、汽車積み 1.25% と上昇している。

　しかし、実務者としての相場観からすると、この程度の料率であれば、交戦中の敵国との間の輸送という烈度の高い危険の割りにはさほど高騰しているとはいえず、これには戦局が日本の優勢であったことが影響しているものと推測される。つまり、この時期は日本軍が東シナ海や黄海における制海権を確立したことでシーレーンが確保され、また満鉄沿線を制圧することで鉄道輸送経路も確保できていたことで、サプライチェーンを管制し得ていたことが、この保険料率からは看取される。

　なお、当時の満州および中国との貿易においては、日本からの輸出は、繊維

製品、機械、鉄鋼、木材、セメントなどが主要な貨物であり、反対に日本への輸入としては大豆、飼料、石炭、銑鉄などであった。貿易収支は基本的に日本からの輸出超過であった。地域的には日本の産業資本が多く進出していた満州・関東州との貿易が中心であり、これらの地域においては満鉄が主力輸送手段であった。

　その後、一旦戦争保険料率は落ち着くが、1937年に盧溝橋事件を契機として日本が華北で全面攻撃を開始し、加えて第二次上海事変も勃発したため、料率は再び上昇する。上海では海軍陸戦隊が、数で圧倒する中国軍を相手に苦戦をし、陸軍に出動を要請し、新たに編成された上海派遣軍が上海で敵前上陸を敢行する。上海近郊において日中両軍は激戦を展開し、海軍は沿岸を封鎖し、また上海や南京への爆撃も行われて、日中間は全面戦争の様相を呈した。戦争保険料率は、それまでの上海発着貨物が0.05%であったところが、1%まで急騰する。ロンドン市場における上海発着貨物の戦争保険料率は3%にまで高騰した。

　上海における中国軍と日本海軍陸戦隊との軍事衝突を受け、1937年8月にロンドンの再保険者らは、日本の保険会社各社に対して戦争危険に関して再保険契約のキャンセルを予告してきたが、これは交渉によって事なきを得た。

　しかしその後、4個師団からなる上海派遣軍の上陸によって戦線が拡大し、封鎖海域も拡大し、戦争が本格化すると、9月にロンドン保険協会から日本海上保険協会に対し、ロンドンの料率を全面適用することの要求がもたらされた。前述のとおり、ロンドンの貨物戦争保険料率は日本のそれよりもかなり高くなっていたので、この要求に対し日本海上保険協会は、中国方面に関する限りは日本の独自料率を適用し、ロンドン料率の全面的追随はしない方針を回示し、交渉が続いた。

　10月に入るとロンドンからは、再び戦争危険に関する再保険のキャンセルが通告されたが、日本の各社は、交渉を継続して粘りながら、一方では、日本国内でのリスク消化方法の検討も行われた。この交渉では日英間で妥協点が見出され、中国等の発着貨物については、再保険契約では陸上戦争危険を除外することを条件に、日本の独自料率の適用が合意された。

第 9 章　アヘン貿易

　1938 年に IUMI では Waterborne Agreement と呼ばれる国際協定が成立し、戦争危険については水上のみが保険上で対象とされることが欧米の保険者間で合意される（それまでは、海陸一貫の貨物運送に対する貨物保険において、陸上の戦争危険も損害填補の対象とされることが一般的であった）。日本の保険会社は IUMI に加盟していなかったが、IUMI による国際協定に先立つ 1937 年に、イギリスの保険業者協会とロイズが Waterborne Agreement を協約し、これは再保険契約にも適用されたため、イギリスと再保険契約を結んでいた日本の保険会社も、元受契約において Waterborne Agreement に従う形となった。こうした国際協定等は、現在は一切行われていないが、貨物戦争保険において保険の目的が水上にある間のみを保険の対象とする規定は、現行の約款にも引き継がれている（現在は、陸上での戦争危険の引受は必要とあらば個別に行われている）。

　Waterborne Agreement の発端は、スペイン内乱におけるドイツ軍によるゲルニカ空襲である。ゲルニカ空襲は、焼夷弾が初めて本格的に使用された爆撃であり、その威力は保険関係者の心胆を寒からしめた。各国の航空爆撃能力は急速に拡充されつつあり、当時の不穏な欧州情勢の下では民間施設等に対する空襲が一層拡大することも想定された。こうしたなか、貨物が集積する港頭などが爆撃を受けた場合の損害規模は、それまでの常識では計り知れず、欧州の保険者は、戦争危険の担保は原則として水上に限るものとすることで一致した。

　1938 年にはヨーロッパ情勢が急変する。オーストリア併合を達成したドイツが、次なる標的としてチェコ・スロバキアのズデーデン地方を併合する動きを見せたためヨーロッパ情勢が緊迫し、一触即発となった。再び世界大戦が発生することの懸念が急浮上した結果、ロンドン市場は恐慌状態に陥り、ロンドンの戦争保険料率委員会は状況が見通せないため、その任に堪えないと解散をしてしまう。同委員会によって提示されてきた戦争保険料率がなくなり、戦争保険料率の運用は各保険者に任される形となった。その結果、ロンドン市場の戦争保険料率は大きく混乱し、欧州－日本間の料率は 0.125% から突如として 2% 程度にまで暴騰するとともに、48 時間の猶予付きで戦争保険再保険の全面

的解約が日本の各社に通告された。

　このロンドン市場の唐突な動向に日本の保険業界は振り回されたが、ロンドンにおいてもブローカー業界から、この混乱に対する強い反発と申し入れがあり、結果的に戦争保険料率委員会は再開されることとなった。そして日本に対しても、48時間前の事前通知によるキャンセルの権利が留保されれば再保険契約を復活してもよいという連絡がもたらされた。

　しかし、日本の保険業界はここにロンドン市場との再保険取引の中止という決断を行う。すなわち、ロンドン市場の一連の不安定な対応から、以降においてロンドン市場と安定的に再保険取引を望むことは困難であるとして、前年の日中戦争開戦時のロンドン市場との交渉時に並行的に検討された国内でのリスク消化体制を実行に移すことで合意し、1938年に貨物戦争保険プールが結成された。

　プールとは再保険の一形態で、プール契約に加盟する保険会社各社が、自らが引き受けたリスクを予め定めた割合に基いて再保険に出し、これを同じプール加盟保険会社全社が予め定めた割合で引受を行うという制度である[82]。簡単に言えば、ある保険会社が元受で引き受けたリスクを、プール加盟会社全社が再保険者となって引き受ける仕組みであり、これによって元受保険会社の引受能力を超える規模のリスクであっても、プールを介して各社が分担するので、元受保険会社はリスクの分散を図ることができるようになる。

　貨物戦争保険プールは20社で発足した。幹事は東京海上であり、委員会社に扶桑海上、三菱海上、大阪海上、大正海上、帝国海上の5社が名を連ねた。他の加盟会社は、横浜火災、東京火災、日本海上、神戸海上、日産火災、大北火災、東洋海上、共同火災、朝日火災、太平洋火災、大倉火災、日本火災、千代田火災、尼崎海上の14社であった。分配される再保険の引受割合は、東京海上が25％、委員会社が各7％、残りの14社が5％～1％であった。

　この3年後には日本はイギリスと戦争状態に陥り、イギリスでは立法（Trading with the Enemy Act 1939）により敵国に関わる保険を引き受けることが禁止されていたので、リスクの国内消化の道筋を早くから付けていたことは、結果的に至当な措置であったといえよう。

一方、1939年の欧州における第二次大戦の勃発に伴い日本でも国家総動員法に基づく価格等統制令が施行される。価格等統制令は海上保険料にも及んだため保険料率も固定された。危険に応じた料率運用や引受可否判断ができないとなれば、保険会社が営業に困難を来たすのは自明であり、一方で戦争保険の引受継続が求められるなか、戦争保険は必然的に国家補償制へと移行していくこととなる。

アヘン・茶・綿製品などの貨物は、新たな三角貿易を形成し、イギリスの東洋貿易を牽引した。東洋というイギリスから遠隔の地域との貿易は、銀行による信用状取引の発展を促し、海運に汽船を導入せしめ、中国やインドにおける海上保険業の萌芽を促した。

三角貿易のなかでもとりわけアヘンは最大の品目となり、禁制品としては空前絶後の規模のサプライチェーンが形成された。そして、アヘンの対価である銀が中国からロンドンの金融市場に流れ込み、ロンドンは国際間を流通する為替手形の決済地となり、国際的金融センターへの地歩を固めていく。

アヘンを中心とした貿易体制はこうして現在の国際経済の基礎となる国際売買決済、貿易金融、CIF等の貿易条件、東西間の定期航路などの制度発展を促し、海上保険はこれらの制度発展のための触媒としての機能を担った。

アヘンは、国際的に禁止された後も、再び中国において日本が権益化する。日本は国家財政に比して過大ともいえる規模の軍隊を中国全土に展開して占領地行政を敷き、その財源をアヘンに求めた。そして、かつてのイギリスのときと同様に中国の民衆がその犠牲となった。

第10章
因 果 関 係

1　保険における因果関係

　「風が吹けば、桶屋が儲かる」というたとえ話のように、ある事象に起因して結果が生まれるという論理である因果関係は、無限に連鎖をする可能性がある。保険は、この因果関係によって成り立っており、原則として「事故Aによって損害Bが起きる」という事象の関係性を根幹として損害保険契約は構成される。無論、桶屋の例のように延々と連鎖が認められるわけではなく、損害保険における因果関係とは、保険契約上で予め特定される危険や事故と、これによって生じた損害との関係性のことである。たとえば、「地震という危険（事故）」と、これによって起こった「家の火災という損害」の関係などである。

　因果関係の問題とは、保険に限らないものであり、たとえば刑事事件においては、原因である行為と、結果である侵害事実の因果関係は、重要な問題となることがある。また、不法行為に伴う損害賠償においては、桶屋の例のような連鎖的な損害についてどこまで賠償義務が生じるのか、そして賠償義務を負う場合にどのような種類の損害が賠償の対象となるのかなども問題となる。このように、刑法や民法においても因果関係の認定は重要な問題であるが、その論理は、保険の場合とは異なる面があり、ここで取り上げるのは保険法上の因果関係論である。

　因果関係の存在をどのように認めるのかという命題は、根源的に難解な問題でもある。「地震という危険」と「家の火災という損害」の例を掲げたが、これも複数の裁判例があって見解が対立することがある問題である。たとえば、地震の震動によって鍋から油がこぼれ、コンロの火に引火して火災が発生したとする。これは、地震と火災に因果関係があると推定することが可能な判りやすい例であるが、では地震後数日経過したのちに、地震の被害で損傷していた

家の台所の床が抜けてしまい、そのはずみでひっくり返った鍋の油がコンロの火に引火して火事を起こした場合はどうであろうか。これは「地震を原因とする火災」であろうか。この場合は直接的な地震の結果ではないし、床が抜けた拍子にコンロから引火したのであれば、それは地震によるものとは言い難い。しかし、地震が無ければ台所の床の損壊も起きなかったのであれば、地震との因果関係があることは間違いない、などと思案に暮れることになる。

因果関係の問題は、原則としてどのような保険種類にでも生じ得る。たとえば、傷害による死亡を填補の対象とし、疾病による死亡は填補の対象としていない保険契約があるとする。あるとき、被保険者が歩行中に病気の発症により意識を失い、そのまま転倒して頭部の打撲をした結果として死亡した場合に、これは傷害を原因とする死亡か、あるいは疾病を原因とする死亡かという因果関係の問題が生じ得る。

あるいは、貨物保険において、荒天は危険として対象としており、戦争の危険は免責であったとする。ここで、触雷により船体が損害を被り、辛うじて航行しているところ荒天が襲ったことにより船が沈没して貨物が失われた場合に、この貨物の沈没は機雷によるものか荒天によるものかという因果関係上の判断に当面することになる。

以上に述べたように、保険の機能である損害填補には、危険と損害に関する因果関係の特定が必要とされるものの、複数の危険が競合することなども珍しくなく、因果関係を認定することは必ずしも容易でない場合がある。そして、保険事故の都度、因果関係の存否を個々人の価値観で判断すれば、一貫性が失われるため保険制度の安定性が損なわれてしまう。それゆえ、どのようなケースに対しても因果関係を公平に認定するための規範が必要であり、この理論は因果関係論と呼ばれる。

因果関係論は保険種類を問わず取り扱われるが、海上保険でも着目されることが多い。海上保険で因果関係が焦点になる理由としては多様な事情がある[83]が、特徴的な点を一つ挙げるならば、海上保険では複数の危険が競合することが比較的多いという点がある。複数の危険が競合するとは、言い換えれば、異なる危険が複合的に作用することである。なぜこうした危険の競合が起きるの

かという点については、後述する判例で示していきたい。

　かつて、多くの保険学者によって因果関係に関する複数の学説が論じられ、学界に一大論争が展開された。このように因果関係論は、多くの研究者が追求するだけの奥行きがある領域であり、それは単に講学上の関心の対象ということではなく、実務にも幾多の意見対立を生んできた歴史があり、その結果として、因果関係に関する判例は国内外に集積している（海上保険の因果関係に関する判例はとりわけイギリスに集積している）。

　日本では、因果関係論に関する学説[84]として、これまで近因説、最有力条件説、不可避説、自然成行説、蓋然説、相当因果関係説といった学説が唱えられてきた。本書では各種の学説の説明は行わないが、日本の損害保険実務において重要な二つの学説を挙げておきたい。それは「相当因果関係説」と「近因説」である。

　相当因果関係説とは、ある事実から別の事実が発生することが、当該事例においてのみならず他の一般的な場合でも同様といえる場合に相当因果関係があるという基準で因果関係の存否を判断するという考え方である[85]。日本では、火災保険などのノンマリン分野における因果関係は相当因果関係説によることが通説[86]であり、判例上も採用されている[87]。

　前述した地震と火災との関係であれば、地震の直後に倒壊した建物から火災が発生した場合には、高い蓋然性で相当因果関係が認められるとするのが判例[88]の立場である。

　反対に、「地震後、数日経過したのちに、地震で損傷していた家の台所の床が抜けて、油の入った鍋がひっくり返り火事を起こした」ケースで考えてみたい。「ある事実から別の事実が発生することが、当該事例においてのみならず他の一般的な場合でも同様といえるか」という命題にこの事例を当て嵌めると、被災してから数日経過した台所で火災が発生することが一般的とはいえない可能性があり、つまり地震と当該火災には相当な因果関係は認められない可能性がある。もちろん、地震が無ければ台所の床が損傷することもなく、後日突然損壊することになかったであろうことから、火災の原因として地震という危険の寄与があることを否定することは難しい。しかし、地震で不安定になっ

た台所で料理をしていると、「他の一般的な場合でも」火災が発生し得るとまでいえるだろうか（なお、火災保険では地震による火災は免責であり、この例のように地震との因果関係が認められなければ、火災保険の支払いの対象となる。反対に、地震と火災との因果関係が認定されると、火災保険の支払いの対象にはならない）。

2　近因原則

「相当因果関係説」と並び立つ主要な因果関係説に「近因説」がある。日本のノンマリン分野における因果関係の判別は相当因果関係説によることが通説であって判例上も採用されているのに対して、外航貨物海上保険などでは、損害填補に関する準拠法をイギリス法と指定している。イギリスの海上保険法は、近因（proximate cause）によって生じた損害のみが填補されることを規定[89]しているため、近因説に従って因果関係が認定される。つまり、日本の実務においては、保険種類によって採用される因果関係説が異なっている。

それでは近因とは何か。近因は、すなわち近接する原因であるが、ここでいう近接するというのは時間的に近接するという意味ではなく、損害に対する効力において最も有力なものを意味する。

イギリス海上保険法上の近因とは、元来、時間的に近接する原因に因果関係を求めるという判例法上の原則があった。「時間的に近接する」とは、先述の傷害保険のたとえ（被保険者が歩行中に病気の発症により意識を失い、転倒して頭部を打撲した結果として死亡した場合に、これは傷害を原因とする死亡か、あるいは疾病を原因とする死亡かという問題）にあてはめると、死亡という結果に対して時間的に最も近い原因は頭部の打撲であり、病気の発症ではないということになる。

しかし、現在では前述のとおり、「効力」において最も有力な原因に因果関係を求めるという法律原則が確立されており、その法律原則を確立した判例が、*Leyland Shipping Co Ltd v. Norwich Union Fire Insurance Society Ltd*[90]であり、近因の解釈に関するリーディングケースとされる。

本判例は、第一次大戦中の 1915 年に発生した貨物船の魚雷被弾に端を発する沈没事故である。当時は、ドイツ海軍がイギリスの海上封鎖と周辺海域での無制限攻撃を宣言しており、ドイツ潜水艦が、イギリスの貿易を途絶せしめるべく商船への無警告攻撃を行っていた。

　原告である Leyland Shipping Co Ltd は、イギリス船籍の自社船イカリア (Ikaria) 号をブエノスアイレスからフランスのルアーブル港に向けて運航していた。

　イカリア号がルアーブル港の港外で水先案内人の乗船のために待機していたところ、索敵中だったドイツ潜水艦からの雷撃があり、船首に最も近い第一ホールドが被弾した。第一ホールドが浸水した状態でイカリア号はルアーブル港内にかろうじて避難をした。

　ところが、港内に避難したイカリア号が停泊していたところ、強風によって同船が岸壁に衝突する事態が発生する。港湾当局は、同船が港内で沈没してしまうと他船の航行に支障が生じ、最悪の場合に港口を閉塞することも考えられたため、こうした事態を予防するため、同船に対して港外に移動して停泊するよう要請をした。

　港外の海岸は、堤防の外であるからうねりや波浪があるが、当局からの要請を受けてイカリア号はやむを得ず港外に移動し、投錨した。停泊していた同船は、浸水によって船首が沈下していたため、引き潮とともに船首が着底し、上げ潮とともに浮上することを繰り返した。こうして船体の損傷が拡大していたところに荒天が襲来した。港外にあった同船は、この荒天による波浪の作用によってキール（竜骨、船底中央の頑丈な部材）が折れ、海岸に停泊してから 2 日後の 1915 年 1 月 30 日に遂に沈没し、全損となった。

　イカリア号の船舶保険は、戦時であったことから戦争危険が免責されていた。沈没による損害について、被保険者たる船主の Leyland Shipping は海固有の危険（荒天）に起因するものであるとして保険給付を求めたが、保険者は、近因は戦争危険であるため保険者は免責であると抗弁した。

　本件について、当時のイギリスの最高裁判所である貴族院は、近因は魚雷の被弾であり、したがって保険者免責であるという判決を下した。

そこで示された論理は次のようなものである。すなわち、契約全体から契約当事者の意図（本件では戦争危険を不担保とした契約意図）を推定することが真の近因原則であるとする。そして、貴族院の判事は、proximate（近接）という語に過度にとらわれることを戒めるとともに、これを時間的に近接する原因のみと解釈するのは誤りであって、効力において最も有力な原因こそが近因であると認定した。そして、複数の原因が競合する場合には、現実性、優位性、有効性の諸点において帰結する原因こそが近因に相当するとした。

また判決では、因果関係とは、「鎖」状に事象が連鎖しているのではなく、「網」のように二次元的であって、結節点において影響力、力学、事象が作用し、各結節点からのこれらの要素の放射は無限であるとし、これらのうち主因が何であったのかを事実問題として認定すべきとした。これは抽象的表現でややわかりにくいが、示唆に富んだ指摘であり、要するに従前であれば因果関係を一つの時間軸のもとに捉え、直近の原因を近因とするという定式化された解釈が適用されていたのに対して、因果関係は一本の軸で捉えるような単純なものではなく、複数の軸があって軸同士が交差することもあり得、こうした状況下に散在する原因の影響力の射程は無限であるという論理である。原因の影響力の射程が無限であるということは、すなわち時間的に近接する原因以外の原因が、因果関係として有力となる可能性を示している。ここには、当時の最高裁判所である貴族院が具体的妥当性を追求し、大胆に創造的な解釈を示すイギリス法らしい側面も看取される。

この新しい近因説を改めて確定し、補強した判例が、これも近因原則の代表的判例として知られる *Yorkshire Dale Steamship Co Ltd v. Minister of War Transport*[91]であり、この事件は通称「コックスウォルド（Coxwold）号事件」として知られる。

この裁判は、被告がイギリスの戦時輸送大臣（Minister of War Transport）であるが、イギリスでは、第二次大戦時に、それまでの運輸省（Ministry of Transport）と海運省（Ministry of Shipping）が統合され、戦時運輸省（Ministry of War Transport）として再編された。戦時運輸省は、民間船舶の徴用を行い軍需品の輸送を管掌したが、この時に使用されていた戦時運輸省の傭

船契約書には、戦争危険に関する規定があった。戦時徴用ともなれば、戦争リスクの高まりを受け、民間保険者が戦争危険の引受を謝絶することが想定されることから、民間保険者から戦争危険に関する補償が得られない場合については、傭船者である戦時運輸省が代わりに損害を填補することを傭船契約は規定していた。

裁判では、先述の Leyland Shipping のケースと同様に、損害が戦争危険に起因するか海上危険に起因するかの因果関係が争われた。本件では、民間保険者が戦争危険を免責としていたため、損害が海上危険であれば民間保険者が損害填補責任を負い、戦争危険であれば戦時運輸省が損害填補責任を負うという関係である。

保険者が戦争危険を免責する際に使用する約款として、Free from Capture and Seizure Clause（詳細は「第11章 戦争とは何か」参照）があり、戦時運輸省の傭船契約には、この Free from Capture and Seizure Clause で保険者が免責される内容を、戦時運輸省が代わりに填補することが規定されていた。

Free from Capture and Seizure Clause には、免責される事象の一つとして consequences of hostilities or warlike operations（敵対行為または軍事的行動の結果）が挙げられており、コックスウォルド号の事故はこの warlike operations（軍事的行動）を原因とするものかどうかが争点の一つとなった。

事件の経緯は次のようなものである。Yorkshire Dale Steamship が所有するコックスウォルド号は、戦時運輸省に徴用され、1940年5月にスコットランドのグリーノックからノルウェーのナルヴィックに向けての輸送に従事した。

目的地であるノルウェーのナルヴィック港は、近隣に鉄鉱石鉱山があり、その積出港であるとともに不凍港という要衝であり、1940年のドイツ軍によるノルウェー侵攻作戦の際の攻略目標となった。同年4月にドイツ軍がノルウェー侵攻を開始し、ノルウェー軍に加えてイギリス軍、フランス軍、ポーランド軍の連合軍がこれを迎え撃ったが、同年6月にドイツ軍が勝利し、ノルウェーはドイツに占領される。

コックスウォルド号は、ノルウェーにおけるドイツ軍と連合軍の攻防戦が行われていたナルヴィック港に向けて、連合軍への補給物資であるドラム缶入り

のガソリンを輸送する任務に就いていた。

　グリーノック港を出港したコックスウォルド号は、同船に乗り組んだ海軍士官の指揮のもと、1940年5月6日の午前2時30分にスコットランドのロザセイ沖で4隻の貨物船と4隻の駆逐艦による船団を編成し、航海を開始した。貨物船は前後に2隻ずつの隊形をとり、コックスウォルド号は後列の左側の位置を航行した。

　ドイツ軍は、第二次大戦においても、イギリスの貿易を途絶せしめるべく商船を狙った無制限潜水艦作戦を展開し、ドイツ潜水艦による商船への攻撃は、島国であるイギリスにとって大きな脅威となっていた。こうした状況のなか、本航海はドイツ軍と交戦中のイギリス軍を直接支援する軍需品輸送であり、その航海は厳重な警戒態勢のもとで行われた。

　護送船団は、ドイツ潜水艦によって発見されないよう航行灯を消灯し、前列の2隻の貨物船は船体後方に照度を落とした灯火を設置し、これを覆いで遮光していた。後列の2隻は、前方海面に映る僚船の灯火の反射を目印に追走した。

　船団は、ドイツ潜水艦に警戒しジグザグに航行を続けた。当時の潜水艦は、攻撃目標を発見すると、潜望鏡から見る船影の大きさによって目標までの距離を計算するとともに、目標自体が動いているのでその針路および進行速度を推定し、これに対する魚雷の進行速度から、両者の交点となる地点を計算して、その将来の交点に向けて魚雷を発射した。魚雷がその交点に達するまでには数分を要することもある。そのため、船団が不規則なジグザグ航行を行うことは、潜水艦が計算した交点を避けるための対策であった。

　5月6日から7日にかけては、天候が悪く、時折大雨に見舞われ、夜間は視界が悪い状態が続いた。船団はスコットランド西方のヘブリディーズ海をジグザグ航行しつつ北北西に航行していたが、5月6日の19時15分に、敵潜水艦を察知した乗り組み海軍士官が雷撃を回避するために大きな変針を度々指示し、19時45分に、再び北北西に針路を取ったジグザグ航行に戻った。

　翌7日の午前1時25分頃、豪雨による視界の悪化のためコックスウォルド号は、前列の僚船が照らす海面の光を見失い、船団からはぐれてしまう。同船は、船団に復帰すべくジグザグ航行を中止して追及を試みるが、2時30分に

は別な船団が接近したのでこれを避けるために一旦大きく変針する。後に、この接近した船団は、追及していた自らの所属する船団であったことが発覚する。

コックスウォルド号はこの船団を避けてから、再び北北西に針路を取ったが、予測不可能な潮流によって同船は予定航路よりも東に数マイル押し流されており、2時45分に突然座礁をした。座礁地点は、スコットランドのスカイ島の北西部の海岸から西に約500メートル沖合にあるダムセル・ロックスと呼ばれる岩礁であった。

この近辺の海域は、通常であればスカイ島北西に位置するネスト岬灯台の灯火が見えるはずであったが、灯火管制によって灯台も照度を落としていたこと、また折からの豪雨により、当夜のコックスウォルド号から灯台の灯火は確認できず、航行位置の視認は不可能であった。コックスウォルド号の座礁に前後して、船団の僚船であったバルザック号も同様に潮流に流されてダムセル・ロックスに乗り上げてしまうが、同船は離礁に成功した。

船主は、コックスウォルド号の座礁は、徴用による軍事的行動（warlike operations）への従事が原因であると考え、傭船契約に基づき傭船者たる戦時運輸省に対して損害の補償を請求した。しかし、戦時運輸省は、同船が航路を外れたことが座礁の原因であって軍事的行動は原因ではないと主張し、補償責任を否定した。

両者の主張が対立したため、本件は仲裁に付託されることとなり、座礁の原因が海上危険または戦争危険のいずれであるかの審理が行われた。

仲裁およびその後の裁判の一審は、損害を戦争危険によるものと認めた。一方で控訴院はこの判断を覆して海上危険であるとし、これを不服とする原告は貴族院へ上告した。

一連の審理では、多くの検討が行われているが、重要と思われる見解を挙げると、次のようなものがある。

まず、コックスウォルド号が軍事的行動に従事していたという事実認識について争いはない。しかし、軍事的行動に従事しているからといって、損害も軍事的行動に起因しているとはいえないという複数の裁判所の判断が示されている。それはたとえば、軍事的行動の最中に、偶然の船舶火災事故や衝突事故が

発生したケースであり、これらには、その事実関係によって戦争危険ではなく海上危険として判断されているものがある。

その反面、コックスウォルド号の当時置かれていた状況を総合的に勘案した場合に、豪雨の中であっても海軍の指示により敵潜水艦から発見されないように灯火を管制し、また雷撃を回避できるようジグザグ航行を行っていた事実などからは、座礁事故といえども、軍事的行動の結果であるとも指摘されている。しかし、またこれに対しては、敵潜水艦からの攻撃や脅威が実際にあった結果の座礁であれば軍事的行動が原因といえるが、本件はそうではなく、潮流に流されて本来の航路から外れたことで座礁に到っているということも指摘されている。

控訴院は、コックスウォルド号が予見不可能な潮流によって予定航路から東に数マイル流されていたことを重視し、これこそが最大の原因であると結論した。裁判官の論理としては、座礁の際にコックスウォルド号が軍事的行動に従事していたといえるとすれば、それは戦地向けの軍需貨物を積んでいたことだけであり、仮に同じ状況で平和な地へ普通の貨物を積んでいたとしても、潮流によって岩礁まで流されたことに変わりはないので、事故は海固有の危険によるもの(つまり、海上危険が原因)であるとした。

しかし貴族院はこれを否定した。その理由は、*Leyland Shipping Co Ltd v. Norwich Union Fire Insurance Society Ltd* において、近因とは時間的に近接する原因ではなく、効力において最も有力な原因こそが近因であるとの判例法が確立されていること、またこれに加え、複数の原因が競合する場合の最も有力な原因を決定するに際して、その原因は事故発生時点で作用している必要はないという準則を引用した。つまり、軍事的行動という危険が、座礁の時点で直接的に作用していなくてもよいということである。

そして因果関係とは、市井の人々が普通に解釈するようにあるべきであって、科学者や哲学者の解釈のようであってはならず、また原因とは、普通の商人や船員が考えるところの原因であって、精緻な分析に偏り過ぎず、むしろ大所高所から大局的に把握されるべきものと判示した。

この論理によって、軍需品輸送に従事する護送船団が、敵潜水艦の攻撃を回

避するために夜間に無灯火のまま、予測不可能な潮流のある海域を航行するという一連の事実を総括した場合に、近因は軍事的行動に求められる（つまり、戦争危険が原因）と結論された。

このコックスウォルド号の事件である *Yorkshire Dale Steamship Co Ltd v. Minister of War Transport* および前出の *Leyland Shipping Co Ltd v. Norwich Union Fire Insurance Society Ltd* の両判例が示す原則が、現行のイギリス保険法の近因原則である。

本書に既出の判例と同様に、因果関係のリーディングケースの二つの事件も、そのいずれもが戦争に関するものであることは、海上保険が戦争危険によって形成されたという本書のテーマにも帰納されるものである。

3　因果関係の重要性

保険契約の主たる目的は損害の填補にあるが、損害填補のためには実際に生じた損害と、保険上で対象とする危険との間に適当な因果関係がなくてはならない。したがって因果関係の有無をどのように決めるかは、損害填補の可否を決定する重要な要素となる。

本章の冒頭に掲げた、地震後の火災事故の損害填補の可否について、相当因果関係説と近因説がそれぞれ適用された場合を模擬的に考えてみたい。

地震後数日経過したのちに、地震の被害で損傷した家の台所で料理をしていると台所の床が抜けてしまい、ひっくり返った鍋の油がコンロに引火して火事に到ったという仮定のケースに対し、相当因果関係説を適用した場合にどのような結果が考えられるであろうか。

相当因果関係説とは、ある事実から別の事実が発生することが、当該事例においてのみならず他の一般的な場合でも同様といえる場合に相当因果関係があるという基準で因果関係の存否を判断する。その場合に、地震後数日が経過したのちに、地震による台所の損壊が起きた結果として火災になったという例は、「当該事例においてのみならず他の一般的な場合でも同様」とまではいえないと判断される可能性がある。

では近因説を適用した場合はどうか。先述の近因原則を適用すれば、火災事故の原因は「効力において最に有力な」ものであって、「科学者や哲学者のような解釈はなく、市井の人々の普通の解釈」であって、「精緻な分析に偏り過ぎず、大局的な視点から把握」すべきものである。これらの原則を当て嵌めると、この火災の原因は、地震にあると判断される可能性がある。

ここで掲げたのは、大雑把に単純化した考察であるが、敢えてこのような架空の想定をする理由は、因果関係の運用次第で損害填補の結論は変わる可能性があることを示すためである。つまり、約款等をいくらわかりやすく微細にわたり規定していても、それ以外の論理によって、保険金が支払われるか支払われないかの結論は変わってしまうかもしれないのである。

保険実務において「因果関係論」というと、ややもすると黴の生えた講学上の関心事であるかのように思われることがあるが、因果関係の判断は、保険の最大の役割である損害填補に直結している。これは今日においても変わっていない。

4 保険理論について

近年の保険業界に時折見られる傾向として、保険に関する理論的考究は学者などが勝手に行っているもので、保険実務者にとって保険理論はあまり重要でないかのように捉えられていることがある。しかし、保険は理論のみで成り立っているのだから、理論が重要でないはずはない。

無形で、理論のみで成り立つ保険を、商品として具現化させているのが保険約款および保険契約法である。しかし、それですべてが明文化されているわけではなく、明文規定に収まらない事柄もあり、ここで掲げた因果関係などはその一例である。危険と損害の因果関係の判断方法が約款や保険契約法に記載されているわけではなく、その多くは解釈に委ねられている。そして、こうした解釈は、判例や学説に求めるしかない。

もし、判例や学説に依らずに、実務者の持つ価値観で因果関係を判断していたらどうなるだろうか。

たとえば、ある人が事故死をしたときに、「この死の真因は、この被保険者がこの世に生を受けたことにある。なぜなら、誕生という事象が起きない限り、死という事象は絶対に起こらない。たしかに、事故は直接的には死の原因となっているが、事故などは皮相的な要因に過ぎず、被保険者が生誕したことこそが死を迎えた真の原因である。したがって事故に起因する死亡とは認められない。」というような論理も可能である。これは極端なたとえだが、因果関係に関する規範や規律がなければ、このような哲学的論理も可能となってしまう。そして、これに対して、「それは突拍子もない、普通の感覚はこうだろう」というような意見を述べてもそれは水掛け論にしかならない。ここに因果関係論の意味があり、こうした保険理論に補完されて保険填補責任の結論が導かれることになる。

保険は形がなく理論で成り立っているので、その理論は厳密でなくてはならない。したがって保険のような無形サービスに携わる者は、その細部まで意を配ることを要する。しかし、いくら約款を厳密にしても、因果関係のように約款にも規律されない事柄は残り、そこに理論としての学説や判例などの存在意義がある。

近年は、保険会社の多くが、新技術や新領域を探索することに傾注するなかで、実務者の保険理論に対する足腰が弱っているのではないかと感じるのは著者の杞憂であろうか。保険会社の本業が保険である限り、保険自体に対する専門的能力が求められることはいうまでもない。

著者は、イノベーションを否定するつもりはない。著者自身もデジタル領域において偶々特許を取得したり、起業を行ったことがあり、新技術や新領域の追求には満腔の賛意を抱いている。しかし、今後どれだけ技術革新が起こり、保険が進化したとしても、保険が目に見える商品になることはない。保険とは損害填補の約束であり、これはいくら時代が進んでも無形である。無形商品であるがゆえに、客観的な理論構成が求められ、それを正確な言葉遣いと文章で規定し、曖昧さのない厳密な契約とすることが求められる点は、将来においても変わらない。

イノベーションを探索する過程においては、実体がよく把握できない観念的で漠然とした世界が形成され、カタカナ用語などが多用されて抽象的な論議が交わされがちである。新たなものを生み出す過程においては、こうした曖昧な観念的世界を彷徨することには意味がある。一方で、保険はこうした曖昧な世界の対極にある。目に見えないものを、客観的かつ一義的に提示することが求められるからである。

この世に存在する多くの無形商品（またはサービス）を思い浮かべるとき、無形商品を形成する理論や、無形商品を規律する言語表現の観点から、保険に比肩し得るだけの精細さが要求される例は少ない。海上保険のようにそれを英語で求められることもある。保険の職務に就く者に、相当の専門性が求められる所以である。

第 11 章
戦争とは何か

1　War（戦争）という語

　戦争とは何かという問を立てるとき、それは政治的、倫理的、歴史的、軍事的、法律的など様々な観点から論じることができ、そしていずれの観点においても容易に結論することができない重い問題であるといわなくてはならない。
　日本においては、戦争という語に対する受け止め方は複雑であり、たとえば直近の戦争の惨禍と悲惨な実体験から、戦争は絶対悪であるとする論調が堅固に存在した時代が長く続き、こうした状況下においては、戦争とは何かという問に対しては、前提として批判的・否定的姿勢で接するべきもので、約款にいう戦争という事象の態様を考究することすら一種憚られるような観があった。一方で、近時においてはこうした状況に変化が見られ、国際紛争の頻発や、大国間の対立などに伴う緊張の高まりから、抑止力としての防衛力の必要性を肯定する傾向もある。そして、日本が侵攻を受けた場合の自衛については、少なくとも国際法上の個別的自衛権の行使は日本国憲法上に認められているという解釈が通説であり、そのための防衛力も現実に存在している。また、国際秩序が変動局面を迎えている近時においては、世界的にも軍事力に対する要請が高まりを見せている。こうしたなか、国際社会が戦争がもたらす惨禍を正しく認識し、戦争という行為にどう対峙するのかは、この上なく重要な問題となっている。
　戦争とは何かという問題は、難しい問題であって多くの意見対立も生むが、一方で保険契約上で戦争危険を対象とする場合、または免責とする場合には、主義や主張からは離れて、戦争という事象の態様が一義的でなければならない。つまり、約款に戦争と明記される以上は、その意義が客観的に明らかでなくてはならず、実際に発生した事象に対して、それが戦争なのか、テロなのか、内戦なのか、サイバーインシデントなのかなどと解釈に混乱が生じること

は極力回避されなければならない。なぜなら、その危険の判別結果次第で、保険の填補可否が変わることがあるからである。こうした問題は実務でしばしば発生し、たとえば、加害事象が発生した場合に、それが戦争なのかテロなのか一見すると明らかでない場合があり、テロであれば填補が可能であるが戦争であれば填補ができないというようなことが起きる。

　海上保険の約款においては、Lloyd's SG form と呼ばれる証券様式が永年使用され、そのうちの証券本文のなかの危険約款中に「海固有の危険、軍艦、火災、外敵、海賊、漂盗、強盗、投荷、捕獲免許状、報復捕獲免許状、襲撃、海上における占有奪取、いかなる国籍・状況または性質であるとを問わずすべての国王・君主および人民の強留・抑止および抑留」という表現が用いられていることは本書で度々ふれた。また、列挙された語句のそれぞれがイギリスの判例によって確立された意義を持っていることも解説した（「第2章　イギリスにおける海上保険の発達」参照）。

　しかし、ここでは war という語は使用されていない。

　この危険約款には、平時・有事を問わず発生し得る危険（海固有の危険、強盗、海賊、投荷など）もあれば、有事特有の危険も混在している。アンダーライティングの実務においては、たとえば戦争の危険が高い海域を通航する船と積荷について、保険契約上で戦争危険[92]を免責として、海難などの海上危険のみを引き受ける慣習が往昔より存在する。戦争に関する危険の度合いが高まってくると、ある時点で引受を制限することを決断せざるを得ないのは、営利保険者である限り必至であり、そしてその判断は、保険会社が引受を制限する状況になっているという事態の重大性に関する規矩として働き、社会はこれをいわばアラートとして認識する。この場合には実務上で、戦争危険のみを抽出して免責することが行われ、そのために次の条項が使用された。それは Free from Capture and Seizure Clause（捕獲拿捕不担保条項）である。同条項（抜粋）を以下に掲げる。

　　Warranted free of capture, seizure, arrest, restraint, or detainment, and the consequences thereof or of any attempt thereat; also from the consequences of hostilities or warlike operations, whether there be a declaration of war or not; but this warranty shall not exclude collision, contact with any fixed or floating object (other than a mine or torpedo), stranding, heavy weather or fire unless caused directly (and independently of the nature of the voyage or service which the vessel concerned or, in the case of a collision, any other vessel involved therein, is performing) by a hostile act by or against a belligerent power; and for the purpose of this warranty 'power' includes any authority maintaining naval, military or air forces in association with a power.

Further warranted free from the consequences of civil war, revolution, rebellion, insurrection, or civil strife arising therefrom or piracy.

(和訳)
捕獲、拿捕、強留、抑止または抑留、ならびにこれらの結果またはこれらに対する企図の結果を担保しない。また宣戦の有無を問わず、敵対行為または軍事的行動の結果を担保しない。しかし本免責約款は、交戦国によりもしくは交戦国に対して行われた敵対行為によって直接に（かつ当該船舶、または衝突の場合においては衝突に関係のある他の船舶、が遂行しつつあった航海または任務の性質とは無関係に）生じたのでない限り、衝突、固定または浮流している物体（機雷または魚雷を除く。）との接触、座礁、荒天または火災を免責するものではない。この免責約款に関する限り、「国」には、ある国と連係して海、陸、空軍を保持するあらゆる政権を含む。

さらに、内乱、革命、反逆、反乱、またはこれらから生じる国内闘争の結果、または海賊行為を担保しない。

貨物保険を例にとると、上掲の Free from Capture and Seizure Clause は保険証券の表面に標準的に刷り込まれ、したがって証券の表面上は常に戦争危険は免責されており、平時に戦争危険を担保する場合は、本約款を丸ごと引用して復活させる内容の約款である Institute War Clauses（Cargo）（古くからある

第 11 章　戦争とは何か

約款であるが、最新の約款が 1980 年版）が併せて使用された。

　これを要するに、証券本文では戦争危険も含めて担保されているものが、証券本文の脇に刷り込まれている Free from Capture and Seizure Clause によって戦争危険だけが免責され、再び Institute War Clauses（Cargo）を付帯し、免責されていた戦争危険を復活的に担保するという屋上屋を重ねるような約款構成となっていた。

　上掲のとおり、ここでは consequences of hostilities or warlike operations（敵対行為または軍事的行動の結果）という記載はあるが war という語は使用されておらず、Institute War Clauses（Cargo）も約款名称には war とあるが、約款自体には war という語は使用されていなかった（いずれも declaration of war という記載があるが、これは「宣戦」である）。

　ところが、1982 年に新しい Institute War Clauses（Cargo）が登場する。これは、実質的な国際標準であったイギリスの保険証券および約款が難解であることに対し、発展途上国を中心とした国際的な批判が嵩じた結果として、IUMI からの勧告を受けてロンドンの専門委員会が制定したものであった（「第 2 章　イギリスにおける海上保険の発達」参照）。

　これは日本では「新約款」と通称され、ここには今まで使用されていなかった war という危険が初めて規定された。すなわち、1 条 1 項に、保険が対象とする事由として war civil war revolution rebellion insurrection, or civil strife arising therefrom, or any hostile act by or against a belligerent power（戦争、内乱、革命、謀反、反乱もしくはこれらから生じる国内闘争、または敵対勢力によってもしくは敵対勢力に対して行われる一切の敵対的行為）が掲げられた。1982 年の新約款の制定は、証券フォームの全面的改訂に伴うものであり、約款構成も根本から見直され、その結果初めて war という語が用いられたのである。

　たしかに Institute War Clauses という約款名称である以上、その内容にも war という危険が規定されるのは自然である。ところが、判例によって語意が確定するイギリス法においては、それまで保険契約上で使用されていなかった war という表現は、すなわち保険法上の意義が不明確な表現にほかならない。

　不明確な表現を用いた約款というと、何か問題があるように捉えられる可能

性があるが、元来英米法では、新たな立法においても法律的意義が必ずしも明確でない語句が起用されることがある。それは判例法主義であるがゆえに、語句の解釈は将来の判例が定めるからであり、つまり裁判所が法を作るという仕組みが前提となっている。約款においてもそれは同様であり、制定時は語句の意義が法律的に必ずしも精確でなくとも、その解釈が争いになった際に、裁判所がこれを明らかにしていくことが期待されるのである。

むしろ問題があるとすれば、法的安定性を重視するあまり、法律上の解釈が不明確な新しい語句を避け続け、意義が明確となっている古い用語を延々と使用し続ける場合である。その好適例こそが、Lloyd's SG form において数世紀にわたり war という語は用いられず、Men-of-war（軍艦）であるとか Arrests, Restraints and Detainments of all Kings, Princes, and People, of what Nation, Condition, or Quality soever,（いかなる国籍・状況または性質であるとを問わずすべての国王・君主および人民の強留・抑止および抑留）などの古色蒼然たる語句が、近年まで使用されていたことである。一方で、これらの一見したところ時代錯誤とも思える語句であっても、多くの判例の積み重ねによって意義解釈は明確になっていたので、法的安定性は具備していた。しかし、海上保険についての専門的知識を持たない人々にとっては、このような約款上の文言を現代においてどう解釈すべきか見当がつかず、その時代錯誤性はイギリス本国においてさえ、19 世紀から指摘されていたのである。

では、20 世紀の終盤になって起用された保険契約上の war の意義とは何か。

2　Kawasaki v. Bantham

英米法は判例法であるから先例を重視するが、一方で柔軟で融通性にも富んでいる。そのため保険約款に使用される用語の解釈について保険法上に先例が乏しければ[93]、他の法分野の解釈が引用される場合がある。war についてもそのような面がある。

海上保険に関係が深い他分野において war という語の意義を確定したケースとして海上保険の法律書にも引用される事件が、1939 年の *Kawasaki Kisen*

Kabushiki Kaisha v. Bantham Steamship Company Ltd[94] である。これは、傭船契約に関する裁判であり、傭船者の Kawasaki と船主の Bantham とが、戦争状態の存否を争ったものである。

両者の間で結ばれていた傭船契約には、日本が関与する戦争が発生した場合に、傭船契約のキャンセルを可能とする旨の条項があった。1937 年 8 月 13 日に第二次上海事変が勃発し、これを受けて船主たる Bantham は、Kawasaki に対して傭船契約のキャンセルを通知するとともに自社船を取り戻した。しかし Kawasaki は、戦争は発生しておらず Bantham はキャンセルができないと主張し、Bantham に対して契約違反に伴う損害賠償を請求した。こうして両者の主張は対立し、傭船契約の仲裁条項に従って本件は仲裁に付託された。

仲裁において、Kawasaki 側は、戦闘は発生していても戦争にはなっていないことを次の諸点を理由に主張した。

第一に、日本と中国は双方ともに宣戦を行っていないことである。当時は、1907 年の「開戦に関する条約（ハーグ開戦条約）」によって、戦争の開始は、戦争宣言（宣戦）や最後通牒などによらなくてはならなかったが、日中のいずれもそれを行っていない状態であった。

第二に、日中両国の外交関係が保たれており、互いに相手国の首都に大使館も維持しているという状態の存在である。

第三に、イギリス外務省に対して戦争状態の有無を照会したところ、1937 年 9 月 11 日付イギリス外務省の回答として「戦争状態には到っていない」という公式見解があることが挙げられた。

そして、第四として、日中間が戦争状態であれば発動するはずのアメリカの中立法（国内法）が発動していないことであった。

一方で、仲裁法廷は 1937 年 9 月 18 日当時の実態として次の事実を確認した。上海近郊の 30 マイルにわたる前線に、日本軍 5 万人が展開し、海軍の艦砲射撃および航空戦力による支援を受けながら、中国軍 150 万人と交戦中であった。戦闘は 3 週間におよんでおり、日中両軍の損傷は大きく、両軍で数千人の死傷者が発生していた。華北では、中国軍 30 万人に対して、航空戦力、戦車そして強力な火砲を備えた 10 万人の日本軍が優勢に戦闘を展開し、8 月

20日から9月16日までに間で50回を超える戦闘が行われていた。また、日本海軍は8月25日以降、中国沿岸を1千マイルにわたって海上封鎖をし、島嶼の占拠も行っていた。こうした状況の反面、アメリカの国務長官は1937年8月23日付で両国に対して戦争に発展させないよう働きかけている事実があり、また同年9月2日に日本の外務大臣は、日本の目的は中国の日本に対する態度を改めさせることであって、中国は中国人によって統治されるべきであるとする見解を公表していた。

仲裁は、KawasakiとBanthamのそれぞれが指名した仲裁人によって行われたが合意に到らず、両仲裁人が指名した審判人（umpire）にその判断は委ねられた。審判人は戦闘実態などを踏まえて、日中双方の軍事行動には戦意が示されており、傭船契約に規定される「日本が関与する戦争が発生」していると認める暫定裁定を行った。

本件は次いで高等法院で審理された。高等法院は審判人の裁定を支持し、次の見解を述べた。すなわち、傭船契約において「日本が関与する戦争が発生」したか否かを判断するにあたり、イギリス政府の見解は決定要素にはならない。そして、傭船契約における戦争という用語の解釈は、国際法上の専門的な見地ではなく、一般認識によるべきであるとした。

Kawasaki側はこの判断を不服として控訴する。

控訴院でKawasaki側は、戦争という語の解釈に曖昧なものや通俗的なものはなく、国際法上の行為としての意味しか存在しないことを改めて主張した。また、二国間の戦争状態の有無に関しては、政府の判断は決定的かつ実質的であることが判例上に認められ、商業問題を扱っている裁判所はこれに異を唱える立場にないとする論理を展開した。そして、宣戦等の戦意の表明がない限り戦争ではないと主張した。

これらのKawasaki側の主張は、当時の国際法を踏まえたものであるので、現代の感覚からは理解が及びにくい面があるが、当時は戦争に形式的要件が求められていたのは事実であり、たとえば、戦争を開始するには戦意の表明が必要であり、それによって国際法上の戦争法の適用が開始された。そして戦争法の適用は、第三国がその戦争にどのように関与するかなど、交戦国にとって重

大な問題であったので、戦争の形式的要件の具備は十分に焦点となり得た。

これに対して控訴院は次の指摘をする。

第一に、原告側が戦争発生の有無について政府見解が引用された判例を複数示したことに対し、本件は傭船契約上の戦争の意味を問うているのであって、イギリス政府が認める戦争であるかを問うものではないという考えを示した。そして、これら原告の示した諸判例について、本事件に妥当しない理由なども縷々述べている。また、イギリスでは政府判断が法の形成に重要な役割を果たすことはたしかであると認めつつも、一方で本件に関する政府の回答書は、日中間は戦争に到っていないという見解を述べた後に、「傭船契約で使用される戦争という用語は、その契約書に従って解釈されるべき可能性があり、政府見解によって決定されるべきでない可能性がある」という趣旨の追記があることを重視している。

第二に、原告側が、戦争という用語の解釈に曖昧なものや通俗的なものはなく、国際法上の行為としての解釈しか存在しないと主張したことに対し、そもそも慣習国際法上の戦争の定義は必ずしも明確なものでないという見解を示した。

第三に、宣戦などの戦意の表明がない限り戦争ではないという原告側の主張についてである。当時のハーグ開戦条約下では、戦争を開始するにあたって明瞭な事前通告が求められており、また戦争状態の発生は中立国に対して遅滞なく通告しなくてはならないことなどが定められていた。したがってこうした所定の対応をいつまでも行わないことは、すなわち戦争状態ではないことを示すための不作為にほかならなかった。日中両国は宣戦を行っていないのみならず外交関係も維持しており、外交関係が維持されているところに戦争はないことを原告側は主張したのであるが、控訴院はこれも否定した。控訴院は、外交関係が維持されていることは重要な問題ではなく、上海や華北において事実として戦意は存在していると認定した。そして、言葉よりも行動に着目しなくてはならないという考えを示した。

控訴院は、結論として仲裁および高等法院の判断を支持し、本件を棄却した。そして、本傭船契約における戦争という語は専門的に解釈されるべきでな

く、その語の一般的な趣意およびその書類の目的（傭船）に沿って解釈されるべきであり、それは換言すれば戦争という語の一般的認識であるとの見解を述べた。

なお、日本の海軍省法務局は、支那事変海軍司法法規に「今次事変は宣戦布告を伴わざりし為、実質上戦争に外ならざるに拘らず、国際法上戦争と解せられていない」と記述している[95]。つまり、交戦当事者も実態は戦争にほかならないと認めていた。

近年のイギリスの判例も、保険契約上に記載される危険は、商業的かつ一般的な認識に基づいて解釈されるべきであり、その結果として通俗的な意味が与えられることを引き続き示している[96]。

3　なぜ日中両国は戦争であると認めなかったのか

そもそも Kawasaki と Bantham が傭船契約上の戦争の語の意味を巡って対立するに到った原因は、日中間に事実上の戦争状態が存在しているにもかかわらず、両国が国際法上の戦争の要件を敢えて充足しないようにしていたことにある。そのために、Kawasaki と Bantham の間では事態が戦争であるか否かについて見解の相違が生じた。

1937年7月に勃発した盧溝橋事件（北支事変に発展）および同年8月の第二次上海事変は、日中戦争の発端となる軍事衝突であり、日本政府は両者を統合して支那事変と呼称した。当時の日本政府はこれらを「事変 (incident)」とし、戦争ではないという立場を対外的に強調し、諸外国もこれを肯定した。こうした実情からは、Kawasaki による戦争ではないという主張には首肯できる点も多い。

先に述べたように、当時は戦争に関する法規整が現在と大きく異なっている。支那事変より時代を遡り第一次大戦前の国際法を概観すると、国際紛争解決の最終的手段として戦争に訴えることは、主権国家の権利であると慣習国際法上で観念されていた。しかし、第一次大戦による総力戦の出現と兵器の発達に伴う空前の惨禍は国際社会に衝撃を与え、認識の変化をもたらした。この国

際社会の認識変化は、集団安全保障体制である国際連盟の発足として結実し、国際連盟は紛争の平和的解決手段を整備するとともに戦争を規制した。

ところが、戦争という最終的手段は主権国家の権利であるという認識が残存していた当時においては、国際連盟規約は戦争を全面的に禁止するものとはならず、戦争に訴える途も残されていた。

こうして国際連盟では実現し得なかった戦争の違法化は、1928年のパリ不戦条約で一応達成されることになる。パリ不戦条約では、自衛戦争などの例外を除き、侵略目的の戦争は国際法上に違法なものとしてすべて禁止された。しかし同条約でも、禁止されたのは「戦争」であって、宣戦等の戦意の表明を伴わない武力紛争が禁止されたかどうかは明らかではなかった。その結果、正規の戦争に該当せず、パリ不戦条約に違反しない武力行使が行われるようになった。支那事変（China Incident）は、こうした武力行使の一つであると考えることができる。

要するに、日中両国が戦争ではないという立場をとった理由として、戦争を違法とする不戦条約の拘束があったのである。

ところが、日中両国が戦争としたくなかったのには、条約違反を回避することよりも現実的かつ切実な事情が存在していた。その事情を説明するには、前提となる国際法の構造についてふれなくてはならない。

当時の国際法は、国際関係が平和状態か戦争状態かで截然と区別され、宣戦等の行為によって戦争状態に移行し、これによって戦時国際法が発動した。戦時国際法は、戦争当事国間を規律する「交戦法規」と、戦争当事国と局外第三国との関係を規律する「中立法規」によって構成される。

ここで問題となるのが中立法規である。中立法規の基本的な考え方として、戦争中に、局外の第三国が通商の自由を確保したい場合に、交戦国の一方に有利になるような加担を行ってはならず、中立的姿勢が求められる。つまり、交戦国に対して戦争遂行のための援助を与えてはならず、たとえば、交戦国に対して軍需物資を輸出するような行為は中立法規に違反することとなる。中立国の個人は、交戦国に物資を供給することは許されるが、交戦国はこれを防止するために戦時禁制品制度を敷く。同制度のもとでは、敵国の戦争遂行能力を助

長するおそれのある種類の貨物が輸送されていれば、交戦国はこれを捕獲し、捕獲審検所の検定によって没収することが認められる。さらには、敵国に出入りする船舶を全面的に遮断する海上封鎖を行うこともできる。海上封鎖は、敵国の輸出入を遮断するために、海軍艦艇による封鎖線を設け、これを侵破するあらゆる国の船舶と貨物を没収することが認められる、より強力な措置である（なお、戦争が違法化され、武力行使が禁止されている現代の国際法においては、平時と戦時の二元的構造はなくなり、平時に一元化されたと解釈されている。平時しかないのであれば、戦時国際法が存立し得ない状態となってしまい、戦時国際法である中立法規も同様に存立し得なくなる。しかし、国際法上で戦争が禁止されたからといって武力紛争がなくなるわけではなく、引き続き戦争におけるルールの存在は必要とされている。そのため、戦時国際法は、「武力紛争法」として再構成され、戦闘方法の規制や非戦闘員の保護に関わる規制に重点を置くようになった。こうして、中立法規が規律していた捕獲制度や封鎖制度は、今日では海上武力紛争法によって規律されるようになっている。なお、武力紛争法では、陸上であれば非戦闘員の保護などの人道的な観点を重視するが、もともと文民が居住していない海上の場合は、その規律は伝統的な戦時国際法と大きく変わるところがない。海戦の目的の一つである海上貿易の遮断などを達成するためには、捕獲や封鎖などの手段は引き続き認められ、これに伴う私有財産の没収が認められている）。

　日中両国が「戦争」としたくなかった切実かつ現実的な理由は、中立法規の発動にあった。ハーグ開戦条約に基づき、宣戦や最後通牒の手続きを経て戦争が開始すると戦時国際法が発動する。すると中立法規が発動し、局外中立である国々は戦争当事国に対して、中立的立場を守らなければならず、戦争当事国に対しては、軍需物資などの戦争遂行に関わる貨物を輸出できなくなる。

　当時の日本は、石油をはじめとした資源や機械類などの軍需物資の多くを輸入に頼り、とりわけアメリカは重要な物資供給源であった。支那事変発生時に、当時の近衛内閣の内閣書記官長だった風見章が、外務省・陸軍省・海軍省と協議すると、陸軍省の梅津美治郎次官と海軍省の山本五十六次官はいずれも、宣戦をして中立法規が発動すれば、外国からの軍需貨物の輸入が甚だしく不自由になり、軍事力に大穴が空いてしまい大変なことになるので、戦争にし

第11章　戦争とは何か

ないで欲しいということで意見が一致していた[97]。宣戦の可否について外務省・陸軍省・海軍省が費やした議論の大部分は、アメリカの中立法（国内法）の発動の可能性の有無に向けられていた。宣戦を布告する場合の不利益の第一に挙げられたのは、アメリカ中立法が発動されることにより日本の貿易・金融・海運・保険に波及する影響が甚大、との判断であった[98]。

中国側も事情は同じであった。中国は第三国からの軍需物資の輸入や援助を、むしろ日本以上に必要としていた。中国軍はアメリカ、イギリス、フランス、ソ連などの外国人を雇っており、特に中国空軍機の搭乗員はすべてアメリカかソ連の軍人であった。そして、航空機もさることながら、短銃、小銃、機関銃、大砲などの武器および弾薬もドイツ、チェコ・スロバキア、アメリカ、イギリス、スウェーデン、イタリアなどから輸入していた。これらの事象は、もし戦時国際法が適用されるとすれば、中立国が負う中立義務に明らかに反する行為（交戦国に対する軍事援助の回避義務および軍需品の売却回避義務に反する行為）であった[99]。

こうして日中両国は、両国間の武力衝突を「戦争ではない」とすることの利益においては一致しており、いずれもその立場を崩さなかった。そのため、外交関係は継続され、東京には中国の代理大使が駐在し、他の都市には領事も駐在していた。日本側も上海に公使が駐在し、領事も各任地に留任していた。また、戦時のように在留国民が相互に交換船で引き揚げるようなこともなく、日本には中国国民が在留し、中国にも日本国民が在留したままであった。このように、一方で大規模な軍事衝突が発生しているにもかかわらず、他方では平時の国交関係が継続していた。

諸外国も、国際法上の戦争の要件を具備していないことからこれを戦争として扱わず、アメリカ政府は事変を戦争に発展させないように両国に要請し、イギリス政府も戦争は発生していないという公式見解を示していた。そして、その結果として日本は資源等の輸入を継続することができ、中国も他国の軍人を雇ったり武器の輸入を続けることができたのである。

こうして事実関係を眺め、加えて日本政府が「戦争ではない」ことを懸命に国際社会に対してアピールしていたことも併せ考えると、当時は民間における

一般認識としても「戦争とは一定の形式を要件とするものである」と観念されていたことは十分に考えられるところであり、そのような社会通念の存在を前提とするならば、Kawasaki が「戦争ではない」と主張したことには相応の合理性があったということもできるのである。

その反面、戦争ではないことから戦時国際法が発動せず、これに伴う問題もあった。先述のとおり、戦時国際法は交戦法規と中立法規から成るが、平時が継続し、戦時に切り替わらないことから交戦法規が発動せず、軍隊の作戦行動が著しく制限されるという問題があった。そのため、作戦や用兵を司る軍令系統である統帥部には、正式に戦争を宣言することによって戦時国際法上の交戦権に基く自由な作戦行動を望む向きもあったが、軍政を司る省部を中心に、戦争を宣言することによる輸入途絶を問題視する意見がこれに優るという構図になっていた。統帥部は政府からは独立していたが、結局のところ統帥部でも石油などの資源調達については背に腹を代えられなかったのであろう。

このように、作戦を犠牲にしてまでも戦争の名を回避したことの影響は、日本海軍の実施した海上封鎖にも現れることになり、これについては後述する。

それでは、法律上の戦争ではないものの、事実上起こっている武力紛争について、日本政府は国内外にどのように説明したのであろうか。それは自衛権の発動であった。

自衛権は旧来より国際法上に認められる主権国家の権利であり、パリ不戦条約においても、自衛権は禁止されていないと解釈され、主権国家には自衛権に基づく所要の武力行使が認められるとする解釈は、現行国際法においても変わっていない[100]。日本軍は、自らに積極的な戦意はなく、中国軍からの攻撃に対してやむを得ず自衛をしているという論理によって、国際法上も適法な状況であることを主張していた。それは、次のような経緯による。

盧溝橋事件は、1937年7月7日に夜間演習中の日本軍部隊に小銃の実弾が撃ち込まれたことを切っ掛けに、翌8日に現地の部隊間で戦闘が始まり、9日に一旦停戦が成立するが、10日に再度戦闘が発生する。11日に日中両軍は停戦協定を結んだ。日本政府は、中国軍の不法攻撃があったこと、また事件後即座に国民政府の中央軍が出動するなど計画性があり、対抗措置として派兵せざ

るを得ないと声明を出した。その後、25日には郎坊事件が発生し、27日には北京で広安門事件が起きた。これらはいずれも中国軍の日本軍に対する敵対的行為であったことから、日本政府は、北京天津間の交通線の確保および日本人居留民の保護に対する中国軍の武力妨害に対して自衛行動を取らざるを得ないという声明を発し、国内から華北へ3個師団の派兵を開始する。

　第二次上海事変は、盧溝橋事件が発展し戦闘が激化するなかで起きた。華北での日中間の軍事衝突によって中国各地で排日気運が高まり、特に上海では、中国軍が租界付近に土嚢を積み上げたり、トーチカを設営するなどの臨戦態勢の構えを見せ、緊迫した状況となっていた。そうしたなか、8月9日に上海の共同租界内を自動車で移動中だった海軍陸戦隊の大山中尉と運転手の斎藤一等水兵が中国保安隊に射殺される、いわゆる大山事件が発生する。一触即発のなか、中国軍は共同租界の境界線に5万人の兵力を展開し、日本人居留民3万人を抱える上海共同租界では4千人の海軍陸戦隊が緊急配備に付いた。8月13日には日中間で戦端が開かれ、上海市内での銃撃戦のほか、中国軍による橋の爆破や砲撃が行われた。翌14日には中国軍機による空爆があり、日本海軍艦艇、海軍陸戦隊本部、日本総領事館が被弾した。そして同日、日本海軍は、一連の中国側の行為に対し自重を重ねたが自衛権を発動せざるを得ないという趣旨の声明を発出する。この声明の後、海軍の艦載機が上海虹橋飛行場や中国軍への爆撃を開始した。翌15日には台北の海軍航空隊によって首都南京を始めとする各都市に対する戦略爆撃が開始された。

　しかし、この自衛のためという論理は、大局的にみれば詭弁と言われても仕方がないものであった。当時、中国大陸に展開していた日本陸軍は、日本政府の対中国外交方針を無視して中国における支配地域の拡大を勝手に推し進め、その横暴ぶりは、中国国内における抗日気運を高める結果を招いていた。1935年6月に梅津美治郎中将を司令官とする支那駐屯軍は、国民党に対し、北京や天津がある河北省から撤収することを要求し、軍事力を背景に梅津・何応欽協定を強制し、河北省から国民党政府機関および国民党軍は撤退させられた。また同月、チャハル省においても関東軍の土肥原賢二奉天特務機関長が同様の要求を行い、土肥原・秦徳純協定として認めさせた。

満州事変では遼寧省、吉林省、黒竜江省、熱河省を奪われ、今度は戦わずして河北省とチャハル省を奪われたことにより、中国内のナショナリズムは高潮に達し、翌1936年には抗日統一戦線としての第二次国共合作の成立に到る。したがって盧溝橋事件にしても第二次上海事変にしても、自衛権の発動とはいうものの、大局からすれば日本が自ら招致した排日気運の帰結であった。

4　戦争の名を避けたことの影響－サプライチェーンの遮断効果

　戦争に到らない武力紛争事象は日本では旧来から事変と称され、たとえば明治初期に日本政府がドイツ法に倣った軍事立法である戒厳令（軍事戒厳）や徴発令などでも「戦時若クハ事変ニ際シ」と規定している。

　支那事変は、後に日中戦争と呼ばれるが、当時においては「戦争」を避けて「事変」とすることには中立法規の発動を回避するという重要な意図が込められ、そして「事変」は自衛権に立脚していた。これは少なくとも論理としては一貫しており、日本に戦意はなく、自衛のために戦っているので、戦争の宣言もされないという理屈である。

　しかし、国際法上の戦争ではないと表明したことによってさまざまな支障も生じた。その一つが、海上封鎖に関する問題であった。先述のとおり中国は各種の武器および弾薬について欧米諸国からの輸入に頼っていた。海上戦力において日本は中国に対して圧倒的に優勢であったため、日本海軍は中国の軍需品の輸入を遮断するための海上封鎖を実行することは可能であった。しかし、敢えて戦争という名称を避けている関係から、戦時国際法上に認められる海上封鎖や戦時禁制品の没収を行うことができないという状況を日本は自ら招致していた。

　当時は「平時封鎖」という制度もあったが、これも宣言するうえで支障があり、そのため、代わる方策として日本政府は「交通遮断」という呼称で中国の海上輸送を遮断することを宣言した。

　平時における貿易途絶のための方法として、外務省は平時封鎖と交通遮断について国際法の観点から研究をしてきており、結論として交通遮断が自衛権に

基づく措置として行われる余地があると認定した[101]。

　交通遮断は海軍軍令部から第三艦隊への命令により、1937年8月25日に第三艦隊司令長官長谷川清中将名で宣言され、翌26日には外務省および海軍省は、本措置は支那側の不法行為に対する自衛的措置にほかならないと声明を発した。その内容としては、上海から汕頭に到る海域における中国船籍の公船および私船の通航を遮断するというものであり、日本船舶および第三国船舶は通航が許された。9月5日には、遮断区域を江蘇海州湾まで拡大することが宣言された。この際にも外務省と海軍省は声明を発表し、交通遮断は自衛の一手段であって、支那側の反省を促して速やかに事態を安定させることを目的し、第三国の平和的通商を干渉する意図はないことなどを内外に通知している。

　その後、1937年末までにさらに2回の交通遮断の拡大が行われ、香港、マカオと広州湾を除いて、華北からフランス領インドシナ国境に到るまでの中国沿岸がすべて遮断された。

　遮断海域を侵破した中国船は拿捕された。海上捕獲であれば設けられるはずの捕獲審検所の代わりに、拿捕船舶調査委員会が設けられ、抑留されるか解放されるかの検定を行った。交通遮断における処分が、海上封鎖のような没収ではなく、抑留という対応であったことは、戦時国際法が発動していないなかでの苦肉の策であるといえる。抑留の当否の判断規準は「拿捕船舶処理標準」に定められ、調査および手続きの方法は「拿捕船舶調査委員会調査手続」として定められた。これらはいずれも捕獲法に類似した構成となっている。

　抑留された船は保管され、必要に応じて海軍や政府が使用し、また民間へも賃貸契約のもとに貸し出された。

　Kawasaki v. Bantham では、8月25日以降に日本海軍による中国沿岸の海上封鎖（blockade）が行われている事実が確認されているが、このように実際には海上封鎖ではなく、日本政府としては、むしろ海上封鎖ではないことを殊更に強調していた。

　では、交通遮断は海上封鎖と何が異なるのか。既述のとおり、処分としての抑留か没収かの違いがあるが、その決定的な違いは第三国への影響の有無であった。交通遮断は日本が紛争中の中国に対してのみに行っている措置である

のに対し、海上封鎖は、あらゆる国の船舶と貨物を没収することが認められる強力な措置である。日本の目的は、中国が輸入する軍需物資たる貨物を遮断することにあるので、本来であれば中国に向かう中国船だけでなく、中国向けに軍需物資を運んでいるあらゆる国の船舶と貨物を遮断しなくてはならず、本措置では遮断の効果が不完全であることはいうまでもない。

　しかし、もし、日本が戦争を宣言せぬまま、すなわち戦時国際法が発動していないなかで、第三国の船舶および貨物の処分を行えば、国際法違反として第三国からの報復措置を招くなど関係を悪化させるおそれがあり、当時の中国にはイギリス船やアメリカ船が多く出入りをしていたので、特にこれらの国を敵に回すことは回避しなくてはならなかった（少なくとも、まだこの時期の日本は、アメリカやイギリスと事を構えるつもりはなく、これら大国との関係維持には気を遣う向きがあった）。

　こうして、中国から見れば、交通遮断下であっても、軍需物資の輸入を第三国船舶によって行う途が残った。一方で *Kawasaki v. Bantham* に見られるように、第三国船舶であったとしても、船主は実質的な戦争が発生し封鎖的行為が行われているような海域に船を出すことを嫌う。そして、その結果として起きた現象は、便宜置籍船の急増であった。すなわち、中国船から船籍を変更した第三国船が、交通遮断海域を通航するようになるのである。中国国民政府の行政院は、日本海軍による交通遮断への対抗策として「非常時期輪船転移外籍辦法」や「辦理輪船転籍及限制辦法」などを公布し、中国船籍船の他国船籍への変更を促進した。船籍の転籍先はポルトガル、イタリア、ギリシア、パナマなどであった。

　日本海軍は、これを仮装転籍と呼び、第三国の国旗を掲揚した中国船を摘発し、拿捕した。外務省も関係国政府に対し、交通遮断宣言後に中国船が転籍を仮装したものは転籍と認めない方針であることを通告するとともに、中国船の「仮装転籍」の要望に応じないよう配慮を求めた。

　海軍省法務局は、拿捕船舶調査委員会の取り扱った拿捕事例をもとに、正当な転籍として認められるものは、船籍だけではなく所有権も移転されていること、そして船舶から利益する者が転籍前の者と別個の者であり、かつ事変終了

後の買戻しが特約されていないことを条件とした。

　こうして交通遮断は徐々に効果を上げるが、まだこれをかいくぐる抜け道は残されていた。第三国の船を中国が傭船している場合には、日本海軍は拿捕をしても抑留できずに解放せざるを得なかった。一方で、第三国の船主が、所有船を拿捕危険にさらされる紛争国へ傭船に出すことを嫌うことは自明であり、中国としても傭船することは容易ではなかったと考えられる。また中国には、元々国旗を掲揚していないジャンク船も多くあり、中国側はこうしたジャンク船も運送に利用した。

　1939年から1940年にかけて、日本は、アメリカとイギリスとの関係を急速に悪化させる。当時、日本の同盟国であるドイツの電撃的な攻勢が欧州大陸を席巻しており、日本では、同盟国であるドイツがイギリスやソ連に対して有利に戦争を展開していくとの想定のもと、この機に乗じた強気論が嵩じていた。そして、日本海軍はこうした局勢に乗じ、1940年7月に交通遮断を、第三国を含むすべての国の船舶に対して効力を有する全面遮断に改定するという挙に出る。杭州湾、温州湾、三都澳、福州付近の各港に対して一切の船舶の出入港の禁止を宣言し、12月には広州湾に加えて、欽州、北海港までの海域にこれを拡大する。第三国船舶も遮断し、通航すれば拿捕をするという実力行使の宣言は、アメリカやイギリスの態度を硬化させた。

　全面遮断となれば、拿捕船舶の処分方法を除けばその効果は実質的に海上封鎖と変わりがない。そのため、中国の軍需貨物輸入は途絶し、軍需物資の欠乏はとりも直さず対日抗戦能力の低下に直結した。

　交通遮断の初期において中国は、日本軍が遮断できなかったイギリス領香港を通じて輸入を行ったが、1938年に広州が日本軍に占領されると、このルートも途絶する。こうした状況に当面し、中国は海上輸送に代わる陸路での軍需物資の輸入経路、いわゆる援蒋ルートの開拓に急ぎ着手する。

　陸上の軍需物資輸入の最大経路となったのが仏印ルートである。これは仏印（フランス領インドシナ）から昆明へのルートであり、これを遮断すべく日本はフランスに物資供給の禁止や日本軍の進駐を要求し、日仏間で協定が成立する。ところが、ヨーロッパ戦線においてフランスがドイツに降伏したことか

ら、現地に出張していた参謀本部第一部長富永恭次の策動により、1940 年 9 月に日本軍はフランス軍を攻撃して北部仏印へ武力進駐をしてしまう。さらに翌年に独ソ戦が開戦すると日本は南部仏印へ進駐を開始し、この一連のフランス領への侵攻は、イギリスおよびアメリカから日本軍による東南アジア侵攻作戦の開始と見なされ、アメリカによる対日経済制裁を招来するに到り、太平洋戦争の導火線と化した。

　歴史上によく知られている援蒋ルートはビルマルートであり、イギリス領ビルマのラングーンで陸揚げされた貨物を昆明まで運ぶための山岳道路が開拓された。さらにはイギリス領インドのアッサム州から昆明までの道路も開拓された。ビルマの援蒋ルートについてもこれを遮断すべく日本軍はイギリス領ビルマに侵攻してこれを占領し、インパール作戦も援蒋ルート遮断をその主たる目的としていた。

　このように戦争の名を避けたことによる影響は、サプライチェーンの不完全な遮断となって現れ、日中間の紛争を長期化させた。そして漸く海上のサプライチェーンを遮断した後も、中国による陸上ルートの開拓が行われたため、これらの輸送ルートを塞ぐために作戦範域が周辺諸国へと拡大し、それは英米蘭との戦争を惹起するという重大な結果を招くに到った。

　他にも戦争という名を避けたことに伴う問題は多くあったが、その一つに捕虜に関する問題があった。戦時国際法上の交戦法規は捕虜の取り扱いを定めるが、戦時にならない限り戦時国際法も適用されないことから、捕虜は交戦法規上の保護を受けない。そのため日本軍は、中国領内または日本軍占拠地における日中間の戦闘に伴う中国軍将兵捕虜の取り扱いを規律する根拠法が存在しないという問題に当面する（さらには、国際法上の戦争でないために、日本軍が侵入し中国軍を排除した地域についても、事実上は占領地となるものの、国際法上の占領地とできず、「占拠地」として暫定的な扱いを行わざるを得なかった）。

　この事態に対して、海軍省法務局は、支那事変は実質的に戦争であり、その当時、こうした事実上の戦争においても交戦法規の一部が準用される国際慣例が出来上がりつつあったことを踏まえ、戦時国際法に基づく俘虜取扱規則を準用した。しかし、陸軍は異なる対応を行った。投降または捕獲した中国軍将兵

は国際法上の捕虜にはならないことから、捕虜として拘束することなく、日本軍の労役に使用、または日本が現地に樹立した傀儡政権（北京の中華民国臨時政府および上海の中華民国維新政府）に引き渡す場合もあり、不逞分子と認められれば現場で直ちに処刑を行ったのである。

5　戦争保険約款の規定のあり方

　現行の戦争保険約款は、船舶保険、貨物保険ともに war という語が使用されているが、これは適切な表現といえるであろうか。たしかにイギリス判例法上においては商業的契約で使用される用語としての war の意義は確定している。しかし、保険契約が規定する war と国際法上の war の異同という観点からは、その不整合は *Kawasaki v. Bantham* の時代よりも一層拡大している可能性がある。なぜなら、現代の国際法では、国連憲章が戦争の禁止よりも踏み込んで「武力の行使」を禁止したことで、かつてのように「戦争は禁止されているが、この紛争は戦争ではない」と主張することの抜け道を塞いでいる。国連憲章上で武力行使が例外的に認められるのが、安全保障理事会の決議に基づく国連軍による武力行使と、自衛権に基づく武力行使である。このように少なくとも国際法上においては武力行使が厳しく制限されている結果、公式に「戦争」と呼ばれる事象は一層減少している。

　たしかに、イギリス保険法には、保険契約に使用される war は社会通念上の戦争であって、国際法上の意義は適用されないという解釈はある。しかし、保険契約者や被保険者の大多数は、そのような判例解釈を知っているわけではない。そうしたなかで、現在はほぼ禁止されているはずの war を約款用語として使用することは適当といえるか。

　公式に war と呼称される事象が少なくなった現代において、これを表現するに適切なのは armed conflict（武力紛争）、use of force（武力の行使）、armed attack（武力攻撃）などの語句であってもよいのではないかと思う。つまり、国際法上でその存在が原則として否定されている用語を敢えて使用することの必要性は乏しいように思われ、誰にでも理解できるような客観的な事象表現が

適切なのではないかと思う。とりわけ、国際法上で戦争が禁止されたことで、公式には戦争ではないという立場をとる衝突が旧来にも増して多くなっている。そうであれば、戦争という語を使用せずとも、客観的にその事象を表現する armed conflict、use of force、armed attack のような表現に international（国際間の）という形容詞を付けることで、war に代わる自律性のある表現が実現できるのではなかろうか。なお、armed conflict は事実上の戦争や武力衝突における非戦闘員の保護を目的とするジュネーブ条約、armed attack は国連憲章51条、use of force は同2条4項でそれぞれ使用されている。

war の語を含んだ新約款と呼ばれる Institute War Clauses が導入されたのは貨物保険の場合には1982年である。当時は、国連体制に立脚する現行国際法の枠組みは確立され、war は禁止されて久しく、use of force や armed conflict などの語句や概念が war に代わり得る状況であった。海上保険約款で今まで使用されていない war という語を敢えて使用する必要性があったとは考えにくい。

他方、use of force（武力の行使）や armed attack（武力攻撃）などの語句を使用することの欠点もあるかもしれない。欠点は、たとえばテロリズムとの峻別という観点において想定され得る。主権国家でない組織等が行う政治的・宗教的な動機による加害行為は、保険法上において一般にテロリズムと認識される。近時は、テロリズムの手段に変容の兆しがあるように思われ、それはテロリスト組織が、軍隊と同様の兵器を使用することなどであり、ミサイルや USV（unmanned surface vehicle、遠隔操作される無人艦艇）などによる商船の撃沈や、ヘリコプターで航行中の商船に降下して拿捕するなどの行為に現れている。

従来において観念されたテロリズムとは、手製の爆弾や民間航空機のハイジャックといった手段によるものが多かったが、近時はテロリズムといえども最新兵器を使用した加害行為が散見される。テロリズムという行為が変容してきているという仮定に立った場合に、約款等に「武力の行使」や「武力攻撃」という用語を用いることは、戦争とテロリズムの識別を難しくする可能性もある。無論、「国際間の」ものに限定することで、テロリズムを排除することも可能とは考えられるが、テロリズムに見られる加害手段の高度化は留意される

べきであろう。

　ところで、いくら war という表現について論じても、これはイギリスの保険業界の約款であって、日本を含む多くの外国は、これを利用している立場に過ぎない。問題があるなら利用しなければよいのであって、各国で好きなように作成すればよいと考えることもできる。

　一方で、イギリスが海上保険の領域において、同国の持つ国際的影響力を強く意識していることも事実であり、その影響力を維持するための保険約款の国際的な信頼性が意識されている。なぜならば、イギリスの保険約款が国際的に受容され利用されることは、イギリスが保険取引や再保険取引における世界の中心的地位を維持するための要諦であり、それはイギリス保険業の国際的優位性に直結する。貨物保険のように、保険証券の裏書譲渡が国際間で行われる場合に、イギリスの保険約款が指定されることが国際商慣習上の通例となっているのは、イギリスの保険約款が国際的に受容され利用されていることを示す好適例である。

　1982年にイギリスで貨物保険約款が一新され、現代英語によるわかりやすい約款類が制定されたときも、UNCTADで各国からイギリス海上保険約款の難解さに対する批判があり、これがIUMIからのイギリスに対する勧告となり、イギリス保険業界は変革のための行動を起こしている。1982年に一新された貨物保険約款は、2009年に改訂が行われたが、この改訂に際してもイギリスの保険業界は、日本を含む多くの外国に向けて自国の約款に対する意見や要望を募った経緯があった。つまり、イギリスの保険業界は、イギリス海上保険約款の国際的影響力という自らの利益に関わる問題であれば海外の視点や意見を重視するのである。

　かくして、国際的に利用されるイギリスの海上保険約款をイギリス以外の国々が論じることにはすぐれて実際的な意味があるのである。

5 戦争保険約款の規定のあり方

＊＊＊＊＊＊＊＊＊

　本書は保険の原点である海上保険に関する諸々の題材を取り上げたが、全編に通底する試みとして、海上保険はなぜ戦争危険という特殊な危険を対象としているのかということを歴史的経緯から示すことがあった。

　海上保険の歴史をたどっていくことで浮き彫りになるのは、貿易は国力の源泉であるという事実である。これは単に歴史上の事実であるにとどまらず、近時においても、経済的に大国としての地位を築いてきた国々は、貿易を通じて国力を伸展させ、これを支える海運、海上保険、貿易金融等を充実させてきた。

　そして貿易は、国力の源泉として一国の経済の盛衰をも左右するがゆえに、必然的に政治との関係が生じる。為政者は自国の貿易の権益を伸展させようとし、また自国の産業を他国の貿易から守ろうともする。この国益の象徴ともいうべき貿易に起因して各国は角逐を繰り返し、それはしばしば血を流し合う結果を伴った。

　貿易および海運を補完する制度である海上保険は、このような戦乱を伴う貿易の要請によって生成された。ヨーロッパ列強が、敵国のサプライチェーンの遮断を目的として行った私掠、捕獲、海上封鎖、戦時禁制品などの慣習は、戦時国際法（現在の海上武力紛争法）として確立され、この戦時国際法の形成過程に沿うように海上保険も形成された。本書に示したように、イギリスの海上保険の基礎的な論理も、戦乱の産物が多い。たとえば、保険の存在理由は損害填補にあるといえるが、この損害填補理論を構成する法則なども「戦争リスク」によって生まれたものばかりである。

　そもそも保険とはリスク転嫁の需要に従って生成されるので、戦争リスクを規律する戦時国際法の形成過程に従って海上保険が形成されたのは自然な帰結であるともいえる。この戦時国際法の形成過程とは、すなわち慣習国際法や条約の歴史であり、ヨーロッパにおいて戦争が絶え間なく行われていた絶対主義時代にその淵源を求めることができる。つまり、戦時国際法の規範の基盤とは「ヨーロッパという国際社会」における慣習である。そして、なかんずく海上

第11章 戦争とは何か

における戦時国際法は、イギリスという一大海上権力が主張するところの「国際慣習」によってルールメイクされてきた面があり、これについては本書でも随所で言及した。

　こうしてみると、イギリスの海上保険約款によって戦争危険を担保するという組み合わせは、結果として合理性の高い暗合なのである。

《別　注》

1 商法815条。
2 1906年海上保険法1条。
3 国際売買において、為替手形、船荷証券、保険証券等を組み合わせた国際間決済の仕組みであり、買主の支払債務の不履行の危険を除去し、売主が迅速に船積書類を現金化できるようになる。国際間の取引で利用されるため国際的な統一規則をICC（国際商業会議所）が定めている（Uniform Customs and Practice for Documentary Credits（荷為替信用状に関する統一規則および慣例））。
4 CIFやCIPは、いずれもICC（国際商業会議所）が作成した貿易取引条件であるインコタームスの一類型。インコタームスは、売買目的物の引渡方法、当事者間の費用負担・危険の移転といった売買当事者の権利・義務についての定型取引条件を定め、CIFやCIPの条件においては、売主が買主のために仕向地までの海上運送および貨物保険の手配を行い、運賃および保険料を含んだ価格で貨物は売買される。
5 東京海上日動火災保険株式会社『外航貨物海上保険約款詳説』（有斐閣, 2021）2頁。
6 東京海上日動火災保険株式会社・前掲書3頁。
7 アダム・スミス著/山岡洋一訳『国富論−下　国の豊かさの本質と原因についての研究』（日本経済新聞社, 2007）4頁。
8 増田義郎『太平洋—開かれた海の歴史』（集英社, 2004）72頁。
9 1555年のSancta Crux号積載貨物に関する保険証券（木村栄一『ロイズ保険証券生成史』（海文堂, 1979）248頁）。
10 Sabine C. P. J. Go *"The Amsterdam Chamber of Insurance and Average: A New Phase in Formal Contract Enforcement (Late Sixteenth and Seventeenth Centuries)"* Cambridge University Press, 2013. p.511.
11 日本法において被保険者とは、被保険利益（損害の発生によって減失する利益のこと）を有する者であり、保険契約者（保険契約を結ぶ契約の当事者）とは異なる立場にある。一方、イギリス法では、被保険者と保険契約者という異なる立場の者が保険契約に関わるという考え方はされず、自らのために保険契約を結ぶ者を被保険者（Assured）と呼び、日本でいうところの保険契約者の立場の者はいない。貨物保険は、保険証券が国際的に流通することから、日本の実務ではイギリスの貨物保険証券様式が用いられており、したがって証券表記上に保険契約者はなく、被保険者のみである。このような実務慣習を背景として、本書では便宜的に保険契約者の代わりに被保険者と記載することがある（なお、被保険者とは別な者が保険契約を行う場合、実務上は、被保険者のために保険契約をする者として証券に追記される）。
12 木村栄一『ロイズ保険証券生成史』（海文堂, 1979）446頁所収。
13 *Naylor v. Palmer* (1853) 8 Exch. 739
14 *Nesbitt v. Lushington* (1792) 4 T.R. 783
15 抜荷とは、貨物の外装等を破壊せずに少量を抜き取る窃盗的な盗難事故をいう。
16 *Butler v. Wildman* (1820) 3 B. & Ald. 398
17 (1862) 32 L.J.Q.B. 50
18 [1903] 1 K.B. 712 (C.A.)

19 (1940) 67 Ll.L.Rep.484; (1940) 68 Ll.L.Rep. 45(C.A); (1941) 70 Ll.L.Rep. 173; [1942] A.C.50(H.L)。

20 たとえば、Marsden, R.G., *Documents Relating to Law and Custom of the Sea Vol. I A.D. 1205-1648*, 1915, The Navy Records Society, Marsden, R.G., *Documents Relating to Law and Custom of the Sea Vol. II A.D. 1649-1767*, 1916, The Navy Records Society

21 Bill of Lading（船荷証券）の略称。日本法上の船荷証券は、海上物品運送契約のもと、運送人が物品を受け取ったことを証し、運送品引渡請求権を表章する有価証券である。船荷証券は、物権的効力を併せ持っており、船荷証券の引渡しは所有権等の権利の取得について、運送品自体の占有移転と同一の効力を発生させる。英米法においても権原証券として同様の効力を持つ。

22 Janice E. Thomson "*Mercenaries, Pirates, and Sovereigns – State-building and Extraterritorial Violence in Early Modern Europe*" Princeton University Press, 1994. p.25.

23 Janice E. Thomson・前掲書 p.10.

24 大井篤『海上護衛戦』（角川書店、2014）59頁。

25 日本は第二次大戦まで、通商破壊や通商保護などの海上経済戦の重要性を認識する機会がなかったわけではない。日本は海上経済戦の重要性について、第一次大戦の戦訓として一応認識をしていた。第一次大戦では、ドイツ潜水艦の攻撃によってイギリス商船が甚大な被害を受け、島国であるイギリスは食糧供給体制が危殆に瀕し、降伏の手前まで追い込まれていた事実があった。ドイツも、イギリスを追い込んだ際の戦訓として、海上作戦においては、敵の貿易を拿捕・破壊することで敵国の経済力を減殺することを作戦の第一の目的とすべきと明確に残した。日本海軍は、こうした戦訓を入手していたこともさることながら、第一次大戦中には地中海においてイギリス商船をドイツ潜水艦から護衛するための任務に就き、潜水艦による通商破壊の戦略的威力を実地で知る立場にもあった。しかし日本海軍では、かつての日本海海戦の劇的勝利によって、艦隊決戦至上主義が教条と化していた面があった。また日本海軍には、商船護衛の問題については艦隊決戦で制海権を獲得すれば自ずと解決されるという考え方も旧来から存在していた。さらに1922年のワシントン軍縮条約において、米・英・日の主力艦の比率が5：5：3と決まったことで、日本はその劣勢を挽回するために、潜水艦の運用は通商破壊のためではなく、艦隊決戦のための戦力とする作戦思想に傾いていく。こうしてドイツが第一次大戦で残した貴重な戦訓である潜水艦による通商破壊効果は日本ではあまり注目されず、一方でアメリカはこの戦訓を活かして第二次大戦での対日戦略とした。

26 ダニエル・P・マニックス著／十田とも訳『黒い積荷』（平凡社、1976）135頁。

27 ダニエル・P・マニックス・前掲書143頁。

28 山本七平『日本はなぜ敗れるのか —敗因21カ条』（角川書店、2004）60頁。

29 Walvin, James, *The Zong - a massacre, the law and the end of slavery*, 2011, Yale, List of Illustration and Maps -7/18

30 山本・前掲書62頁。

31 吉田裕『日本軍兵士 —アジア・太平洋戦争の現実』（中央公論新社、2018）44頁。

32 Gilman, J., Blanchard, C., Templeman, M., Hopkins, P., Hart, N., *Arnould Law of Marine*

Insurance and Average 20th edition, 2021, Sweet & Maxwell, p.1053.（現在の日本の貨物保険の実務では、文言解釈および填補責任の準拠法はイギリス法である）

33 （1821）5 B. & Ald. 107
34 （1825）3 B. & Cr. 793
35 Simey, R.I., and and Mitchison, G.R., *Arnould Law of Marine Insurance and Average 12th edition*, 1939, Stevens & Sons, Ltd. and Sweet & Maxwell, Ltd., p.1038.
36 （1783）3 Doug. 232
37 Worsley, F. and Griffith, G., *The Romance of Lloyd's From Coffee-House to Palace*, 1932, Hutchinson & Co., Ltd., p.47.
38 布留川正博『奴隷船の世界史』（岩波書店, 2019）164 頁。
39 筒井清輝『人権と国家 －理念の力と国際政治の現実』（岩波書店, 2022）18 頁。
40 （1766）3 Burr 1905,（1766）97 ER 1162
41 Charles Mitchell and Paul Mitchell "*Landmark Cases in the Law of Contract*" Hart Publishing, 2008, p.80.（Stephen Watterson"Carter v. Boehm（1766）"）
42 Gilman, Jonathan, etc., *Arnould Law of Marine Insurance and Average 20th edition*, 2021, Sweet & Maxwell, p.363.
43 Gilman, Jonathan, etc., *Arnould Law of Marine Insurance and Average 20th edition*, 2021, Sweet & Maxwell, p.364.
44 Marine Insurance Act 1906（1906 年海上保険法）18.3.c
45 Marine Insurance Act 1906（1906 年海上保険法）18.3.b
46 Marine Insurance Act 1906（1906 年海上保険法）18.1
47 詳しくは、東京海上日動火災保険株式会社『外航貨物海上保険約款詳説』（有斐閣, 2021）140-143 頁参照。
48 契約法上のワランティーは、契約条項のうち、その違反が損害賠償責任のみを生じさせるものを指す（契約条項は condition と warranty とに分かれ、condition は契約の重要事項に関する約定で、その違反は損害賠償責任のみならず解除権も発生せしめる）。また、権原の保証や瑕疵担保としての意義もある。
49 Marine Insurance Act 1906（1906 年海上保険法）33.1
50 Marine Insurance Act 1906（1906 年海上保険法）33.3
51 保険法上のワランティーにも多義的な側面がある。本文に記載したワランティー以外にも、ワランティーという用語を使用しながらも契約上でその効果を別途規定している場合や、さらにはワランティーを保険者免責と同義で使用することも旧来からの慣行として存在する。
52 Marine Insurance Act 1906（1906 年海上保険法）33.2
53 葛城照三『1981 年版英文積荷保険証券論』（早稲田大学出版部, 1981）191 頁。
54 同上。
55 Marine Insurance Act 1906（1906 年海上保険法）39
56 たとえば、Institute Cargo Clauses（A）(1/1/2009）5.1.1
57 Marine Insurance Act 1906（1906 年海上保険法）41
58 （1786)1 T.R. 343

別　注

59　主に港湾内や河川などで使用される船底が平らな形状の貨物運搬船。艀（はしけ）とも呼ばれる。
60　東京海上日動火災保険株式会社『外航貨物海上保険約款詳説』（有斐閣, 2021）109 頁。
61　和仁健太郎『国際法上の義務の優越 ― 国内法の援用禁止』（別冊ジュリスト 204 国際法判例百選（第 2 版）, 有斐閣, 2011）17 頁。
62　和仁・前掲書 16 頁。
63　United States of America Department of State, *The Alabama Claims, 1862-1872, Office of the Historian*, (https://history.state.gov/milestones/1861-1865/alabama) 2023.12.18
64　United Nations, *Alabama claims of the United States of America against Great Britain*, Reports of International Arbitral Awards（May 8, 1871）p.130.
65　和仁・前掲書 17 頁。
66　United States of America Department of State, *Papers Relating to the Foreign Relations of the United States, Transmitted to Congress, With the Annual Message of the President, December 4, 1876 - Office of the Historian*, https://history.state.gov/historicaldocuments/frus1876/ch9 2023.12.18
67　*Rustomjee v. The Queen*（1876）2 QBD 69
68　United States of America Department of State, *Papers Relating to the Foreign Relations of the United States, Transmitted to Congress, With the Annual Message of the President, December 4, 1876 - Office of the Historian*, https://history.state.gov/historicaldocuments/frus1876/ch9 2023.12.18
69　仲野武志著『防衛法』によれば、現行国際法上の捕獲の根拠については、国際法学界では、自衛権の行使に付随する措置として正当化する見解がある程度の支持を集めているが、これに対して武力紛争の当事者のいずれが自衛権を行使しており、いずれが武力攻撃を行っているかが明白であることは稀であることから、伝統的な交戦権に基づく捕獲を認めざるを得ないという見解も有力であるとする（仲野武志『防衛法』（有斐閣, 2023）212 頁。）。
70　サンレモ・マニュアル（1994 年に各国の国際法学者や海軍関係者によって海戦法規に関する慣習法が取りまとめられて明文化された文書であり、各国海軍の現行規定の基礎となっているほか、将来的な条約等の基礎となる文書とされる）、パラグラフ 117。
71　サンレモ・マニュアル、パラグラフ 135, 146, 147 等。
72　浦口薫『封鎖法の現代的意義 ―長距離封鎖の再評価と地理的限定―』（大阪大学出版会, 2023）81 頁。
73　Marsden, R.G., *Documents Relating to Law and Custom of the Sea Vol. I A.D. 1205-1648*, 1915, The Navy Records Society, pp81-84.
74　［1908］A.C. 334, HL
75　指図式船荷証券。一般的に荷送人が荷為替を取り組む必要があるときに発行され、荷受人欄に to order 等の記載がされる。荷送人が第一裏書人となる。
76　イギリス法には、Warranty of Legality（適法性担保）があり、これは Implied Warranty（黙示担保）であるので、契約上に明示がなくても適用され、航海が違法であれば保険者は自動的に填補責任を免れる。戦時禁制品は、片方の交戦国が一方的に定

め、中立国がもう一方の交戦国に対して戦時禁制品を輸出することは、捕獲に遭うリスクを負うものの、国際法上において違法ではない。イギリス法でも、捕獲に遭う可能性があることがアンダーライターに通知され、自国の法令に違反していない限り、かかる輸送に係る保険契約は無効ではないと解釈される（Merkin, R. M., and Gilman, etc. *Arnould Law of Marine Insurance and Average 18*th *edition*, 2013, Sweet & Maxwell, p.978.)。なお、イギリスの1906年海上保険法3条は、合法な航海事業を保険契約の目的とすることができる旨を規定する。ここでいう合法とは契約の準拠法に基づくと解釈され、イギリスの判例法上は、契約履行地において違法であれば、契約の履行を否定する立場を取る（op.cit., p.4.)。

77 大沼保昭『国際法』(筑摩書房, 2018) 24頁。
78 武城正長『便宜置籍船と国家』(お茶の水書房, 2013) 14頁。
79 森本賢吉『憲兵物語』(光人社, 2003) 87頁。
80 愛知大学名誉教授。日本近現代史を専門とする歴史学者。(1932-2003)
81 江口圭一『日中アヘン戦争』(岩波書店, 1988) 98-106頁。
82 現在は、独占禁止法により再保険の共同行為は通常は認められないが、公共性があり巨額の事故が想定されるような保険種類では、独占禁止法上で適用除外として再保険プールが認められている。
83 次の文献は、海上保険において因果関係が複雑な問題となる理由を詳細に論及している：木村栄一・大谷孝一・落合誠一編『海上保険の理論と実務』(弘文堂, 2011) 182-183頁〔中出哲執筆〕。
84 日本よびイギリスの因果関係理論についてまとめている著作として、木村ほか・前掲書183- 204頁〔中出哲執筆〕。
85 山下友信『保険法（下）』(有斐閣, 2022) 72頁。
86 大森忠夫『保険法〈補訂版〉』(有斐閣, 1985) 152頁。
87 大判昭和2・5・31民集6巻521頁。
88 函館地判平成12・3・30判時1720・33
89 Marine Insurance Act 1906 (1906年海上保険法) 55.1
90 [1918] AC 350.
91 [1942] 1 KB 35.
92 ここでいう戦争危険は、戦争（war）のみを指すものではなく、捕獲や抑留などの危険も含めた広義の戦争危険である。
93 *Kawasaki v. Bantham* 以前にも海上保険に関する裁判で war の意義について言及されることがなかったわけではない（たとえば、南アフリカにおける第二次ボーア戦争に関する海上保険判例である *Driefontein Consolidated Gold Mines Ltd. v. Janson* [1900] 2 QB 339）が、*Kawasaki v. Bantham* がリーディングケースといえる。
94 (1939) 63 Ll.L.Rep. 155; [1939] 2 K.B. 544.
95 北博昭『日中開戦』(中央公論社, 1994) 4頁。
96 *Rainy Sky SA v. Kookmin Bank* [2011] 1 WLR 2900; *Arnold v. Britton* [2015] AC 1619; *Wood v. Capita Insurance Services Ltd* [2017] AC 1173.
97 北・前掲書9頁。

別　注

98　岩波新書編集部『日本の近現代史をどう見るか　シリーズ日本近現代史⑩』(岩波書店，2010) 125 頁〔加藤陽子執筆〕。

99　しかし、アメリカは戦時国際法上の中立義務に対して例外を唱える。これは 1941 年 3 月のジャクソン司法長官によるハバナ演説と言われ、ドイツや日本を念頭に、侵略戦争は国際共同体に対する内乱であって明らさまな侵略に対しては差別的措置をとる権利があると主張した。この主張はアメリカの武器貸与法によって具現化され、アメリカの防衛上に必要な国に対しては武器その他の物品の売却・貸与・無償譲渡ができるものとされた。このアメリカの防衛上に必要な国としては英ソ中仏が挙げられた（岩波新書編集部・前掲書 119-121 頁〔加藤執筆〕）。

100　自衛権の保有や行使に関する規定は各国の憲法等による。国連憲章 51 条は加盟国の自衛権を認めている。

101　蕭明礼『日中戦争前期における日本軍の華南沿岸に対する海運封鎖　珠江デルタを中心に（1938 年 – 1941 年）』華南研究第 3 号（2017.7）33 頁。

【付　録】

●Lloyd's SG form 証券本文

(2009 年まで日本でも多く利用されていた伝統的なイギリス保険証券様式の中で中核となる部分)

Be it known, That   as well in his or their own Name, as for and in the Name and Names of all and every other Person or Persons to whom the same doth, may, or shall appertain, in part or in all, do make Insurance, and hereby cause himself or themselves and them and every of them, to be Insured, lost or not lost, at and from the port of   upon Goods and Merchandises, or Treasure, of and in the good Ship or Vessel called the   whereof is Master, for this present Voyage   or whosoever else shall go for Master in the said Vessel, or by whatsoever other Name or Names the said Vessel, or the Master thereof, is or shall be named or called BEGINNING the Adventure upon the said Goods and Merchandises from the loading thereof on board the said Ship, and so to continue and endure, until the said Goods and Merchandises shall have arrived at   and until the same be there discharged and safely landed. And it shall be lawful for the said Vessel, in this Voyage, to proceed and sail to, and touch and stay at any Ports or Places whatsoever, (within the limits of the above Voyage) for necessary Provisions, Assistance or Repairs, without prejudice to this Insurance: the said Goods and Merchandises laden thereon for so much as concerns the Assured, are and shall be Touching the Adventures and Perils which the said (Insurance Company) themselves are content to bear, and to take upon them in this Voyage; they are of the Seas, Men-of-War, Fire, Enemies, Pirates, Rovers, Thieves, Jettisons, Letters of Mart and Counter-Mart, Suprisals, Takings at Sea, Arrests, Restraints and Detainments of all Kings, Princes, and People, of what Nation, Condition, or Quality soever, Barratry of the Master and Mariners, and of all other Perils, Losses, and Misfortunes that have or shall come to the Hurt, Detriment, or Damage of the said Goods and Merchandises, or any part thereof: and in case of any Loss or Misfortune, it shall be lawful for the Assured, his or their Factors, Servants, or Assigns, to sue, labour, and travel for, in and about the Defence, Safeguard and Recovery of the said Goods and Merchandises, or any part thereof, without prejudice to this Insurance; to the Charges whereof the said Company will

contribute. It is expressly declared and agreed that no acts of the Insurer or Insured in recovering, saving, or preserving the property insured, shall be considered as a waiver or acceptance of abandonment. AND it is agreed that this Writing or Policy of Insurance shall be of as much Force and Virtue as the surest Writing or Policy of Insurance made in LONDON. And so the said (Insurance Company) are contented, and do hereby promise and bind themselves to the Assured, his or their Executors, Administrators, or Assigns, for the true Performance of the Premises; confessing themselves paid the Consideration due unto them for this Insurance, at and after the rate of   as arranged
Per Cent.

Corn, Fish, Salt, Fruit, Flour and Seed are warranted free from Average, unless General, or the Ship be stranded, sunk or burnt; Sugar, Tobacco, Hemp, Flax, Hides and Skins are warranted free from Average under Five per cent., and all other Goods are warranted free from Average under Three per cent., unless General, or the Ship be stranded, sunk or burnt.

This insurance is understood and agreed to be subject to English law and usage as to liability for and settlement of any and all claims.

In witness whereof,   the   of (Insurance Company) on behalf of the said Company have subscribed   Name in   to   Policies of the same tenor and date, one of which being accomplished, the others to be void,
as of the date specified as above.   For (Insurance Company)

【参考文献】

《英　文》

Bennett, H. N., *Law of Marine Insurance 2nd edition*, 2006, Oxford University Press

Davey, M., Davey, J., Caplin, O., *Miller's Marine War Risks Fourth Edition*, 2020, Informa Law from Routledge

Dunt, John, *Marine Cargo Insurance 2nd edition*, 2016, Informa Law from Routledge

Farber, Hannah, *Underwriters of the United States How Insurance Shaped the American Founding*, 2021, Omohundro Institute of Early American History and Culture and the University of Borth Carolina Press

Gilman, J., Blanchard, C., Templeman, M., Hopkins, P., Hart, N., *Arnould Law of Marine Insurance and Average 20th edition*, 2021, Sweet & Maxwell

Hattendorf, John B., *The Oxford Encyclopedia of Maritime History, Volume 3*, 2007, Oxford University press

Hodges, S., *Cases and Materials on Marine Insurance Law*, 1999, Routledge-Cavendish

Hudson, N. G., *Marine Insurance Clauses 5th edition*, 2012, Informa Law from Routledge

International Institute of Humanitarian Law, *San Remo Manual on International Law Applicable to Armed Conflicts at Sea*, 1994.

Koch, Peter *125 years of the International Union of Marine Insurance*, 1999, Gesamtverband der Deutschen Versicherungswirtschaft e,V.

Leonard, A.B., *Underwriting British trade to India and China 1780 – 1835 (The Historical Journal December 2012)*, 2012, Cambridge University Press

Lyall, Andrew, *Granville Sharp's Cases on Slavery*, 2019, Bloomsbury

Mahan, A.T., *The Influence of Sea Power Upon History 1660-1783*, 2016 CreateSpace Independent Publishing Platform

Mahan, A.T., *The Influence of Sea Power Upon the French Revolution 1793-1812*, 2018 CreateSpace Independent Publishing Platform

Marsden, R.G., *Documents Relating to Law and Custom of the Sea Vol. I A.D. 1205-1648*, 1915, The Navy Records Society

Marsden, R.G., *Documents Relating to Law and Custom of the Sea Vol. II A.D. 1649-1767*, 1916, The Navy Records Society

Martin, F., *The History of Lloyd's and of Marine Insurance in Great Britain*, 1876, MacMillan and Co.

Merkin, R. M., and Gilman, etc. *Arnould Law of Marine Insurance and Average 18th edition*, 2013, Sweet & Maxwell

Merkin, R. M., *Colinvaux's Law of Insurance 8th edition*, 2006, Sweet & Maxwell

Merkin, R. M., *Marine Insurance Legislation 5th edition*, 2014, Informa Law from Routledge

Mitchell, C. Bradford, *A Premium on progress – An Outline History of the American Marine Insurance Market 1820-1970*, 1970, The Newcomen Society in North America

Mitchell, Charles and Mitchell, Paul, *Landmark Cases in the Law of Contract*, 2008, Hart Publishing

Miller, Michael D., *Marine War Risks 3rd edition*, 2005, Lloyd's Shipping Law Library

参考文献

O'May, D., *Marine Insurance Law and Policy*, 1993, Sweet & Maxwell
Rose, F. D., *Marine Insurance: Law and Practice 2nd Edition*, 2012, Informa Law
Sabine C. P. J. Go, *The Amsterdam Chamber of Insurance and Average: A New Phase in Formal Contract Enforcement (Late Sixteenth and Seventeenth Centuries*, 2013, Cambridge University Press
Simey, R.I., and Mitchison, G.R., *Arnould Law of Marine Insurance and Average 12th edition*, 1939, Stevens & Sons, Ltd. and Sweet & Maxwell, Ltd.
Soyer, B., *Warranties in Marine Insurance 2nd edition*, 2006, Cavendish Publishing Limited
Starkey, David J., *British Privateering Enterprise in the Eighteenth Century*, 2022, Liverpool University Press
Starkey, David J., E.S. van Eyck van Heslinga, J.A. de Moor, *Pirates and Privateers: new perspectives on the war on trade in the eighteenth and nineteenth centuries*, 1997, University of Exeter Press.
The New York Times, May 24, 1882
Thomson, Janice, E., *Mercenaries, Pirates, and Sovereigns – State-building and Extraterritorial Violence in Early Modern Europe*, 1994, Princeton University Press
United Nations, *Alabama claims of the United States of America against Great* Britain, Reports of International Arbitral Awards (May 8, 1871)
United States of America, Congressional Record – House (May 11, 1882)
Walvin, James, *The Zong - a massacre, the law and the end of slavery*, 2011, Yale
Webster, Jane, *The Zong in the Context of the Eighteenth-Century Slave Trade (The Journal of Legal History)*, 2007, Routledge
Worsley, F. and Griffith, G., *The Romance of Lloyd's From Coffee-House to Palace*, 1932, Hutchinson & Co., Ltd.

《和　文》

アダム・スミス著／山岡洋一訳『国富論－上　国の豊かさの本質と原因についての研究』（日本経済新聞社、2007）
アダム・スミス著／山岡洋一訳『国富論－下　国の豊かさの本質と原因についての研究』（日本経済新聞社、2007）
甘利公人・山本哲生・潘阿憲・山野嘉朗・今井薫『保険契約法』（損害保険事業総合研究所、2019）
新井正男『イギリス法講義（増補版）』（文久書林、1968）
荒川憲一『海上輸送力の戦い─日本の通商破壊戦を中心に』防衛研究所紀要第3巻第3号（2001）
石山卓磨『現代会社法・保険法の基本問題』（成文堂、1997）
稲本守『欧州私掠船と海賊─その歴史的考察』東京海洋大学研究報告 Vol. 5（2009）
今泉敬忠・大谷孝一『海上保険法概論（改訂第3版）』（損害保険事業総合研究所、2010）
岩波新書編集部『日本の近現代史をどう見るか　シリーズ日本近現代史⑩』（岩波書店、2010）
上田信『中国の歴史9 海と帝国　明清時代』（講談社、2005）
梅津昭彦『陸上保険契約法における因果関係論再考　─火災保険契約における保険者免責条項を素材として─』保険学雑誌第598号（2007）

浦口薫『封鎖法の現代的意義 ―長距離封鎖の再評価と地理的限定―』（大阪大学出版会、2023）
江頭憲治郎『商取引法（第9版）』（弘文堂、2022）
江口圭一『日中アヘン戦争』（岩波書店、1988）
大井篤『海上護衛戦』（角川書店、2014）
大江志乃夫『ペリー艦隊大航海記』（朝日新聞社、2000）
太田尚樹『東条英機とアヘンの闇』（角川学芸出版、2012）
太田尚樹『満州裏史　甘粕正彦と岸信介が背負ったもの』（講談社、2005）
大沼保昭『国際法』（筑摩書房、2018）
大森忠夫『保険法（補訂版）』（有斐閣、1985）
岡崎久彦『繁栄と衰退と　オランダ史に日本が見える』（文藝春秋、1999）
小川寛大『南北戦争 ―アメリカを二つに裂いた内戦』（中央公論新社、2020）
小倉英敬『「植民地主義論」再考　グローバルヒストリーとしての「植民地主義批判」に向けて』（揺籃社、2017）
葛城照三『1981年版英文積荷保険証券論』（早稲田大学出版部、1981）
葛城照三『海上保険研究 －英法に於ける海上危険の研究－〔上巻〕』（葛城教授海上保険研究刊行会、1949）
葛城照三『海上保険研究 －英法に於ける海上危険の研究－〔中巻〕』（葛城教授海上保険研究刊行会、1950）
葛城照三『海上保険研究 －英法に於ける海上危険の研究－〔下巻〕』（葛城教授海上保険研究刊行会、1950）
加藤修『国際貨物海上保険実務（三訂版）』（成山堂、1997）
加藤修『Institute Dangerous Drugs Clause について―その歴史的考察と若干の提唱』損害保険研究第28巻第3号（1966）
加藤由作『ロイド保険証券の生成』（春秋社、1953）
加藤由作・葛城照三著　今泉敬忠・大谷孝一改訂『海上保険』（損害保険事業総合研究所、1993）
貨物保険協和會『貨物戦争保険沿革史』（貨物保険協和會、1941）
川田侃『国際関係概論』（東京大学出版会、1958）
北博昭『日中開戦』（中央公論社、1994）
木村栄一『ロイズ保険証券生成史』（海文堂、1979）
木村栄一・大谷孝一・落合誠一編『海上保険の理論と実務』（弘文堂、2011）
熊谷次郎『イギリス綿業自由貿易論史』（ミネルヴァ書房、1995）
熊野直樹『近代日本の阿片政策史研究の現状と課題』法政研究 85－3・4（2019）
倉橋正直『阿片帝国・日本』（共栄書房、2008）
栗原眞人『奴隷貿易と海上保険 ―ゾング号事件とその保険金裁判―』（香川法学38巻1・2号、2018）
黒崎将広・坂元茂樹・西村弓・石垣友明・森肇志・真山全・酒井啓亘『防衛実務国際法』（弘文堂、2021）
児島秀樹『英国奴隷貿易廃止の物語（その4）ゾング号事件』明星大学経済学研究紀要 Vol. 44 No. 2（2013）
小寺彰『パラダイム国際法』（有斐閣、2004）
小松一郎『実践国際法（第3版）』（信山社、2022）

参考文献

斉藤孝『国際関係論入門』(有斐閣、1966)
坂本雅子『財閥と帝国主義 —三井物産と中国—』(ミネルヴァ書房、2003)
薩摩真介『〈海賊〉の大英帝国』(講談社、2018)
佐野眞一『阿片王 満州の夜と霧』(新潮社、2005)
信夫淳平『海上国際法論』(有斐閣、1957)
柴田善雅『陸軍軍命商社の活動 —昭和通商株式会社覚書—』中国研究月報第58巻第5号 (2004)
島田真琴『国際取引のためのイギリス法』(慶應義塾大学出版会、2009)
島田征夫・古谷修一編『国際法の新展開と課題』(信山社、2009)
島田征夫『国際海洋法』(有信堂高文社、2010)
蕭明礼『日中戦争前期における日本軍の華南沿岸に対する海運封鎖 珠江デルタを中心に (1938年–1941年)』華南研究第3号 (2017.7)
白石隆『海の帝国』(中央公論新社、2003)
新谷哲之介『海上保険における戦争危険の実際』損害保険研究第74巻第3号 (2012)
新谷哲之介『貨物海上保険における被保険利益概念の展開 —貿易の潮流と課題を踏まえて』損害保険研究第80巻第4号 (2019)
新谷哲之介『サイバーリスクと戦争リスクの交錯 —ウクライナ侵攻と戦争保険の視点からの考察』保険学雑誌第661号 (2023)
新谷哲之介『荷送人の危険品通知義務違反に伴う損害賠償責任 —実務的観点から見たその規律と判例』損害保険研究第81巻第3号 (2019)
新谷哲之介『米国海上保険法の構造的問題 —連邦法と州法の交錯』保険学雑誌第627号 (2014)
新谷哲之介『ホルムズ海峡等における事態発生と貨物海上保険 —加害行為および拿捕の解釈に係る小考』保険学雑誌第648号 (2021)
新谷哲之介『Warrantyの法理 実務的視点を交えた考察 —英国保険法改定動向を踏まえて』損害保険研究第76巻第2号 (2014)
杉原高嶺・水上千之・臼杵知史・吉井淳・加藤信行・高田映『現代国際法講義(第5版)』(有斐閣、2018)
鈴木辰紀『火災による爆発の損害』(別冊ジュリスト保険判例百選11 有斐閣、1966)
田岡良一『国際法 Ⅲ』(有斐閣、1968)
高桑昭『新版 国際商取引法』(東信堂、2019)
高田馨里『アメリカと戦争 1775-2007』(大月書店、2010)
高野雄一『新版 国際法概論(上)』(弘文堂、1969)
高野雄一『国際法概論(下)補正版』(弘文堂、1970)
高橋正彦『船荷証券条項の研究』(海事研究所、1972)
高橋正彦『貿易契約の法理』(同文館、1964)
滝口明子訳/ジョン・コークレイ・レットサム著『茶の博物誌 茶樹と喫茶についての考察』(講談社、2002)
竹田いさみ『海の地政学』(中央公論新社、2019)
竹本正幸監訳、安保公人・岩本誠吾・真山全訳『海上武力紛争法サンレモ・マニュアル解説書』(東信堂、1997)
多湖淳『国際関係論』(勁草書房、2024)
田中英夫『英米法総論〔上巻〕』(東京大学出版会、2006)

参考文献

田中英夫『英米法総論〔下巻〕』（東京大学出版会、2004）
ダニエル・P・マニックス著／土田とも訳『黒い積荷』（平凡社、1976）
田畑茂二郎『国際法Ⅰ』（有斐閣、1957）
玉木俊明『物流は世界史をどう変えたのか』（PHP研究所、2018）
溜箭将之『英米民事訴訟法』（東京大学出版会、2016）
近見正彦『海上保険史研究』（有斐閣、1997）
筒井清輝『人権と国家－理念の力と国際政治の現実』（岩波書店、2022）
東京海上火災保険株式会社『貨物保険案内　英文保険証券』（東京海上火災保険株式会社、1993）
東京海上火災保険株式会社『改訂版　貨物保険の査定実務』（保険毎日新聞社、1995）
東京海上火災保険株式会社海損部『共同海損の理論と実務—1994年ヨーク・アントワープ規則の解説』（有斐閣、1995）
東京海上日動火災保険株式会社『外航貨物海上保険約款詳説』（有斐閣、2021）
東京海上日動火災保険株式会社『貨物保険の損害対応実務』（保険毎日新聞社、2017）
東京海上日動火災保険株式会社コマーシャル損害部『逐条解説2016年ヨーク・アントワープ規則』（有斐閣、2022）
中出哲『損害てん補の本質』（成文堂、2016）
中出哲『海上保険』（有斐閣、2019）
仲野武志『防衛法』（有斐閣、2023）
中村眞澄・箱井崇史『海商法（第2版）』（成文堂、2013）
並木頼寿・井上裕正『世界の歴史19　中華帝国の危機』（中央公論社、1997）
南部正寬編纂『貨物海上保険協約沿革史』（海上保険一木會、1937）
新堀聰・椿弘次『国際商務論の新展開』（同文舘、2006）
新村容子『アヘン戦争の起源—黄爵滋と彼のネットワーク』（汲古書院、2014）
西平等（杉原高嶺・酒井啓亘編）『国際法基本判例50 第2版』（三省堂、2014）
日本損害保険協会内　日本貨物保険100年史編集委員会『日本貨物保険100年史』（社団法人日本損害保険協会、1981）
日本貿易史研究会編『日本貿易の史的展開』（三嶺書房、1997）
箱井崇史『基本講義現代海商法（第3版）』（成文堂、2018）
波多野里望・小川芳彦『国際法講義（新版）』（有斐閣、1993）
服部春彦『フランス近代貿易の生成と展開』（ミネルヴァ書房、1992）
浜渦哲雄『イギリス東インド会社　軍隊・官僚・総督』（中央公論新社、2009）
浜渦哲雄『世界最強の商社 —イギリス東インド会社のコーポレートガバナンス』（中央公論新社、2001）
浜下武志『近代中国における貿易金融の一考察』東洋学報第57巻第3・4號（1976）
浜谷源蔵『最新　貿易実務（増補新訂版）』（同文舘、1997）
潘阿憲『保険法概説』（中央経済社、2010）
范文瀾著、横松宗・小袋正也訳『中国近代史』（中国書店、1999）
平澤敦『イギリス海上保険上の因果関係の問題点再考 —近因原則の展開と方向性をめぐって—』損害保険研究第79巻第1号（2017）
福田邦夫『貿易の世界史』（筑摩書房、2020）
藤井真理『フランス・インド会社と黒人奴隷貿易』（（財）九州大学出版会、2001）
藤井非三四『太平洋戦争史に学ぶ　日本人の戦い方』（集英社、2023）

253

参考文献

藤代和雄『貿易運送の実務　船荷証券の解説』（同文舘、1985）
武城正長『便宜置籍船と国家』（お茶の水書房、2013）
布留川正博『奴隷船の世界史』（岩波書店、2019）
捕獲審検例研究會『日本海上捕獲審検例集』（有斐閣、1955）
堀田一吉、中浜隆編『現代保険学』（有斐閣、2023）
増田義郎『太平洋—開かれた海の歴史』（集英社、2004）
松井孝之・黒澤謙一郎編著『船荷証券の実務の解説』（成山堂、2016）
松島恵『海上保険における固有の瑕疵論』（成文堂、1979）
松島恵『貨物海上保険概説』（成文堂、1991）
松本貴典『戦前期日本の貿易と組織間関係　情報・調整・協調』（新評論、1996）
三木理史『満鉄輸送史の研究』（塙書房、2023）
森本賢吉『憲兵物語』（光人社、2003）
八木功治『信用状生成史—その2—　—マーチャントバンクと荷為替信用状の誕生—』松山大学論集第13巻第1号（2001）
八木功治『信用状生成史—その3—　—荷為替信用状の誕生とその後の発展—』松山大学論集第16巻第1号（2004）
山内進『グロティウス『戦争と平和の法』の思想史的研究』（ミネルヴァ書房、2021）
山下友信『保険法（上）』（有斐閣、2018）
山下友信『保険法（下）』（有斐閣、2022）
山下友信・永沢徹編著『論点体系　保険法1 – 総則・損害保険』（第一法規、2014）
山本七平『日本はなぜ敗れるのか —敗因21カ条』（角川書店、2004）
横井勝彦『アジアの海の大英帝国　19世紀海洋支配の構図』（講談社、2004）
横尾登米雄著・松田和也改訂『貨物海上保険（改訂第7版）』（損害保険事業総合研究所、1992）
横須賀捕獲審検所『明治三十七八年戦時書類巻百二十二　横須賀捕獲審検所検定書』（横須賀捕獲審検所、1905）
横田喜三郎『国際法（第3版）』（勁草書房、2003）
横田喜三郎『国際法Ⅱ』（有斐閣、1958）
吉澤誠一郎『清朝と近代世界　19世紀　シリーズ中国近現代史①』（岩波書店、2010）
吉田靖之『海上阻止活動の法的諸相　公海上における特定物資輸送の国際法的規制』（大阪大学出版会、2016）
吉田裕『日本軍兵士 —アジア・太平洋戦争の現実』（中央公論新社、2018）
立作太郎『戦時国際法論』（日本評論社、1944）
若土正史『大航海時代におけるポルトガル「インド航路」の海上保険と日本の投銀の接点』保険学雑誌642号（2018）
和仁健太郎『国際法上の義務の優越 — 国内法の援用禁止』（別冊ジュリスト204国際法判例百選（第2版）有斐閣、2011）
和仁健太郎『伝統的中立制度の法的性格 — 戦争に巻き込まれない権利とその条件』（東京大学出版会、2011）

《あとがき》

　近年、日本でも前向きな転職が増加し、保険業界も多分にもれずその傾向が顕著である。転職には様々な動機が有り得るが、同じ会社に勤め続けても意に反する職務に就く可能性があるので、勤務先を変えてまでも専門性の追求に邁進したいということであれば、それは強い職業意識の発露であるといえよう。

　一方で、保険業界から異なる業界へ転職をしていく人たちは、保険制度そのものにも専門性を追求すべき奥深さがあったことを実感したのだろうか、保険が根源的に持っている多方面にわたる奥深い世界や職業的醍醐味に触れることなく異なる業界に行ってしまっているのではないだろうか、こうした思いを時折おぼえることがあり、それは本書を起稿するきっかけの一端ともなった。

　組織の中で働く以上は、自らの希求した理想とは異なる役割を担うことの可能性は常につきまとう。著者も、三十年を超える保険会社勤務を通じ、意図せぬ職務への従事もあったが、反対にわが意を得たと感じる職務もあり、その一つがニューヨークでのアンダーライティングへの従事であった。当時は、保険を堪能する機会に恵まれ、仕事が面白く、自分の子供達にアンダーライターを将来的な職業として奨めたほどであった。当時の東京海上日動のアメリカ現地法人は、専ら日系企業の保険の引受を行っていたが、著者はニューヨーク在勤中にローカルマーケットへの参入を計画し、現地のマネジメントや東京本社の承認を得て実行に移した。ローカルマーケットへの参入とは、具体的にはアメリカのブローカーを経由してのアメリカ企業の貨物保険の引受（アンダーライティング）であり、これを展開していくために、新しいアンダーライターを10名程雇い入れた。新規事業であることから、手探りであったが、盟友ともいうべきアメリカ人のアンダーライターとともにチームを編成し、アンダーライティングの枠組みやルールを定め、自らもアンダーライティングに従事し、すべてが面白かった。

　アンダーライターの能力とは、知識と経験によって涵養されると思うが、それまでの日本での経験とは異なる世界があったことから、改めて多様な貨物、商慣習、地政学等を勉強した。経験という観点からは、ブローカーとの折衝の

あとがき

　場数を踏むことがアンダーライターとしての眼識の向上に寄与した。ブローカーとの折衝の中心となるのは、契約文言と料率水準を巡る交渉である。また、競合するアメリカ保険会社各社の様子を探りながら、貨物の種類ごとに引受条件や、仕向地・仕出地ごとの引受基準を策定することも重要であり、それは取りも直さずアンダーライティング戦略となった。また、これとは異なる観点からのアンダーライティング戦略として、ポートフォリオ全体のリスク量を算出し、保有できる定量的なリスクの上限の判断も要する。リスクのポートフォリオをどのように構成するかは、貨物種類の選択、危険種類の選択、損害種類の選択などの組み合わせの次第であり、さらにはそのポートフォリオを最適に形成していくために、元受で回避すべきリスクと再保険により外部で負担してもらうリスクや金額などを定め、ビジネス全体の収益性を保つことを考える。そして、とりわけ重要であったのが、保険の根幹をなす約款の作成であった。

　アメリカにおける貨物保険のマーケットでは、各社が約款の独自性を競っており、そうした環境下で新規参入した立場であったので、ブローカーが客先に奨めるに値するだけの競争力があり、かつ保険者にとってもサステイナブルな約款を作成することが必要であった。基本約款を作成するには、語彙の法律的意義や、判例上の解釈の理解を要し、つまりアメリカの海上保険法を勉強することが不可欠である。そこでアメリカ海上保険法の勉強を始めると、その判例法体系は1955年まではイギリス海上保険法とほぼ軌を一にしていたので、手始めに、入社後に中途半端にしか学んでいなかったイギリスの海上保険法を改めて基礎から学び直した。そして、そのあとに1955年以降にイギリス海上保険法から枝別れしたアメリカの判例法体系について、枝分かれによるイギリス法との乖離を把握するという方法で勉強をした。この方法は非常に効果的であり、最新のイギリス判例法体系をも網羅的に勉強する機会となった。アメリカ海上保険法の勉強は、駐在した7年間にわたり継続していたため、駐在の最後の頃は、海上保険法を専門とする現地の弁護士とも対等に議論ができることが多くなった。

　判例法である英米の海上保険法は、主張が争われる生動感があって面白い

が、同時に歴史的背景がふんだんに盛り込まれており、史実としても価値がある。海上保険実務者が判例を勉強すべき理由は、第一に約款解釈や文言起草能力のためであるが、一方で著者が判例から得られる副次的な果実と感じるのが、史実から汲み取られる教訓である。これは実務者にとって重要な副産物である。判例からは、結論だけでなく、結論に到る経緯や脈絡が把握でき、ここには過去数百年にわたるアンダーライティング上の史訓が散在している。

　何の職務であってもそうであるが、歴史を知らずに同じ失敗をするのか、故知に習って最適な戦略を立てられるかの違いは、職務を遂行するうえでの効率性に多大な違いをもたらす。それが史訓の効用である。

　英米の判例を読んでいると「この程度のアンダーライティングをしていると、こういう結果に到る」という訓戒も多くあるし、ときに「こういうことまで考えてアンダーライティングをするのか」という模範もある。また、英米の判例には「Aの危険によってBの損害に到る」という因果関係に関する示唆も多い。実務上の多様な因果関係の有り様を考察することは、アンダーライティング能力向上の核心ともいうべき面があり、それは損害保険全般に通じる。

　判例から得られる教訓は、古いものだけでなく、新しいものもある。たとえば、裁判によってある文言の解釈が確定し、以降において保険契約上における語句を変更すべきなどの例は多くあり、こうした最新の技術的な示唆もある。

　そして、裁判記録たる判例から得られる教訓とは、歴史書などと比較すると、主観が極力排除された純度の高い事実なので的確である。一般的な歴史は、立場によって歪曲されたり、政治的な意図で脚色されることも少なからずあり、必ずしも真実ではない場合がある。この点において、裁判で徹底的に事実の究明が行われた結果は史実として精度が高く、いきおい史訓としての信頼性も高い。

　日本の貨物保険では2009年まではロイズSGフォームと呼ばれる18世紀の保険証券フォームが多く使用され、この証券フォームの解釈はすべてイギリスの海上保険法上に存在するので、当時の実務は必然的にイギリス海上保険法にも触れざるを得なかった。しかし、現行の現代英語による約款は、約款の自己

あとがき

完結性が高まり、法が補充する必要性が減ったので、結果として実務者がイギリス海上保険法にあたる機会が減少傾向にあるように思う。ところが、本文にも度々書いたとおり、外航貨物海上保険では文言解釈および損害填補に関する準拠法をイギリス法と指定している。すなわち、契約に書かれていることはイギリス法に従って解釈されねばならず、保険による損害填補に際してもイギリスの法律原則が適用されるのであって、イギリス海上保険法はなおもって実務の精髄である。一方で今日著者が知る限りにおいては、イギリス保険法の原書を理解する者は数少なくなり、原書講読なども行われなくなっている。これは、史訓に接する機会の減少であるともいえる。

　あとがきに書いたことは、著者が経験し得たごく狭い範囲の話に過ぎないが、これだけでも保険には探求されるべき専門的領域がいろいろとあることが、多少なりとも示せたのではないかと思う。保険は、永年にわたる関係者の叡知が積層し、理論と化したものである。それゆえに保険理論は根源的に奥が深く、探求すべき領域は尽きることがない。
　保険に皮相的に接しただけで見切りをつけ、異なる領域を探索するのであれば、それは勿体ないことだと思う。

2024 年 9 月　著者

《著者紹介》

新谷　哲之介（しんや　てつのすけ）

1971 年	東京都杉並区出生
1994 年	東京海上火災保険株式会社入社
2022 年	日本保険学会賞受賞
2025 年現在	東京海上日動火災保険株式会社　海上業務部勤務（シニアエキスパート）

— 公職等 —

法制審議会 商法部会 幹事
IUMI（国際海上保険連合）理事
国連 エキスパート（保険分野）
国連 CEFACT 日本委員会 委員
ICC（国際商工会議所）DSI 諮問委員
経済人コー円卓会議 日本委員会 理事
神戸大学海洋政策科学部　非常勤講師
東京海洋大学大学院海洋科学技術研究科　非常勤講師
株式会社トレードワルツ 取締役

— 主著 —

『外航貨物海上保険約款詳説』（有斐閣, 2021）

— 所属学会 —

日本保険学会　日本海法学会

覇権・暴力・保険　海上保険の形成と発展	
著　　　者	新谷　哲之介
発　行　日	2025年3月15日
発　行　所	株式会社保険毎日新聞社
	〒110-0016　東京都台東区台東4-14-8
	シモジンパークビル2F
	TEL 03-5816-2861／FAX 03-5816-2863
	URL https://www.homai.co.jp/
発　行　人	森川　正晴
カバーデザイン	吉村　朋子
印刷・製本	モリモト印刷株式会社

©2025　SHINYA Tetsunosuke Printed in Japan
ISBN978-4-89293-485-8

本書の内容を無断で転記、転載することを禁じます。
乱丁・落丁本はお取り替えいたします。